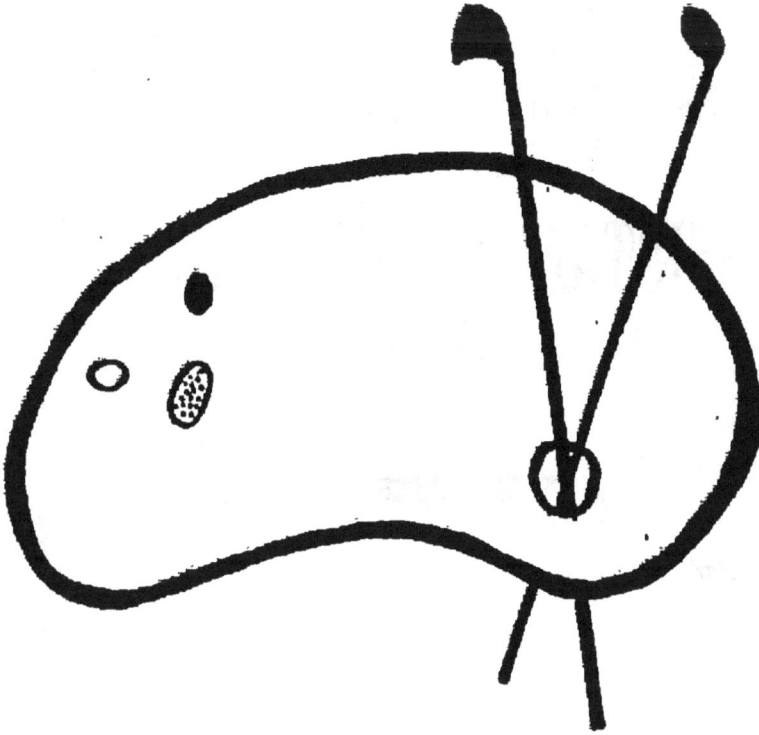

DEBUT D'UNE SERIE DE DOCUMENTS
EN COULEUR

# BULLETIN OFFICIEL
## DU MINISTÈRE DE LA GUERRE.

## INSTRUCTION DU 14 JUIN 1900

SUR LE SERVICE DES

# SUBSISTANCES MILITAIRES

## EN TEMPS DE PAIX

TEXTE

PARIS

## HENRI CHARLES-LAVAUZELLE

Éditeur militaire

10, Rue Danton, Boulevard Saint-Germain, 118

(MÊME MAISON A LIMOGES)

Paris et Limoges. — Imprimerie militaire Henri CHARLES-LAVAUZELLE.

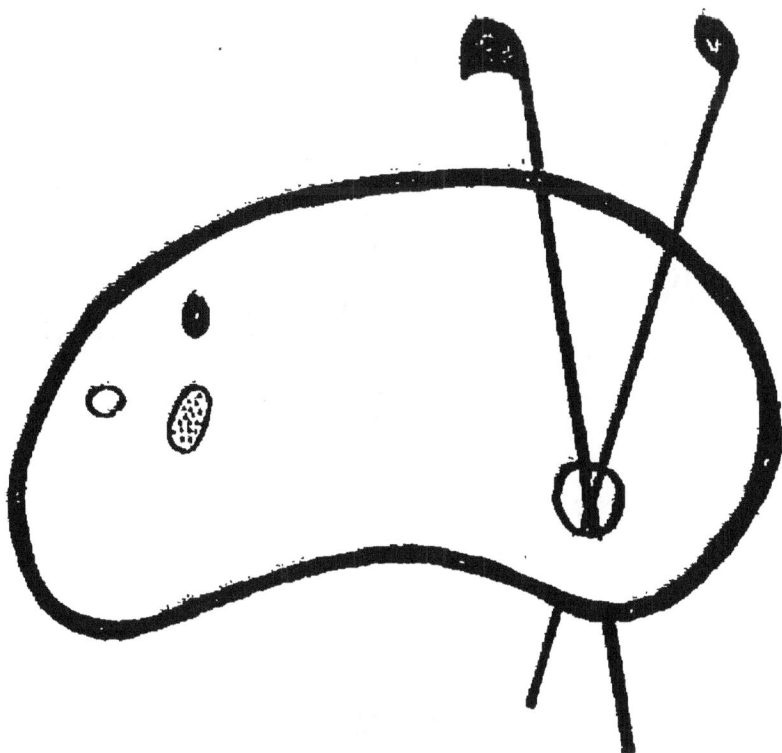

FIN D'UNE SERIE DE DOCUMENTS
EN COULEUR

# BULLETIN OFFICIEL
## DU MINISTÈRE DE LA GUERRE.

---

## INSTRUCTION DU 14 JUIN 1900

### SUR LE SERVICE DES

# SUBSISTANCES MILITAIRES

## EN TEMPS DE PAIX

---

## TEXTE

### PARIS
## Henri CHARLES-LAVAUZELLE
**Éditeur militaire**
10, Rue Danton, Boulevard Saint-Germain, 118

—

(MÊME MAISON A LIMOGES)

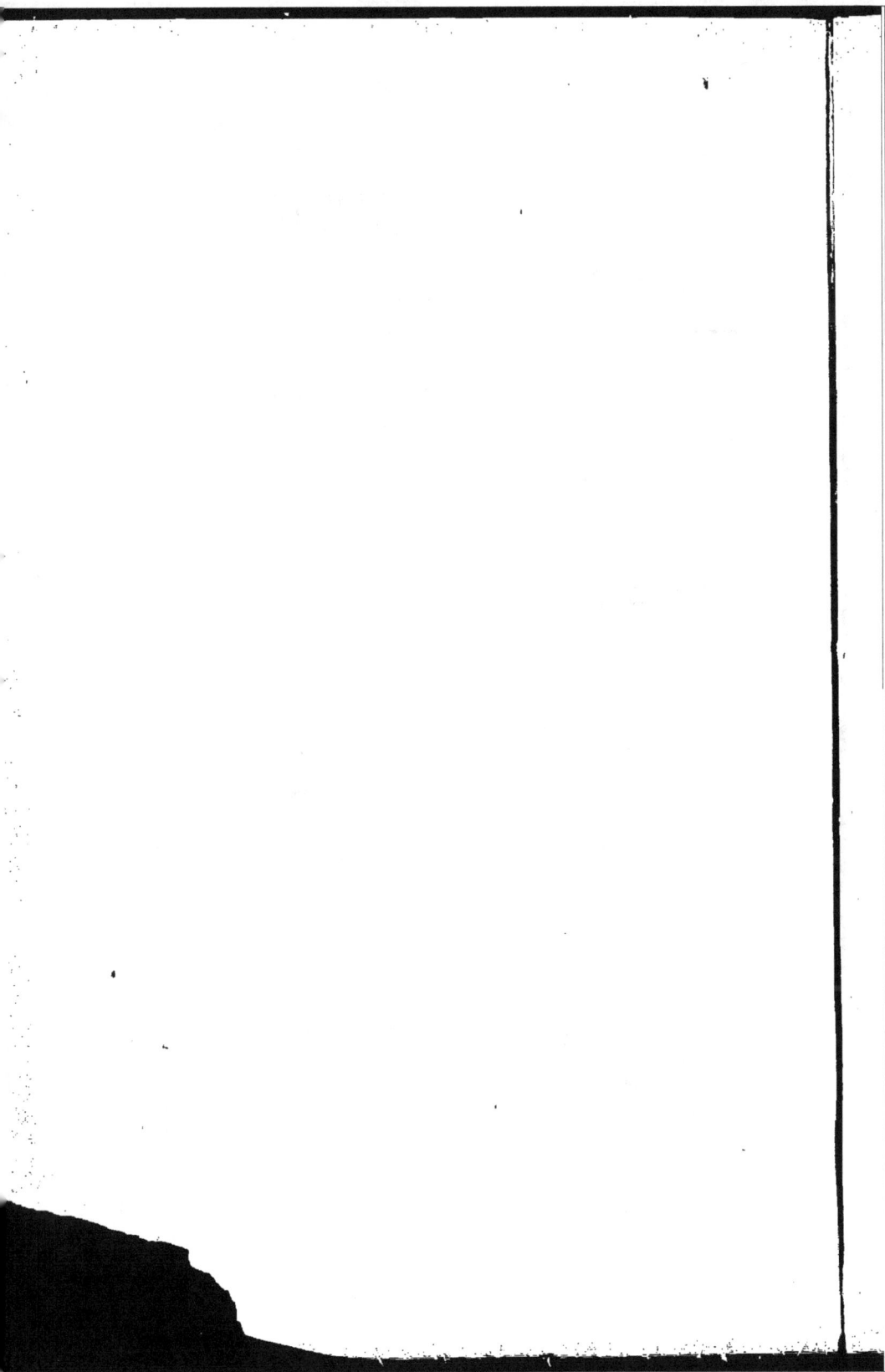

# BULLETIN OFFICIEL
## DU MINISTÈRE DE LA GUERRE.

## TABLEAU SYNOPTIQUE

## TITRE IX.

### DISPOSITIONS DIVERSES.

# TITRE II.
## DU PERSONNEL D'EXÉCUTION.

## CHAPITRE Ier.
### PERSONNEL MILITAIRE.

#### Composition du personnel militaire.

Art. 9. Le personnel militaire chargé de l'exécution du service des subsistances militaires comprend :
1° Des officiers et des adjudants d'administration ;
2° Des commis et ouvriers militaires d'administration.

### SECTION I.
#### OFFICIERS. — ADJUDANTS.

#### Attributions des officiers et des adjudants.

Art. 10. Les officiers d'administration principaux gèrent les établissements les plus importants.

Les officiers d'administration de 1re classe sont chargés d'une gestion ou placés en sous-ordre dans les grands établissements.

Les officiers d'administration de 2° et de 3° classe sont, en principe, placés sous les ordres des officiers d'administration gestionnaires ; ils peuvent également être appelés à gérer des magasins de faible importance ou des annexes.

Les adjudants remplissent les mêmes emplois que les officiers d'administration de 2° et de 3° classe, sans toutefois pouvoir être chargés de gestion principale ; ils ne peuvent que gérer les annexes.

Enfin, les officiers d'administration peuvent être chargés, sous l'autorité des fonctionnaires de l'intendance, de surveiller la fabrication ou la transformation de certains produits confiée à l'industrie civile.

#### Attributions de l'officier d'administration gestionnaire.

Art. 11. L'officier d'administration gestionnaire est, sous la direction et la surveillance du sous-intendant militaire, le chef du service dont la gestion lui est confiée ; il en assure l'exécution régulière dans tous ses détails. Il a sous son autorité tout le personnel attaché à l'établissement.

Il procède aux réceptions de denrées et de matériel conformément aux dispositions du règlement sur la comptabilité-matières et de l'instruction portant application de ce règlement.

Il garantit, par sa surveillance personnelle, le bon état des denrées et du matériel de sa gestion ; il provoque, en temps utile, la mise en consommation des approvisionnements qui ont atteint le terme de leur conservation ou qui seraient exposés à des avaries ; il règle les opérations de manutention et de transformation, en s'efforçant de concilier les exigences du service avec l'économie de la dépense. Quand la nécessité le réclame, il prend les mesures d'urgence qui ne peuvent être soumises à la décision du sous-intendant militaire et il lui en rend compte sans retard.

Il répartit le service entre les officiers en sous-ordre de manière que chacun d'eux soit alternativement chargé des différents détails ; il rend compte de cette répartition au sous-intendant militaire.

Il veille à ce que chacun de ses subordonnés se pénètre de ses devoirs et les remplisse avec intelligence et exactitude. S'il aperçoit, de leur part, des abus ou des négligences, il prend contre eux les mesures qu'il juge utiles et il en informe le sous-intendant militaire.

### Responsabilité de l'officier d'administration gestionnaire.

Art. 12. Du fait de la perception de deniers publics sur mandats d'avance, tout officier d'administration gestionnaire est constitué comptable envers le Trésor.

Du fait de la prise en charge du matériel, il est constitué comptable envers l'Etat, soumis, en cette qualité, au contrôle de la Cour des comptes, et tenu de fournir un cautionnement. Sa responsabilité est définie par le règlement sur la comptabilité-matières et l'instruction portant application dudit règlement.

### Cautionnement. — Indemnités de responsabilité et de frais de bureau.

Art. 13. La quotité des cautionnements, le mode de réalisation, les formalités relatives à la restitution, le taux des indemnités de responsabilité et de frais de bureau, les règles d'allocation et de payement, etc., sont exposés dans les annexes nᵒˢ 1 et 2 à la présente instruction.

### Conférences sur les règlements administratifs.

Art. 14. Des conférences périodiques sur les règlements et instructions qui régissent les diverses parties du service et destinées à développer l'instruction théorique des officiers d'administration, ont lieu, dans chaque établissement, au moins une fois par mois. Le adjudants y assistent.

Les conférences sont faites par l'officier d'administration gestionnaire, ou, à tour de rôle, par les officiers placés en sous-ordre ; le sous-intendant militaire s'assure qu'elles reçoivent une bonne direction.

### Registre des conférences.

Art. 15. Les matières traitées dans chaque conférence sont consignées sommairement sur un registre ad hoc, tenu par l'officier d'administration gestionnaire, coté et paraphé par le sous-intendant militaire, qui le vise tous les trimestres.

Chaque année, l'inspecteur général des services de l'intendance prend connaissance des matières qui ont été traitées depuis la dernière inspection, et consigne sur le registre des ordres d'inspection les observations que leur examen lui a suggérées.

## SECTION II.

### COMMIS ET OUVRIERS MILITAIRES D'ADMINISTRATION.

#### Attributions des commis aux écritures et des ouvriers d'exploitation employés dans les établissements du service des subsistances militaires.

Art. 16. Les commis aux écritures sont employés aux travaux d'écriture et de comptabilité ; ils peuvent également participer au service des réceptions et des distributions.

Les ouvriers d'exploitation exécutent les travaux de réception, de manutention, de transformation, d'entretien et de réparation du matériel, en un mot tous les travaux que comporte l'exécution du service des subsistances militaires.

#### Cours théoriques et pratiques.

Art. 17. En vue de les initier à la connaissance et à l'emploi du matériel de campagne du service des subsistances militaires, des cours théoriques et pratiques sont suivis annuellement par les sous-officiers et caporaux, aux époques déterminées et dans les centres désignés par les instructions ministérielles. (Voir annexe n° 3.)

#### Exercices d'instruction et de manœuvre du matériel.

Art. 18. Tout le personnel d'exploitation est exercé à la manœuvre du matériel de campagne (fours, tentes, etc.), et du matériel de secours contre l'incendie, dans les conditions spécifiées par les instructions ministérielles. (Voir annexe n° 3.)

Dispositions spéciales aux mécaniciens.

**Art. 19.** Dans le but de vérifier leur aptitude et de les mettre en état d'exécuter convenablement leur service dans les établissements où ils seront employés, les ouvriers mécaniciens suivent, pendant la première année de leur incorporation, des cours théoriques et pratiques à la manutention militaire de Paris.

L'époque, la durée et le programme de ces cours sont déterminés par une instruction spéciale. (Voir annexe n° 3.)

Gratifications au personnel militaire.

**Art. 20.** Indépendamment de la solde qui leur est attribuée d'après leur grade, les ouvriers d'administration du service d'exploitation peuvent recevoir, dans certaines circonstances, des gratifications dont la quotité et les règles d'allocation sont fixées par décision ministérielle. (Voir annexe n° 4.)

## SECTION III.

### OUVRIERS MILITAIRES AUXILIAIRES.

Emploi exceptionnel d'ouvriers militaires auxiliaires.

**Art. 21.** En cas de besoins urgents, et lorsque le personnel ordinaire d'un établissement est insuffisant, des ouvriers militaires auxiliaires peuvent être fournis par les corps de troupe, dans les conditions prévues par le règlement sur le service des places.

La demande en est faite au commandant d'armes par le sous-intendant militaire, sur la proposition motivée de l'officier d'administration gestionnaire.

## CHAPITRE II.

### PERSONNEL CIVIL.

Composition du personnel civil.

**Art. 22.** Le personnel civil se compose :

1° Des entrepreneurs et de leurs préposés;

2° Des ouvriers employés à titre permanent ou temporaire dans les services en gestion directe;

3° Des employés appelés à remplir des fonctions spéciales.

Les officiers gestionnaires, ainsi que les sous-intendants militaires, veillent avec soin à l'exécution rigoureuse des consignes arrêtées, et proposent au directeur de l'intendance pour les magasins, le matériel et les agencements mécaniques, toutes les améliorations et tous les aménagements qu'ils jugent indispensables pour restreindre la fatigue des ouvriers et pour éviter tout danger d'accident.

Lorsqu'il y a lieu, l'étude en conférence est prescrite par le général commandant le corps d'armée, sur la proposition du directeur de l'intendance.

#### Mesures préventives contre l'incendie.

Art. 30. Toutes les mesures possibles de précaution doivent être prises contre les dangers d'incendie. Ces mesures, qui se résument dans une surveillance active et bien entendue, l'entretien de provisions ou de prises d'eau convenablement disposées, l'interdiction des allumettes chimiques ordinaires, enfin l'existence d'un matériel propre à combattre un commencement d'incendie, sont indiquées par la notice n° 1 précitée.

#### Police et surveillance dans les bâtiments et locaux.

Art. 31. Les mesures que réclament le bon ordre, la police et la sécurité dans les bâtiments du service sont prises par l'officier d'administration gestionnaire de chaque établissement.

Le sous-intendant militaire se concerte avec le commandant d'armes pour le placement des factionnaires, s'il y a lieu, et pour les consignes à donner.

La police administrative et la surveillance des bâtiments, qui incombent au service du génie, ont lieu conformément aux dispositions du règlement sur le service du casernement.

## CHAPITRE II.

### RÈGLES SPÉCIALES AUX BATIMENTS ET LOCAUX DU SERVICE DES SUBSISTANCES MILITAIRES.

#### SECTION I.

##### INSTALLATION NÉCESSAIRE A CHAQUE BRANCHE DE SERVICE EN GESTION DIRECTE.

###### Bâtiments, locaux et dépendances nécessaires.

Art. 32. Les établissements du service des subsistances militaires doivent comprendre, suivant leur importance et les conditions particulières d'exécution, les locaux énumérés à la notice sur les établissements du service des subsistances militaires (notice n° 1).

### Logement des officiers d'administration.

Art. 33. Les officiers d'administration sont, en principe, logés dans les établissements dont la gestion leur est confiée.

Dans les services importants et lorsque les locaux le permettent, d'autres logements sont affectés à ceux des officiers d'administration en sous-ordre dont la présence est le plus fréquemment nécessaire.

### SECTION II.

#### INSTALLATION DES SERVICES A L'ENTREPRISE.

#### Locaux nécessaires au service.

Art. 34. Chaque entrepreneur est tenu de se procurer, à ses frais, les locaux nécessaires à l'exploitation du service et au logement des divers approvisionnements qu'il doit entretenir.

A moins de stipulations contraires insérées dans le cahier des charges, l'entrepreneur supporte les loyers des locaux qu'il prend en location, ainsi que toutes les charges quelconques des baux pendant la durée du marché.

Des locaux et terrains appartenant à l'Etat ou loués par lui pour le compte de l'administration militaire peuvent être mis gratuitement à la disposition de l'entrepreneur, ou lui être affermés. Les cahiers des charges déterminent les droits et les obligations qui résultent, pour l'entrepreneur, de cette jouissance gratuite, ainsi que les conditions dans lesquelles s'effectuent la remise et la reprise par l'administration.

#### Assurance contre l'incendie.

Art. 35. L'entrepreneur est tenu de faire assurer à ses frais, contre l'incendie, contre la foudre et contre le recours des voisins, dans le délai et suivant les conditions fixés par le cahier des charges, les locaux, quels qu'ils soient, qui sont affectés à l'exécution du service, ainsi que le matériel et les denrées qu'ils renferment. Il fait agréer, préalablement, par le directeur de l'intendance, la compagnie avec laquelle il se propose de traiter.

L'assurance dont il ne serait pas justifié dans le délai voulu est prise d'office par le sous-intendant militaire; les frais en sont imputés à l'entrepreneur.

#### Dégradations. — Réparations à la suite de sinistre.

**Art. 36.** Dans les bâtiments appartenant à l'Etat, les dégradations provenant de la vétusté ou des vices de construction régulièrement constatés, restent au compte de l'administration. Ces travaux sont alors effectués exclusivement par le service du génie.

A la suite d'un sinistre, l'entrepreneur peut, sur sa demande, être autorisé à effectuer directement les réparations, mais sous la surveillance du service du génie et après reconnaissance des matériaux à employer.

#### Droit de police et de surveillance sur les locaux.

**Art. 37.** Les fonctionnaires de l'intendance ont le droit de police et de surveillance dans les bâtiments et locaux utilisés par l'entrepreneur pour l'exploitation du service, quel qu'en soit le propriétaire.

Un contrat d'affectation dont le modèle est annexé au cahier des charges garantit toujours ce droit à l'administration militaire.

## CHAPITRE III.

### RÈGLES SPÉCIALES AUX LOCATIONS.

---

#### Passation des baux de location.

**Art. 38.** Les baux de location (modèle n° 2) pour le compte du service des subsistances militaires sont passés par les fonctionnaires de l'intendance, de concert avec les officiers du génie, conformément aux dispositions du règlement sur le service du casernement.

Il appartient aux fonctionnaires de l'intendance de provoquer l'étude des conditions dans lesquelles la passation ou le renouvellement d'un bail de location doit être proposé lorsque cela est jugé nécessaire.

Pour le renouvellement des baux, cette étude doit être provoquée trois mois avant la date extrême à laquelle les baux en cours doivent être dénoncés lorsque ces baux ont une durée inférieure ou égale à trois ans, et six mois pour les autres.

Qu'il s'agisse d'une première location ou d'un renouvellement de bail, le procès-verbal rapporté à la suite de l'étude doit faire ressortir :

1° Les besoins à satisfaire, ces besoins étant justifiés par l'indication : de la nature du service à assurer, de son impordance d'après l'effectif de la garnison, de la quotité des approvisionnements à entretenir ;

2° La désignation détaillée des locaux proposés pour satisfaire aux besoins ainsi énoncés ;

3° Les conditions de la location : loyer annuel, comparaison de ce loyer avec la valeur réelle de l'immeuble, durée du bail, travaux d'aménagement à la charge du bailleur, etc. ;

4° Enfin, lorsque le service est assuré par l'entreprise, qui doit, en principe, se procurer les locaux nécessaires, les motifs invoqués en faveur de la location au compte de l'administration.

Les états des baux de location dont la production est prévue par le règlement sur le service du casernement sont, en ce qui concerne le service des subsistances militaires, adressés au Ministre (5e Direction, 3e Bureau) pour le 15 janvier de chaque année. Ils sont établis conformément au modèle n° 3 annexé à la présente instruction.

### Impôt des portes et fenêtres.

Art. 39. Les bâtiments affectés à un service public étant exempts des contributions des portes et fenêtres, il est inséré, dans les baux de location des bâtiments destinés au service des subsistances militaires, une clause qui détermine, sur le prix du loyer, une déduction équivalente au montant de cette contribution, ou qui exige du bailleur la preuve qu'il a acquitté cette contribution.

### Paiement des loyers. — Cas d'affectation d'un bâtiment à une branche de service.

Art. 40. Le paiement des loyers est assuré au moyen de mandats du sous-intendant, imputables sur les crédits spéciaux de la branche du service pour laquelle le bâtiment est pris à loyer.

En cas d'affectation de ce bâtiment à une autre branche du service, le prix de location est payé sur les crédits du nouveau service occupant, à compter du premier jour du trimestre pendant lequel le changement de destination a eu lieu.

Si un même bâtiment ou établissement est loué pour être occupé par plusieurs branches du service à la fois, la quotepart de chacune dans les frais de location est déterminée dans l'étude en conférence préalable à la passation du bail, et mention est faite au contrat des dispositions arrêtées en ce qui concerne la répartition des frais et l'imputation de la dépense lorsque l'établissement d'un seul mandat est prévu.

#### Moyens temporaires d'emmagasinement.

**Art. 41.** Dans le cas où les bâtiments à la disposition du service deviennent momentanément insuffisants, il peut être traité, lorsque les usages locaux le permettent, pour l'emmagasinement des denrées, soit dans les entrepôts du commerce, soit dans les magasins des particuliers, en limitant la durée de l'occupation aux besoins du service.

Le prix de la location est basé sur la quantité emmagasinée et sur la durée de l'occupation ; il peut comprendre, en outre, les frais d'entrée, de sortie, de manœuvres, de conservation et d'assurances.

Les conventions à passer sont soumises à l'autorisation préalable du Ministre et ont lieu dans la forme ordinaire des marchés.

## CHAPITRE IV.

### TRAVAUX INTÉRESSANT LES ÉTABLISSEMENTS DU SERVICE DES SUBSISTANCES MILITAIRES.

---

#### SECTION I.

##### TRAVAUX CONCERNANT LES BATIMENTS APPARTENANT A L'ÉTAT.

---

#### Mode de proposition et d'exécution.

**Art. 42.** Dans les bâtiments appartenant à l'Etat, les travaux d'entretien et de réparations courantes, ainsi que ceux concernant l'amélioration et l'extension desdits bâtiments, sont proposés, examinés et exécutés conformément aux dispositions de l'instruction relative aux travaux du service du génie.

#### Réparations locatives.

**Art. 43.** Les réparations locatives (1) dans les bâtiments de l'Etat confiés à la gestion directe sont exécutées à la diligence du sous-intendant militaire, par les soins de l'officier d'administration gestionnaire et aux frais du service occupant.

---

(1) Ces réparations correspondent à celles dont le détail est donné par l'annexe n° 5 au règlement sur le service du casernement ; doivent y être comprises les menues réparations aux fours permanents.

A cet effet, les dépenses pour achat des matières et objets nécessaires pour l'exécution des dites réparations sont comprises, sous une rubrique spéciale, au programme annuel des dépenses de matériel. (Voir annexe n° 7.)

Les travaux sont exécutés soit par les ouvriers du service, soit, exceptionnellement et après autorisation du sous-intendant militaire, par des ouvriers spécialistes étrangers au service, qui sont, pour ces travaux, payés à la tâche.

## SECTION II.

### TRAVAUX CONCERNANT L'ÉCLAIRAGE DES ÉTABLISSEMENTS.

#### Modes d'éclairage employés.

**Art. 44.** L'éclairage, tant intérieur qu'extérieur, des établissements du service des subsistances militaires peut être assuré à l'huile végétale ou minérale, au gaz ou à l'électricité.

Le mode d'éclairage à adopter est déterminé par le Ministre, après une étude en conférence entre les représentants des services du génie et de l'intendance, dans les conditions déterminées par le règlement sur le service du casernement.

#### Dépenses concernant l'éclairage intérieur et extérieur des établissements.

**Art. 45.** Les dépenses d'éclairage, tant intérieur qu'extérieur, sont à la charge du service occupant, tant pour l'achat, l'installation et l'entretien des appareils que pour la consommation du combustible.

En ce qui concerne l'éclairage au gaz, la fourniture, la pose et l'entretien des conduites sont opérés par les soins et à la charge du service du génie.

En cas d'installation de l'éclairage à l'électricité, le règlement sur le service du casernement fixe les dépenses qui sont à la charge tant du service du génie que du service occupant.

#### Dépenses d'illumination.

**Art. 46.** Toutes les dépenses relatives aux illuminations (y compris celles de fourniture et de pose des appareils) incombent au service occupant.

## SECTION III.

### ALIMENTATION EN EAU.

---

#### Travaux et fournitures concernant l'alimentation en eau.

**Art. 47.** Les travaux et fournitures concernant l'alimentation en eau des établissements du service des subsistances militaires sont effectués conformément aux règles tracées par la section IV du chapitre I<sup>er</sup> du titre VI (art. 248 et suivants).

La fourniture de l'eau proprement dite est à la charge du service intéressé, de même que la fourniture et l'entretien des compteurs et des filtres.

## SECTION IV.

### TRAVAUX AU COMPTE DE L'ÉTAT DANS LES BATIMENTS ET LOCAUX PRIS A LOYER.

---

#### Mode d'exécution.

**Art. 48.** Lorsque des travaux d'aménagement et de réparation dans les bâtiments et locaux pris à loyer sont mis à la charge de l'État, l'exécution de ces travaux est assurée, pour le compte du service occupant, par le service du génie ou sous sa surveillance, d'après un devis établi par ce dernier service après une étude en conférence et approuvé par le Ministre.

# CHAPITRE V.

### AMEUBLEMENT DES BATIMENTS ET LOCAUX.

---

#### Dispositions générales.

**Art. 49.** A l'exception des étagères fixes et des treuils, les objets mobiliers fixes ou mobiles nécessaires à l'exécution du service, les mécanismes des usines et moulins, les appareils et leurs accessoires, ainsi que les cordes ou chaînes qui servent à la manœuvre des treuils, sont à la charge du service occupant.

Les travaux nécessaires pour la mise en place des mécanismes peuvent être exécutés, à charge de remboursement, par le service du génie à qui incombent les frais pour travaux de canalisation ou de maçonnerie que l'installation comporte.

# TITRE IV.

## EXÉCUTION GÉNÉRALE DU SERVICE.

---

## CHAPITRE Iᵉʳ.

### MOYENS D'APPROVISIONNEMENT DE LA GESTION DIRECTE.

---

**Moyens employés pour l'approvisionnement de la gestion directe.**

Art. 50. Les ressources nécessaires à la gestion directe sont obtenues par l'emploi des moyens suivants :

1° Marchés par adjudication publique ou de gré à gré ;
2° Achats à commission ;
3° Conventions verbales ou achats sur factures ;
4° Réquisitions opérées dans les conditions prévues par la loi ;
5° Cessions.

### SECTION I.

#### MARCHÉS PAR ADJUDICATION PUBLIQUE ET DE GRÉ A GRÉ.

---

**Formalités relatives aux marchés.**

Art. 51. Le règlement sur la comptabilité des dépenses du département de la guerre, les décrets et les instructions qui le développent fixent les règles auxquelles sont assujettis les différents marchés.

Afin qu'on puisse mesurer d'une façon suffisamment précise les écarts entre les prix des adjudications de fournitures de blé et d'avoine effectuées pour le compte du département de la guerre et les prix des mêmes denrées vendues dans le commerce, les sous-intendants militaires de l'intérieur doivent établir trimestriellement, pour chaque place de leur arrondissement administratif où sont effectuées des adjudications de blé ou d'avoine, un état modèle n° 4, comparant, pour chaque adjudication, le prix moyen de cette dernière avec le cours commercial dans la place à la même époque.

Le cours commercial est celui des mercuriales, d'après le registre spécial dont la tenue est prescrite par la circulaire du 8 avril 1824 (ministère de l'intérieur) ; extrait de ce registre est demandé aux maires par le sous-intendant militaire.

Lorsque la place n'étant pas lieu de marché, ce registre n'y est pas tenu, le sous-intendant militaire se renseigne par telles voies qu'il juge convenables sur le cours de la denrée (blé ou avoine) aux dates d'adjudication. Si les renseignements des mercuriales lui paraissent douteux, il peut d'ailleurs, tout en les portant à l'état, y indiquer en outre le cours commercial dont l'exactitude paraît préférable, en faisant connaître les sources auxquelles il l'a puisé.

Le cours commercial est augmenté ou diminué des sommes nécessaires pour le rendre comparable aux prix d'adjudication, c'est-à-dire pour qu'il corresponde à la valeur de la denrée livrée dans des conditions identiques à celles des adjudications. Les causes d'augmentation ou de diminution sont énumérées et évaluées dans des colonnes distinctes de l'état.

Le prix moyen de chaque adjudication, pour être comparable au cours commercial correspondant, doit être obtenu en divisant par le total des quantités adjugées leur valeur d'après les prix soumissionnés, déduction faite des frais accessoires du marché retenus par précompte (timbre, enregistrement, etc...) qui ne trouvent pas leur contre-partie dans les cours commerciaux.

Lorsque, pour une adjudication, le prix moyen ainsi calculé est supérieur au cours commercial rectifié du jour ou du marché dont la date est la plus rapprochée, le sous-intendant militaire doit rechercher et en expliquer les causes.

L'état trimestriel fait, en outre, connaître le cours commercial moyen et les prix moyens des adjudications, obtenus, autant que possible, en divisant, depuis le commencement de l'année, le total général des valeurs par celui des quantités vendues; une circulaire du 14 août 1886 du département de l'agriculture prescrit, en effet, de faire figurer aux mercuriales, dans la mesure du possible, les quantités vendues même pour les marchés où l'habitude a été prise de vendre surtout sur échantillons.

Les états trimestriels doivent parvenir à l'administration centrale sous le timbre de la Direction de l'intendance (distinctement Bureau des vivres ou Bureau des fourrages, suivant la denrée qu'ils concernent) le 10 du premier mois de chaque trimestre pour le trimestre précédent.

## SECTION II.

### ACHATS A COMMISSION.

#### Dispositions générales.

Art. 52. Lorsqu'il y a nécessité, des achats par commission sont confiés par le Ministre ou, lorsqu'il leur en est délégué le droit, par les directeurs de l'intendance, à des négociants ou à d'autres mandataires étrangers au personnel administratif.

Des avances en argent peuvent être faites dans ce cas aux commissionnaires ; ces avances sont soumises, sous le rapport de leur importance ainsi que du délai et des conditions de régularisation, aux dispositions du règlement sur la comptabilité des dépenses du département de la guerre.

Le contrat est établi en double expédition, une pour chaque partie ; il indique, outre le taux de la commission et les indemnités à payer, les règles qui devront être suivies pour les achats.

Les droits et les obligations de l'administration et des commissionnaires sont ceux prévus par le Code civil (livre III, titre XIII) et par les lois et usage du commerce (art. 94 et 95 du Code de commerce).

### Règles à suivre dans les achats à commission.

Art. 53. Suivant les circonstances, les commissionnaires peuvent être chargés d'acheter à l'étranger ou d'opérer à l'intérieur, soit près du commerce, soit sur les marchés publics. Dans tous les cas, ils doivent, autant que possible, traiter directement avec les propriétaires, producteurs, manufacturiers ou premiers détenteurs.

Il se conforment aux usages commerciaux et ils sont soumis à toutes les règles générales ou locales sur la tenue des marchés. Ils tiennent compte des bonifications qu'ils obtiennent des vendeurs, suivant les usages des localités.

### Contestations dans les achats à commission.

Art. 54. Les marchés passés par les commissionnaires étant souscrits en leur nom et pour leur propre compte, les contestations qui peuvent s'élever entre eux et leurs vendeurs sont du ressort des tribunaux civils, et à leurs risques et périls.

Quant aux contestations qui peuvent s'élever entre l'administration et les commissionnaires sur la qualité des denrées fournies, elles sont réglées dans la forme prévue pour les fournitures par marchés de livraison.

### Registre à tenir par les commissionnaires.

Art. 55. Tout commissionnaire chargé d'achats est tenu d'avoir un registre destiné à l'inscription, jour par jour, et sans autre ordre que celui de leurs dates, de toutes ses opérations d'achats.

Ce registre (modèle n° 4 bis) est coté et paraphé par le sous-intendant militaire ; il lui est présenté, ainsi que les fonds non encore employés sur les avances faites, chaque fois qu'il en fait la demande, lorsque les circonstances le permettent.

#### Bulletin d'achat.

Art. 56. Les commissionnaires adressent au Ministre ou aux directeurs de l'intendance, conformément aux instructions qui leur sont données, des bulletins destinés à faire connaître la marche successive de leurs opérations.

#### Contrôles des achats à commission.

Art. 57. Les opérations d'achats à commission sont contrôlées par les renseignements que l'administration se procure sur le cours des denrées et par l'examen des livres et de la correspondance du commissionnaire, qu'elle a le droit de consulter sur place.

### SECTION III.
#### DES CONVENTIONS VERBALES OU ACHATS SUR SIMPLE FACTURE.

#### Cas dans lesquels ces achats peuvent être effectués.

Art. 58. Il peut être suppléé aux marchés écrits par des conventions verbales ou achats sur simple facture, pour des denrées ou objets qui doivent être livrés immédiatement, quand la valeur de chacun de ces achats n'excède pas 1.500 francs.

#### Par qui exécutés.

Art. 59. Les achats sur simple facture sont exécutés par les soins de l'officier d'administration gestionnaire du service, d'après les ordres et sur l'approbation des fonctionnaires de l'intendance.

#### Paiement.

Art. 60. Les achats sur simple facture sont payés soit au moyen de mandats émis par les fonctionnaires de l'intendance, soit au moyen des fonds d'avance dont dispose l'officier d'administration gestionnaire du service, qui doit se conformer, à cet égard, aux dispositions des règlements sur la comptabilité des dépenses et sur la comptabilité-matières du département de la guerre.

### SECTION IV.
#### RÉQUISITIONS.

#### Règles générales.

Art. 61. En cas de rassemblements de troupes et pendant

les grandes manœuvres, on peut recourir aux réquisitions pour suppléer à l'insuffisance des moyens ordinaires d'approvisionnement de l'armée.

Ces réquisitions sont ordonnées, exécutées et régularisées dans les conditions indiquées par la loi sur les réquisitions et le décret portant règlement pour l'exécution de ladite loi.

## SECTION V.

### CESSIONS.

#### Règles générales.

Art. 62. Les règlements sur la comptabilité des dépenses et sur la comptabilité-matières du département de la guerre indiquent les conditions dans lesquelles s'effectuent les cessions.

A cet égard, les différentes branches du service des subsistances sont considérées, pour les cessions qui ont lieu entre elles, comme opérant de service à service.

## CHAPITRE II.

### DES RÉCEPTIONS.

#### SECTION I.

##### DISPOSITIONS GÉNÉRALES.

###### Responsabilité des officiers d'administration gestionnaires en ce qui concerne les réceptions.

Art. 63. L'officier d'administration gestionnaire ne doit recevoir, pour le compte de l'État, que les denrées ou le matériel réunissant toutes les conditions stipulées dans les cahiers des charges, marchés, devis, conventions ou ordres d'achat, et conformes en tous points aux échantillons ou modèles-types, lorsqu'il en a été adopté.

En conséquence, il apprécie, sous sa responsabilité pécuniaire, la qualité, et vérifie la quantité des denrées, matières ou objets qui lui sont remis, soit par suite de l'application des modes d'approvisionnement indiqués au chapitre précédent, soit en exécution d'ordres de versement d'un magasin sur un autre ou de reprise de service.

## SECTION II.

### CONTESTATIONS RELATIVES AUX RÉCEPTIONS.

§ 1er. — *Règlement des contestations ayant pour origine l'exécution d'un marché de livraison ou de transformation.*

#### Dispositions générales.

Art. 64. Les cahiers des charges générales pour les fournitures de denrées à effectuer, par marchés de livraison, dans les magasins des subsistances militaires et les cahiers des charges particulières à chaque marché ou convention indiquent la marche à suivre pour le règlement des contestations ayant pour origine l'exécution d'un marché de livraison ou de transformation.

§ 2. — *Règlement des contestations sur la qualité du matériel n'ayant pas pour origine l'exécution d'un marché de livraison ou de transformation.*

#### Principaux cas de difficultés.

Art. 65. Des contestations sur la qualité du matériel peuvent s'élever dans les circonstances suivantes :

1° Lorsqu'un officier d'administration gestionnaire refuse de recevoir, comme ne réunissant pas les conditions de qualité exigées, des denrées, matières ou objets mobiliers qui lui sont livrés en vertu d'ordres d'achat à commission, d'ordres de versement d'un magasin sur un autre, de cessions, d'une reprise de service ;

2° Lorsque, dans le cas de vérification, de recensement général ou partiel, il s'élève des doutes sur la qualité des approvisionnements ou sur la possibilité de les conserver en bon état jusqu'au terme fixé par les règlements ;

3° Lorsque des denrées ayant éprouvé des avaries par suite d'événements de force majeure ou ayant atteint le terme théorique de conservation, il est nécessaire d'en reconnaître la qualité et de faire assigner un nouveau terme de durée.

#### Par qui sont jugées les contestations.

Art. 66. Les difficultés prévues par l'article précédent sont soumises à une commission de vérification composée comme il suit :

*1° Service des vivres et du chauffage et de l'éclairage.*

Le sous-intendant militaire chargé de la surveillance administrative du service ou son suppléant,  **Président;**

Un officier supérieur (chef de bataillon ou d'escadrons) d'un des corps de troupe de la garnison; à défaut, un officier subalterne du grade le plus élevé;

Un médecin militaire;

Deux experts choisis, l'un par l'officier d'administration gestionnaire dans la gestion duquel sont comprises les denrées critiquées, l'autre par le sous-intendant militaire, sur une liste dressée à l'avance par l'autorité municipale,  **Membres.**

*2e Service des fourrages.*

Le sous-intendant militaire ou son suppléant,  **Président;**

Un chef d'escadrons d'un des corps de la garnison ou, à défaut, un officier subalterne du grade le plus élevé;

Un vétérinaire militaire;

Deux experts choisis, l'un par l'officier d'administration gestionnaire dans la gestion duquel sont comprises les denrées critiquées, l'autre par le sous-intendant militaire, sur une liste dressée à l'avance par l'autorité municipale,  **Membres.**

Quand la commission du service des vivres est appelée à examiner des difficultés relatives au bétail sur pied, le médecin militaire est remplacé par un vétérinaire militaire.

Les membres militaires des commissions sont désignés par le commandant d'armes.

Le médecin militaire et le vétérinaire militaire peuvent être suppléés par un médecin civil ou un vétérinaire civil. En ce cas, les frais de vacation réclamés par les médecins ou vétérinaires civils sont à la charge de la partie condamnée.

Lorsque la présence d'un médecin militaire ou d'un vétérinaire militaire est jugée nécessaire ou utile, ces officiers sont convoqués par l'autorité militaire; ils reçoivent les allocations déterminées par le règlement sur le service des frais de route.

*Délibération de la commission de vérification. — Décisions.*

Art. 67. Le sous-intendant militaire ou son suppléant donne à la commission communication des articles de la présente instruction et des notices ayant trait à l'objet du litige. L'officier d'administration gestionnaire, dans la gestion duquel sont comprises les denrées critiquées, ou son représentant (art. 114), doit toujours être appelé et entendu à l'effet de donner les explications nécessaires.

Après examen du litige, et les parties intéressées entendues, la commission prend une décision à la majorité des voix des membres présents, le sous-intendant militaire, président, ayant voix prépondérante en cas de partage.

### Objet des décisions.

Art. 68. Les décisions prises par les commissions de vérification ont pour objet, selon les différents cas :

L'admission ou le refus des denrées qui font l'objet de la contestation ;

Les manœuvres à faire subir aux denrées pour les rendre propres au service ;

La fixation du terme de conservation ;

La mise hors de service et la vente au profit de l'Etat ;

Enfin, dans le cas où les denrées seraient reconnues nuisibles à la santé des hommes et des chevaux, des propositions peuvent être formulées pour leur destruction complète par enfouissement, jet à l'eau ou incinération.

### Constatation des décisions.

Art. 69. Les décisions prises par les commissions de vérification sont constatées par un procès-verbal établi en une seule expédition originale.

Le sous-intendant militaire en délivre une copie à qui de droit et en adresse deux autres au directeur de l'intendance, qui en transmet une au Ministre en lui rendant compte des faits.

Les copies de procès-verbaux ne sont pas envoyées au Ministre lorsque ces actes ne contiennent que des décisions relatives à la fixation du terme de conservation ou à des manœuvres à faire subir aux approvisionnements.

### Cas où les décisions sont définitives.

Art. 70. Si la commission de vérification a été réunie pour statuer sur le résultat d'épreuves de panification ou pour déterminer la durée de conservation de certains approvisionnements, sa décision est définitive et immédiatement exécutoire. Il en est de même lorsque, appelée à se prononcer sur la qualité de quelque denrée, elle la reconnaît propre à la consommation, sous réserve des manœuvres à lui faire subir et consignées au procès-verbal.

### Cas d'appel au directeur de l'intendance et au Ministre.

Art. 71. Dans tous les cas autres que ceux prévus à l'article précédent, la partie qui se croit lésée et le sous-intendant militaire sont admis à faire appel de la décision de la commission de vérification au directeur de l'intendance et, le cas échéant, au Ministre.

Propositions tendant à la destruction de denrées nuisibles.

Art. 72. Les commissions de vérification peuvent proposer la destruction complète par enfouissement, jet à l'eau ou incinération des approvisionnements reconnus nuisibles à la santé des hommes ou des chevaux.

Le Ministre statue sur ces propositions après avis exprimé par le directeur de l'intendance.

Frais. — Par qui supportés.

Art. 73. Les frais de toute nature occasionnés par la réunion de la commission de vérification ou par l'examen du recours formé contre la décision de cette commission sont intégralement supportés par l'Etat.

## CHAPITRE III.

### MANUTENTION. — CONSERVATION.

#### SECTION I.
##### MANUTENTION.

Objet de la manutention.

Art. 74. La manutention comprend toutes les opérations et manœuvres qui ont pour objet les entrées et sorties, la conservation, la transformation ainsi que la distribution des denrées et du matériel et qui sont indiquées par les notices du service des subsistances militaires. (V. volumes 92 et 93 de l'E. R. du B. O.).

#### SECTION II.
##### CONSERVATION.

Durée de conservation des denrées.

Art. 75. Toutes les denrées reçues par l'officier d'administration gestionnaire sont considérées, par le seul fait de leur réception, comme étant propres au service et susceptibles d'être conservées en bon état jusqu'au terme théorique de durée fixé soit par la présente instruction, soit par les notices qui concernent lesdites denrées. (V. volumes visés à l'article précédent.)

Cas où cette durée n'est pas déterminée.

Art. 76. Quand la durée de conservation de certains produits n'est pas déterminée, l'officier d'administration gestionnaire doit, sous sa responsabilité, informer le sous-intendant militaire de l'état de conservation et, s'il y a lieu, provoquer l'examen des produits par la commission de vérification. (Chap. II du présent titre, section II, § 2°.)

Étendue de la responsabilité en matière de conservation.

Art. 77. Les obligations des officiers d'administration gestionnaires relativement à la conservation des denrées jusqu'à leur terme de durée ne cessent que par la constatation des circonstances qui ont pu en altérer la qualité ou en diminuer la quantité.

Elles ne cessent, même après l'expiration du terme théorique de conservation, que lorsqu'il a été reconnu et constaté que ce terme ne peut pas être prorogé.

# CHAPITRE IV.

## DES DISTRIBUTIONS.

---

### SECTION I<sup>re</sup>.

#### DISPOSITIONS GÉNÉRALES.

---

Droits aux prestations. — Tarifs.

Art. 78. Les droits des troupes et autres parties prenantes aux prestations en nature, ainsi que les diverses positions dans lesquelles ces droits sont acquis ou modifiés, sont déterminés par le décret portant règlement sur le service de la solde et des revues.

Des tarifs arrêtés par le Ministre (annexe n° 5) indiquent le taux des rations de vivres et de fourrages et les allocations de chauffage et d'éclairage.

Sauf en ce qui concerne les substitutions de denrées prévues aux tarifs, le Ministre seul peut apporter des modifications au taux des rations et des allocations indiquées par ces tarifs. Ces modifications sont, le cas échéant, notifiées aux généraux commandant les corps d'armée, qui les portent à la connaissance des intéressés par la voie de l'ordre, lorsque l'insertion n'en a pas été faite au Bulletin officiel du ministère de la guerre.

## SECTION II.

### DISTRIBUTIONS AUX MILITAIRES EN STATION.

*Périodicité des distributions pour chaque nature de denrées.*

Art. 79. En station, les distributions doivent être faites, à moins de dispositions contraires, savoir :

Pour le pain, en principe, tous les deux jours ; néanmoins, sur la demande des chefs de corps ou de détachement, les distributions peuvent avoir lieu tous les jours;

Pour la viande fraîche, tous les jours ;

Pour le pain de guerre.................
Pour les conserves de viande.........
Pour le porc salé.....................
Pour les potages condensés...........
Pour le riz ou les légumes secs......
Pour les conserves de légumes.........
Pour le sel...........................
Pour les liquides.....................

suivant les besoins du renouvellement des approvisionnements ;

Pour le sucre et le café, tous les quatre jours ;

Pour les fourrages, deux fois par semaine ;

Pour les fourrages verts pris à l'écurie, tous les jours.

*Jours et heures des distributions. — Par qui réglés.*

Art. 80. Conformément au règlement sur le service des places, le commandant d'armes fixe, de concert avec le sous-intendant militaire, les jours et heures des différentes distributions. Les dispositions ainsi arrêtées sont affichées dans les magasins.

*Renseignements sur les effectifs à transmettre aux officiers d'administration gestionnaires et aux entrepreneurs.*

Art. 81. Le sous-intendant militaire fait connaître à l'avance aux officiers d'administration gestionnaires ou aux entrepreneurs l'effectif des corps ou autres parties prenantes à servir, les mouvements de la garnison et les passages de troupes qui doivent affecter le chiffre des distributions.

En outre, lorsque les corps de troupe veulent user de la faculté qui leur est ouverte, en temps de paix, d'augmenter ou de diminuer leurs bons par rapport aux droits acquis, ils informent directement l'officier d'administration gestionnaire ou l'entrepreneur, trente-six heures au moins avant la distribution, des quantités qu'ils comptent percevoir en plus ou en moins. Ils en avisent, en même temps, le sous-intendant militaire.

## SECTION III.

### DISTRIBUTIONS AUX TROUPES EN MARCHE.

#### Dispositions générales.

Art. 82. L'instruction générale sur les manœuvres et les instructions particulières données par les directeurs des manœuvres d'automne indiquent les conditions dans lesquelles est assurée l'alimentation des troupes pendant les marches de concentration et de dislocation ainsi que pendant les opérations.

En dehors des périodes des manœuvres, les troupes en marche se procurent le pain et la viande par achats, au moyen d'une indemnité journalière représentative qui leur est allouée à cet effet, sauf en Algérie et en Tunisie où les troupes en marche perçoivent le pain en nature. Les corps et les détachements se procurent également les fourrages par voie d'achats qui sont effectués par leurs officiers d'approvisionnement, dans les conditions indiquées par l'instruction concernant ces officiers.

Les petits détachements qui ne sont pas commandés par un officier, ainsi que les parties prenantes voyageant isolément dans l'étendue des corps d'armée, s'adressent aux maires des localités traversées pour percevoir les fourrages au moyen de bons emportés au départ (art. 387).

## SECTION IV.

### TROUPES VOYAGEANT PAR CHEMIN DE FER OU FAISANT DES EXERCICES D'EMBARQUEMENT EN CHEMIN DE FER.

#### Distributions aux troupes voyageant par chemin de fer.

Art. 83. Les distributions aux troupes voyageant par chemin de fer ont lieu, en principe, au départ de la garnison et pour la durée du trajet.

La paille, le foin et l'avoine sont amenés à la gare par les soins de l'administration lorsque les corps ne disposent pas de moyens de transport suffisants.

Lorsque le trajet en chemin de fer doit dépasser deux jours, des distributions peuvent être assurées dans une gare déterminée du parcours soit par les soins de l'administration elle-même, soit par les soins d'un entrepreneur, au moyen de marchés passés par le service de l'intendance.

Dans tous les cas, le foin destiné aux troupes voyageant par chemin de fer doit être préalablement botté, et l'avoine mise en sacs.

### Paille de litière et bottillons.

Art. 84. Il est distribué, aux troupes voyageant par chemin de fer, de la paille longue pour la litière des chevaux et pour la confection des bottillons destinés à l'arrimage des selles et du matériel.

Le taux des allocations à faire est indiqué par le tarif faisant suite à la présente instruction. (Annexe n° 5.)

### Exercices d'embarquement.

Art. 85. Les troupes qui font des exercices d'embarquement reçoivent, pour la litière des chevaux et pour les bottillons destinés à préserver le harnachement et les voitures, des allocations de paille dont le taux est indiqué par le tarif visé à l'article précédent.

## SECTION V.

### TROUPES EMBARQUÉES OU DANS LES LAZARETS.

———

#### Troupes à bord des bâtiments de l'État.

Art. 86. Les troupes de l'armée de terre, embarquées sur des bâtiments de l'État, reçoivent, de l'administration de la marine, sauf remboursement par le département de la guerre, les vivres de bord, et, le cas échéant, les fourrages pour toute la durée de l'embarquement.

Dans ce but, à défaut ou en cas d'insuffisance des approvisionnements de la marine, il peut lui être cédé, par le département de la guerre, des denrées en quantités proportionnées aux effectifs à nourrir et à la durée présumée de la traversée.

Les distributions sont assurées par les soins des agents de la marine, qui se font délivrer des reçus des parties prenantes.

#### Troupes à bord des navires de commerce.

Art. 87. L'instruction pour l'exécution des transports de la guerre par navires de commerce détermine les conditions dans lesquelles sont assurées la nourriture des troupes et des animaux embarqués, et la délivrance, le cas échéant, des denrées par les soins du service des subsistances militaires.

Distributions dans les lazarets.

Art. 88. Les distributions aux troupes dans les lazarets ressortissant au département de la marine sont assurées comme celles aux troupes embarquées sur des navires de l'Etat (art. 86.)

Dans les autres lazarets, les troupes en quarantaine sont traitées comme celles en station.

## SECTION VI.

### RÉINTÉGRATION DE DENRÉES FOURRAGÈRES.

Les denrées fourragères non consommées avant le départ d'une garnison peuvent être réintégrées en magasin.

Art. 89. Lorsqu'un corps de troupe, un détachement, une partie prenante isolée quitte sa garnison par ordre avant d'avoir pu consommer toutes les denrées fourragères provenant de la dernière distribution, il peut, après autorisation du sous-intendant militaire, réintégrer en magasin les quantités non consommées. En ce cas, le bon partiel de la dernière distribution est réduit proportionnellement.

## SECTION VII.

### EXÉCUTION DES DISTRIBUTIONS.

#### Règles générales.

Art. 90. Toutes les dispositions prévues par les décrets portant règlement sur le service intérieur des troupes d'infanterie, de cavalerie, d'artillerie et du train des équipages, en ce qui a trait à l'exécution des distributions et aux règles à suivre en cas de contestations sur la qualité des denrées, sont exécutoires pour le service des subsistances militaires.

#### Détermination et vérification du poids des denrées distribuées.

Art. 91. Les distributions aux diverses parties prenantes sont faites au moyen de balances et de poids réunissant les conditions indiquées par l'annexe n° 6.

Les distributions s'effectuent au nombre de rations pour les denrées rationnées, à la mesure pour les liquides, au poids pour toutes les autres denrées. Le poids spécifique des grains est déterminé à la trémie conique.

La vérification du poids du pain a lieu avant, au milieu et

à la fin de la distribution, en mettant à la fois sur la balance 25 pains pris au hasard par groupes de 5 pains.

Les excédents de poids profitent à la troupe : en cas de différence en moins, le poids est complété par l'addition des quantités nécessaires, sauf la tolérance admise pour le pain biscuité (art. 216).

### Registre de visite.

Art. 92. Il est ouvert, dans chaque magasin, un registre de visite des denrées mises en distribution ; ce registre (modèle n° 5), coté et paraphé par le sous-intendant militaire, est mis à la disposition de l'officier de distribution de chaque corps, pour recevoir son avis sur la qualité des denrées. Ce registre est visé, le 1er de chaque mois, par le sous-intendant militaire ; il est présenté aux officiers généraux commandants ou inspecteurs généraux, aux commandants d'armes et aux fonctionnaires de l'intendance et du contrôle, chaque fois qu'ils le demandent.

### Registre des observations-critiques.

Art. 93. Si des observations-critiques sont portées sur le registre de visite, le gestionnaire ou l'entrepreneur les fait immédiatement transcrire sur un registre (modèle n° 6) qu'il envoie au sous-intendant. Ce fonctionnaire recherche si les observations sont fondées et consigne sur ce registre le résultat de ses investigations.

### Garde près des magasins.

Art. 94. Il est établi près des magasins, sur la demande du sous-intendant, une garde pour la sûreté des approvisionnements et le maintien du bon ordre, pendant la durée des distributions. Cette garde ne doit pas être placée dans l'intérieur des magasins ; elle reçoit une consigne arrêtée par le commandant d'armes, sur les propositions du sous-intendant militaire.

### Récipients nécessaires aux parties prenantes.

Art. 95. Les parties prenantes se présentent munies des récipients nécessaires pour contenir les denrées.

Il est formellement interdit de leur prêter des sacs ou autres récipients du service, sauf décision contraire du Ministre.

Toutefois, les distributions d'avoine et d'orge à la gendarmerie (brigades et troupes de cette arme) peuvent être faites exceptionnellement dans des sacs du service des subsistances militaires.

## SECTION VIII.

### TRANSPORT DES DENRÉES.

#### Distance à laquelle la troupe va chercher ses distributions.

Art. 96. Les troupes cantonnées ou campées dans un rayon de deux kilomètres des magasins sont tenues, sauf les cas prévus par l'article suivant, d'y aller prendre elles-mêmes les denrées de distribution, sans pouvoir prétendre à aucun moyen de transport ou à indemnité.

Au delà de cette distance, les rations distribuées par la gestion directe sont transportées aux frais de l'Etat, si les corps ne sont pas pourvus de voitures.

Dans les services à l'entreprise, les transports sont à la charge de l'entrepreneur dans la limite fixée par le cahier des charges.

Les denrées doivent toujours être reconnues et reçues par la troupe avant leur sortie des magasins.

#### Cas d'exception.

Art. 97. Lorsque les troupes sont placées dans les forts élevés et d'un accès difficile ou qu'elles sont séparées des magasins par des obstacles qui rendent trop pénible le transport à dos d'homme, ou, enfin, lorsque le service exige qu'elles restent constamment sous les armes ou à leur poste, le Ministre ou le général commandant le corps d'armée peut autoriser le transport, aux frais de l'Etat, des denrées de distribution dans les quartiers ou cantonnements, bien que ces cantonnements ou quartiers soient éloignés des magasins de moins de deux kilomètres.

## CHAPITRE V.

### PRÊTS ET DÉPOTS DE MATÉRIEL.

#### Dépôts de matériel dans les corps de troupe.

Art. 98. Le matériel mis en dépôt dans les corps de troupe ne cesse pas d'être compris dans les écritures de la gestion qui a effectué le dépôt.

Si le matériel est emporté par le corps dépositaire lors d'un changement de garnison, l'officier d'administration gestionnaire qui l'a en compte établit des factures d'expédition qui justifient la sortie du matériel dans ses écritures et la prise en charge dans les comptes de l'officier d'administration gestionnaire dans la circonscription de la nouvelle garnison. Le matériel continue d'être en dépôt dans le corps de troupe.

*Prêts et dépôts de matériel aux entrepreneurs de fournitures à la ration*

**Art. 99.** Les entrepreneurs de fournitures à la ration peuvent recevoir, à titre de prêt ou de dépôt, du mobilier d'exploitation appartenant à l'État. Le matériel continue de figurer dans les comptes de l'officier d'administration gestionnaire qui en a effectué la remise ; il est entretenu en bon état par l'entrepreneur.

En cas de changement d'entrepreneurs, la remise et la reprise du mobilier, la constatation des pertes et dégradations, l'estimation de la plus ou moins-value, ont lieu conformément aux prescriptions du cahier des charges régissant la fourniture.

## CHAPITRE VI.

### VERSEMENTS D'UN MAGASIN SUR UN AUTRE. — EXPÉDITIONS.

——

#### SECTION 1re.

##### DISPOSITIONS GÉNÉRALES.

——

*Par qui les opérations sont ordonnées.*

**Art. 100.** Les versements d'un magasin sur un autre magasin du même service et les expéditions de denrées ou de matériel sont ordonnés par le Ministre, par les directeurs de l'intendance, et, en cas d'urgence, par les sous-intendants militaires.

*Ordres de versement ou d'expédition.*

**Art. 101.** Les ordres de versement ou d'expédition doivent déterminer :

1° Les quantités à verser et le point sur lequel les expéditions doivent être faites ;

2° Le mode de transport (voie de fer, de terre, rivières, canaux, voie maritime) ;

3° Le conditionnement du matériel (vrac, sacs, caisses, colis, etc.) ;

4° La vitesse à employer dans les transports par chemins de fer et par le roulage.

Lorsque ces indications ne sont pas données par l'ordre d'expédition, le sous-intendant militaire les fournit à l'expéditeur, en même temps qu'il prescrit les mesures d'exécution nécessaires.

### Mise en état du matériel à expédier.

Art. 102. Le matériel à expédier doit, au moment du départ, être mis dans le meilleur état possible, par les soins et sous la responsabilité de l'expéditeur, qui s'assure que ce matériel est susceptible d'être réemployé. Toute perte ou avarie qui, à la réception, serait reconnue provenir d'un défaut d'emballage ou de la négligence de l'expéditeur est mise à sa charge.

Lorsqu'une expédition comprend des denrées n'ayant pas la même ancienneté de récolte ou de fabrication et que les marques apposées sur les récipients ne permettent pas d'en fixer l'ancienneté, l'expéditeur adopte un signe distinctif pour chaque lot et le fait connaître au destinataire.

### Prélèvement d'échantillons.

Art. 103. Quand les denrées à transporter sont de nature à faire craindre des substitutions ou des altérations, il est prélevé, au moment du départ, deux échantillons identiques, lesquels sont scellés du cachet du sous-intendant militaire ; l'un reste entre les mains de l'expéditeur et l'autre accompagne le chargement pour servir de terme de comparaison à l'arrivée.

### Formalités relatives aux expéditions de denrées en entrepôt et de liquides.

Art. 104. Quand une expédition porte sur des denrées soumises à l'acquittement des droits de douane ou d'octroi et placées en entrepôts, la sortie de ces denrées doit être signalée, en temps utile, aux représentants de l'administration des douanes ou de l'octroi, afin qu'ils les déduisent des existants en magasin.

L'expédition des liquides (vins, eaux-de-vie, alcools, etc.) doit toujours être accompagnée d'un acquit-à-caution délivré par l'administration des contributions indirectes. Les précautions à prendre pour éviter les conséquences de la dilatation des liquides sont indiquées dans la notice n° 11.

### Formalités d'octroi et de douane.

Art. 105. Les entrepreneurs de transports doivent accomplir, sous leur responsabilité, toutes les formalités nécessaires aux constatations de sortie et d'entrée, en ce qui concerne les denrées et objets soumis à l'octroi ou devant passer en douane.

### Conditionnement des colis devant emprunter la voie de mer.

Art. 106. Indépendamment des conditions générales d'emballage prévues par l'instruction pour l'application du traité relatif à l'exécution des transports de la guerre, la fermeture des colis qui doivent emprunter la voie de mer doit, autant que cela peut se faire, rendre impossible la visite intérieure des colis sans l'enlèvement des plombs.

### Assurances.

Art. 107. Les envois de denrées ou de matériel par mer, rivières ou canaux, ne sont assurés contre les risques de la navigation que lorsque l'ordre en a été donné par le Ministre.

L'officier d'administration gestionnaire passe les polices d'assurances en se conformant aux usages locaux du commerce et aux prescriptions de la loi. Ces actes sont soumis à l'approbation du sous-intendant militaire.

### Écritures relatives aux versements et expéditions.

Art. 108. Les écritures auxquelles donnent lieu les versements et expéditions sont exposées au titre VIII ci-après (chapitre II), ainsi que dans le règlement et l'instruction sur la comptabilité des matières.

## SECTION II.

### MODES D'EXÉCUTION DES TRANSPORTS.

---

### Par qui les transports sont exécutés.

Art. 109. Les transports de matériel sont assurés :

1° Dans la plus large mesure possible par tous les moyens permettant d'éviter des dépenses, c'est-à-dire notamment par le train des équipages ;

2° Exceptionnellement, dans certains cas spéciaux et exclusivement sur l'ordre du Ministre, par des moyens appartenant en propre au service des subsistances ;

3° Par des entrepreneurs spéciaux ;

4° Par les compagnies de chemins de fer ou de transports maritimes.

### Transports au moyen de marchés spéciaux.

Art. 110. Les marchés spéciaux ou éventuels sont passés soit par le Ministre, soit, suivant ses ordres, par les directeurs de l'intendance, les sous-intendants ou les officiers d'administration gestionnaires, lorsque les transports à effectuer ne sont pas compris dans ceux concédés à l'entreprise des transports généraux, tant à l'intérieur qu'en Algérie et en Tunisie, ou à celle des transports maritimes.

Les marchés spéciaux ou éventuels sont régis par des cahiers des charges qui, indépendamment des clauses insérées dans le cahier des charges-type pour l'exécution des transports à l'intérieur des places, doivent déterminer les dispositions particulières à chaque place et à chaque service.

*Transports exécutés par les compagnies.*

Art. 111. Les transports assurés par les compagnies de chemins de fer ou de transports maritimes sont exécutés conformément aux prescriptions des traités généraux conclus avec elles, lorsqu'il en existe, ou conformément à des conventions spéciales, ou, enfin, conformément au droit commun, à défaut de traité ou de convention.

*Imputation des dépenses.*

Art. 112. Les dépenses de transport sont toujours imputées à la branche de service qu'elles concernent.

## SECTION III.

### MISE EN MOUVEMENT ET RÉCEPTION DU MATÉRIEL. — CONTESTATIONS RÉSULTANT DE L'EXPÉDITION.

*Formalités au départ et à l'arrivée.*

Art. 113. Les formalités relatives à la mise en mouvement des expéditions et à leur réception à l'arrivée sont indiquées par les traités ou les cahiers des charges qui régissent les transports ou par les instructions pour l'application des dispositions de ces documents.

*Contestations avec l'expéditeur.*

Art. 114. Lorsque les difficultés portent sur la qualité ou l'état des denrées ou sur le classement assigné au matériel au moment du départ, il est procédé, en présence de l'expéditeur ou de son délégué (art. 67) à la constatation et à l'examen des denrées ou du matériel qui font l'objet du litige.

Faute par l'expéditeur, dûment avisé, de désigner un délégué ou un fondé de pouvoir pour assister à la reconnaissance du matériel, lors de la réception, le sous-intendant militaire chargé de la surveillance administrative du service en désigne un d'office sur la demande du réceptionnaire, sauf le cas cependant où l'expéditeur déclare s'en remettre à la décision du sous-intendant.

Le sous-intendant militaire formule ses conclusions dans un procès-verbal qui sert de base à la décision administrative à intervenir.

Conservation des denrées et du matériel ayant donné lieu à contestation.

**Art. 115.** Le consignataire reste provisoirement chargé de la conservation du matériel et des denrées qui ne réuniraient pas les conditions voulues pour faire un bon service, jusqu'à ce qu'il ait été statué soit sur l'imputation à faire, soit sur la destination à leur donner.

## SECTION IV.

### DISPOSITIONS RELATIVES AUX EXPÉDITIONS FAITES EN TRANSIT.

Responsabilité du consignataire transitaire.

**Art. 116.** Quand un matériel est dirigé sur une place pour être réexpédié, celui qui le reçoit en transit vérifie seulement le nombre, le poids et l'état des colis, constate l'arrivée du matériel sur la pièce de transport, sans donner décharge définitive au transporteur.

Le transitaire inscrit le matériel sur le registre décrit à l'article 492.

Soins à donner au matériel entreposé.

**Art. 117.** Lorsque l'époque de la réexpédition des chargements reçus en passe-debout est incertaine ou éloignée, le consignataire fait procéder aux travaux que réclame l'entretien du matériel, d'après l'autorisation du sous-intendant militaire. Lors de ces manipulations, on a soin de ne pas changer la répartition du matériel dans les colis et de refermer ces derniers dès que l'opération est terminée.

Si les denrées ou le matériel entreposés sont menacés d'une prochaine détérioration, le consignataire en informe le sous-intendant militaire, qui donne ou provoque les ordres nécessaires.

Réexpédition du matériel entreposé.

**Art. 118.** Lorsqu'il y a lieu de réexpédier sur sa destination un chargement resté dans un entrepôt, il est procédé à la reconnaissance de l'état des colis ; si ces colis ne sont pas en bon état ou s'ils présentent des différences de poids avec les indications portées sur les récipients, l'emballage est réparé et les marques sont rectifiées.

## SECTION V.

### MOUVEMENTS INTÉRIEURS.

---

#### Objets des transports intérieurs.

Art. 119. Les transports intérieurs ont pour objet les mouvements de matériel à effectuer à l'intérieur des places ou dans un certain rayon autour de ces places.

Ils comprennent :

1° L'envoi des denrées rationnées dans les casernes, camps, bivouacs ou cantonnements, lorsque les troupes ne peuvent en assurer le transport ;

2° Les versements sur certaines annexes et vice versa ;

3° Les évacuations et déplacements de denrées ou de matériel et les remises d'un service à un autre, dans une même place ;

4° Les envois de blé au moulin et le retour des produits au magasin, quand les usines sont exploitées par l'administration ou lorsque les transports ne sont pas à la charge des entrepreneurs de moutures.

#### Modes d'exécution.

Art. 120. Sauf exceptions prévues dans les traités généraux, les transports intérieurs sont exécutés dans les conditions prévues aux alinéas 1°, 2° et 3° de l'article 109.

#### Écritures relatives aux transports intérieurs.

Art. 121. Les transports intérieurs sont constatés par des bulletins de versement détachés d'un livret à souche (modèle n° 7) et portant la prise en charge des voituriers ; ils donnent également lieu à l'établissement de factures adressées au destinataire du matériel, quand ils concernent des versements sur une autre gestion.

#### Responsabilité de l'officier d'administration gestionnaire qui effectue le versement.

Art. 122. Sauf les cas de force majeure, et sans préjudice de la responsabilité du transporteur, l'officier d'administration gestionnaire qui effectue le versement du matériel en demeure responsable jusqu'à la prise en charge par le destinataire.

Sa responsabilité est toutefois hors de cause en ce qui concerne le transport de denrées de distribution préalablement reçues par les parties prenantes.

# CHAPITRE VII.

## DÉCHETS, PERTES ET AVARIES.

### SECTION I<sup>re</sup>.

#### PERTES ET AVARIES RÉSULTANT DE CAS FORTUITS OU D'ÉVÉNEMENTS DE FORCE MAJEURE.

*Mode de constatation des pertes et avaries. — Formalités à observer.*

**Art. 123.** Les événements de force majeure prévus par le règlement sur la comptabilité-matières doivent être constatés par un procès-verbal dressé, dans les vingt-quatre heures, par le sous-intendant militaire ou par son suppléant.

Lorsque le sous-intendant militaire n'a pu constater lui-même sur les lieux et dans les vingt-quatre heures un événement de force majeure, il homologue le procès-verbal de son suppléant, si les conclusions lui en paraissent justifiées.

Dans le cas contraire, il procède par voie d'enquête et ne conclut que lorsqu'il se trouve suffisamment éclairé.

*Perte par suite de défaut d'entretien des bâtiments ou de la défectuosité de l'outillage.*

**Art. 124.** Si les pertes ou avaries proviennent du défaut d'entretien des bâtiments, de la défectuosité de l'outillage ou de toute autre cause analogue, l'officier d'administration gestionnaire doit, pour dégager sa responsabilité, établir qu'il a signalé au sous-intendant militaire, en temps utile, la nécessité des réparations ou des autres mesures à prescrire.

*Renseignements à insérer dans les procès-verbaux.*

**Art. 125.** Les procès-verbaux rapportés en exécution de l'article précédent doivent indiquer non seulement l'importance des pertes et avaries, mais encore les mesures de précaution prises par l'officier d'administration gestionnaire ou l'entrepreneur pour en limiter l'étendue; ils exposent également les causes réelles ou présumées de l'événement.

A cet effet, le sous-intendant militaire ou son suppléant se livre à une enquête dans laquelle il fait intervenir toutes les personnes qui sont à même de lui fournir d'utiles renseignements sur les faits et il constate les résultats de ses investigations dans le procès-verbal. Il fait suivre les dépositions et renseignements recueillis de son opinion personnelle sur la réalité des faits et de ses conclusions sur les responsabilités engagées.

### Cas d'épizootie.

Art. 126. Lorsqu'il s'agit de constater des pertes de bestiaux morts par suite d'épizootie, le sous-intendant militaire se fait remettre un rapport établi par un vétérinaire civil ou militaire et le joint à son procès-verbal.

### Avis à donner au procureur de la République en cas d'incendie ou d'événement pouvant donner lieu à poursuites.

Art. 127. En cas d'incendie, le sous-intendant militaire en donne avis au procureur de la République, dans les vingt-quatre heures.

Il lui donne de même connaissance de tout événement de force majeure pouvant donner lieu à des poursuites contre les auteurs; il lui adresse, s'il est établi, une copie du procès-verbal dressé lors de la constatation de l'événement.

### SECTION II.

### DÉCHETS, PERTES ET AVARIES NE PROVENANT PAS DE CAS FORTUITS OU D'ÉVÉNEMENTS DE FORCE MAJEURE.

---

### Mode de constatation des déchets.

Art. 128. En aucun cas, les officiers d'administration gestionnaires ne sont autorisés à faire sortie des déchets de conservation, de criblage, de manutention, d'évaporation, de dessiccation, d'ouillage, avant leur constatation par procès-verbal.

Les déchets de cette nature sont constatés par des procès-verbaux et les sorties sont justifiées par des extraits de ces procès-verbaux.

Les procès-verbaux sont établis, transmis et récapitulés comme il est dit aux articles 475 et suivants.

### Dispositions spéciales à certains déchets ou avaries.

Art. 129. Les déchets de conservation, d'évaporation, de dessiccation, sont constatés et appréciés dans des procès-verbaux établis soit à l'épuisement des approvisionnements, soit à la suite de recensements inopinés, soit au moment d'expédition de denrées, soit en fin de gestion.

Toutefois, les déchets de criblage des grains, de manutention des fourrages, les avaries de conserves de viandes et de produits analogues, sont constatés dans des procès-verbaux de continuité clos à l'expiration de chaque trimestre. Les déchets d'ouillage sont constatés dans les mêmes conditions; mais la clôture des procès-verbaux a lieu seulement en fin d'année ou de gestion.

#### Déchets de dépérissement.

**Art. 130.** Les déchets de dépérissement reconnus sur certains animaux au moment des abats, et qui ne sont pas compensés par des excédents, sont également constatés par un procès-verbal. En fin de gestion, ils sont mentionnés au procès-verbal de remise de service.

## CHAPITRE VIII.

### DES EXISTANTS EN MAGASIN.

#### SECTION 1re.

##### CONSTATATION DE L'EXISTENCE DES DENRÉES ET DU MATÉRIEL.

*Recensements. — Leur objet. — Autorités ayant qualité pour y procéder.*

**Art. 131.** Les sous-intendants militaires chargés de la surveillance administrative des services en gestion directe et à l'entreprise doivent procéder à des recensements inopinés, de manière à constater intégralement chaque année les quantités de denrées et de matériel devant exister d'après les écritures des officiers d'administration gestionnaires ou les marchés des entrepreneurs (1).

Les approvisionnements qui donnent lieu à de fréquents mouvements ou qui, par leur nature, sont susceptibles de procurer des bonis (café torréfié, porc salé, par exemple) peuvent être l'objet de plusieurs recensements au cours de la même année.

Les directeurs et les inspecteurs généraux du service de l'intendance, ainsi que les contrôleurs de l'administration de l'armée, procèdent aussi à des recensements de denrées et de matériel.

#### Mode de procéder.

**Art. 132.** Le recensement des approvisionnements a lieu au moyen :

---

(1) Dans le but de faciliter les opérations de recensement des denrées entretenues dans les magasins par les entrepreneurs des services des vivres et des fourrages à la ration, au renouvellement de chaque marché un état établi et signé par le sous-intendant militaire énumérant distinctement les quantités à entretenir par l'entrepreneur au titre de la réserve et au titre du service courant est collé à l'intérieur de la couverture du registre des entrées et sorties.

Cet état est modifié au fur et à mesure des changements apportés, au cours du marché, dans l'importance des approvisionnements à entretenir.

1° Du cubage pour le foin et la paille (les procès-verbaux d'emmeulage sont utilement consultés à ce sujet), pour le bois en bûches, avec mention du poids au stère ; du comptage et du pesage pour le bois en fagots ;

2° Du pesage pour toutes les autres denrées et pour tous les autres combustibles figurant au poids dans les nomenclatures ;

3° Du dépotage ou du jaugeage pour les liquides ;

4° Du dénombrement pour les bestiaux sur pied.

On admet pour la quantité reconnue à la réception et dont il a été fait entrée :

Les bestiaux sur pied ;

Les foudres ou futailles préalablement ouillés qui renferment les liquides ;

Les barils de salaisons et les boîtes de conserves, après vérification partielle.

Dans le cas où les denrées logées dans des silos ne peuvent en être extraites pour être ensachées et pesées, les sous-intendants militaires indiquent dans les procès-verbaux, les moyens qu'ils ont employés pour constater l'existence réelle de ces approvisionnements ou l'évaluation de leur importance. (Les procès-verbaux d'ensilage sont toujours utilement consultés.)

Les pailles employées à la couverture des meules sont comprises dans les recensements pour les quantités accusées par les procès-verbaux d'emmeulage.

### Mode de constatation des excédents et des déficits.

**Art. 133.** Les excédents ou les déficits accusés par les inventaires sont constatés dans un procès-verbal conformément aux dispositions du règlement sur la comptabilité des matières.

### Destination à donner aux procès-verbaux.

**Art. 134.** Les procès-verbaux sont conservés en minute dans les archives du sous-intendant militaire ; il en est adressé deux expéditions au directeur de l'intendance, qui en renvoie une expédition revêtue de sa décision.

Du 15 au 20 du premier mois qui suit le trimestre, le directeur de l'intendance adresse au Ministre une expédition des procès-verbaux sur lesquels il a statué pendant le trimestre écoulé. Dans le cas où le Ministre n'approuve pas les décisions prises, il prescrit les modifications qu'il juge utile d'y apporter.

Cas où des denrées sont reconnues avariées ou impropres au service.

**Art. 135.** Si le recensement donne lieu de constater que des denrées paraissent avariées ou impropres au service, il est procédé, s'il y a lieu, à l'examen de la qualité de ces denrées, avec le concours de la commission de vérification, et dans les formes prescrites par les articles 65 et suivants de la présente instruction.

Bestiaux en mauvais état.

**Art. 136.** Dans le cas où les bestiaux ne sont pas en bon état, le sous-intendant en recherche la cause. Si le résultat du recensement fait craindre qu'il n'y ait un déchet notable de dépérissement et s'il est constaté qu'il y a eu négligence, il est procédé à un pesage rigoureux des bestiaux.
Il est dressé procès-verbal de l'opération.

Matériel détérioré ou hors de service.

**Art. 137.** L'autorité qui procède au recensement examine aussi l'état du matériel lors des recensements dans les services en gestion directe. Si, quoique bon encore, ce matériel lui paraît avoir subi une détérioration extraordinaire ou si elle trouve des objets prématurément mis hors de service, elle en recherche la cause, la constate dans un procès-verbal et pose des conclusions sur les responsabilités encourues.
Ces dispositions sont applicables au matériel prêté aux entrepreneurs.

Destination à donner aux denrées avariées ou impropres au service.

**Art. 138.** Si les denrées, examinées comme il est dit à l'article 135 sont reconnues impropres au service, le Ministre, sur la proposition du directeur de l'intendance, statue sur la destination à donner à ces denrées.
Certaines denrées devenues impropres à l'alimentation des hommes peuvent encore être distribuées aux chevaux en remplacement de denrées fourragères. La décision qui autorise cette substitution est prise sur avis conforme des vétérinaires; elle fixe les conditions suivant lesquelles s'opérera la substitution.

Des imputations en cas d'avaries de denrées ou de détérioration du matériel.

**Art. 139.** Dans les services en gestion directe, les imputations auxquelles peuvent donner lieu les avaries de denrées ou la détérioration prématurée du matériel sont décomptées d'après les tarifs annuels de remboursement publiés par le Ministre.

Lorsque les denrées ou le matériel ont été remis à l'administration des domaines pour être vendus au profit du Trésor, le produit de la vente, après déduction des frais qu'elle a occasionnés, vient en diminution de la somme à imputer.

Dans les services à l'entreprise, les cahiers des charges déterminent les pénalités à appliquer selon les causes et les circonstances des avaries.

## SECTION II.

### DES SITUATIONS.

#### Situations mensuelles.

Art. 140. Les officiers d'administration gestionnaires et les entrepreneurs à la ration établissent, mensuellement et par service, les états de la situation de leurs approvisionnements (modèles nᵒˢ 8, 9 et 10).

Ils certifient l'existence réelle des quantités de denrées et de matériel indiquées sur ces états, qui sont ensuite soumis au visa du sous-intendant militaire.

#### Renseignements à porter sur les situations mensuelles.

Art. 141. Les états mensuels de situation doivent présenter, indépendamment du personnel employé dans les gestions directes et des effectifs prenant part aux distributions, tous les renseignements propres à faire connaître l'importance des ressources sur lesquelles il y a lieu de compter pour l'exécution du service, notamment les existants en denrées de toute nature, en récipients et prélarts, ainsi que l'ancienneté et l'état de conservation des approvisionnements. On y indique également les observations critiques auxquelles aurait donné lieu la qualité des denrées mises en distribution pendant le mois.

Les résultats des opérations des annexes qui ne seraient pas parvenus au moment de l'établissement de la situation de la place principale sont indiqués aussi approximativement que possible, sous réserve de redressements annotés sur l'état suivant.

Dans un but de simplification d'écritures, les quantités inférieures au kilogramme et au litre sont négligées.

#### Destination à donner aux états de situation. — État général.

Art. 142. Les états mensuels de situation, établis en deux expéditions, sont adressés au sous-intendant militaire chargé de la direction du service, qui, après les avoir vérifiés, conserve une expédition pour la vérification de l'état du mois suivant, et transmet l'autre au directeur de l'intendance.

A l'aide de cette expédition, le directeur de l'intendance fait établir un état général (modèles nᵒˢ 11 et 12) de la situation des magasins de son arrondissement administratif, qu'il adresse au Ministre (Bureau intéressé) le 15 de chaque mois pour le mois précédent.

Il est produit un état général distinct pour les vivres et pour les fourrages.

### Situations annuelles des approvisionnements à mettre en consommation.

Art. 143. Chaque année, les officiers d'administration gestionnaires établissent pour chaque service distinct (vivres, fourrages, chauffage et éclairage) une situation des approvisionnements à mettre en consommation l'année suivante, en raison de leur ancienneté de fabrication ou de récolte. Cet état (modèle nᵒ 13) présente la décomposition des approvisionnements par année de récolte ou de fabrication et fait ressortir, d'une part, les quantités à consommer sur place, et, d'autre part, celles à expédier sur d'autres places ou susceptibles d'être reçues d'autres places.

Les situations produites par les officiers d'administration gestionnaires sont récapitulées pour chaque service dans une situation générale (modèle nᵒ 14) par les soins du directeur de l'intendance. Par une comparaison établie entre les quantités à mettre en consommation et celles que l'effectif moyen du corps d'armée peut consommer, la situation récapitulative détermine soit les quantités à expédier sur une autre région, soit les quantités susceptibles d'être reçues d'une autre région.

La situation récapitulative des vivres et celle des fourrages doivent parvenir au Ministre le 10 novembre de chaque année, en deux expéditions.

Les approvisionnements du service du chauffage et de l'éclairage à écouler devant être mis en consommation, notamment pendant la période d'hiver, la situation récapitulative concernant ce service devra parvenir en double expédition au Ministre le 1ᵉʳ juillet de chaque année.

### Mouvements à prescrire pour assurer en temps utile la consommation des denrées anciennes.

Art. 144. Les expéditions de denrées et matières anciennes à consommer sont ordonnées par le Ministre quand les mouvements doivent s'effectuer d'une région sur une autre région de corps d'armée.

A cet effet, l'administration centrale renvoie au directeur de l'intendance une expédition de la situation récapitulative revêtue de la décision du Ministre, en ce qui concerne les quantités à expédier sur une autre région.

Le directeur de l'intendance prescrit les mouvements sur les différentes places de la région.

## CHAPITRE IX.

### CLASSEMENT HORS DE SERVICE. — RÉFORME.

#### Mise hors de service du matériel.

Art. 145. Le matériel que l'officier d'administration gestionnaire juge hors de service ou inutilisable est placé en dépôt dans une pièce de l'établissement, au fur et à mesure qu'il n'est plus reconnu bon pour le service, et il est inscrit sur un état spécial modèle n° 15. Le sous-intendant militaire l'examine et mentionne sur ledit état son appréciation sur les propositions de l'officier d'administration gestionnaire.

#### Autorités ayant qualité pour prononcer la réforme.

Art. 146. Pour les objets de consommation courante, les matériaux et les objets mobiliers de minime valeur, pour les sacs, les caisses à conserves, les barils ayant contenu le porc salé et autres, etc., destinés aux réparations ou au chauffage des fours, la réforme est prononcée trimestriellement par le directeur de l'intendance sur production d'un état de proposition (modèle n° 15) revêtu de l'avis du sous-intendant militaire.

Pour les caisses à pain de guerre qui ne doivent jamais être réemployées, la réforme peut être prononcée, dans la même forme, par le sous-intendant militaire et par délégation du directeur de l'intendance, soit par quinzaine, soit mensuellement, selon l'importance des distributions dans chaque place. Cette manière de procéder a l'avantage de débarrasser au plus vite les magasins d'un matériel encombrant ou contaminé par les larves des insectes.

Pour le matériel plus important, la réforme est prononcée annuellement soit par l'inspecteur général, soit, à défaut, par le directeur de l'intendance qui mentionne sa décision sur le même état.

#### Marques à apposer sur le matériel réformé.

Art. 147. Les objets et effets réformés sont marqués, en présence du sous-intendant militaire, du timbre de réforme.

Les sacs hors de service doivent être décousus au moment où la réforme en est prononcée.

### Destination à donner au matériel réformé.

**Art. 148.** Etant donné la diversité des destinations que l'on peut donner au matériel réformé, le soin de rechercher l'emploi le plus avantageux pour le Trésor qui peut être fait de ce matériel dans chaque place est laissé à l'initiative du service local. Il est tenu compte toutefois, à ce sujet, des instructions particulières que le Ministre peut donner dans certaines circonstances (1).

Le matériel dont on ne peut tirer aucun parti pour le service est remis à l'administration des domaines pour être vendu au profit du Trésor. Il est détruit ou enfoui, s'il ne peut être vendu ou s'il y a intérêt à ne pas le livrer au commerce.

### Etat de proposition d'emploi du matériel réformé.

**Art. 149.** Dès que la réforme du matériel a été prononcée par l'autorité compétente, l'officier d'administration gestionnaire propose, dans un état modèle n° 16, la destination à donner au matériel.

L'état de proposition indique, dans des colonnes distinctes, les objets à réserver pour les réparations ou à convertir en bois de chauffage, ceux à remettre aux agents du domaine et ceux à détruire.

Après avoir été certifié par l'officier d'administration gestionnaire, l'état est adressé au sous-intendant militaire, qui donne son avis, le vise et le transmet au directeur de l'intendance, avec une expédition de l'état de réforme.

Le directeur de l'intendance statue sur les propositions d'emploi et fait connaître sa décision au sous-intendant militaire.

### Exécution des opérations autorisées.

**Art. 150.** Immédiatement après la réception de l'état d'emploi, approuvé par le directeur de l'intendance, il est procédé aux opérations autorisées.

### Compte-rendu de l'emploi du matériel réformé.

**Art. 151.** Les sous-intendants se font rendre compte de l'emploi du matériel classé hors de service et veillent à ce que les opérations soient consommées dans le délai fixé pour leur exécution par le directeur de l'intendance.

---

(1) Voir, annexe n° 7, l'emploi qui peut être fait de certains objets.

# CHAPITRE X.

## DES VENTES.

### SECTION I".

#### DISPOSITIONS COMMUNES A TOUTES LES VENTES.

*Par qui et dans quel cas sont ordonnées les ventes.*

**Art. 152.** Lorsqu'il y a lieu, les denrées, objets ou effets réformés et qui ne peuvent être employés utilement dans l'exploitation du service sont remis à l'administration des domaines pour être vendus en vertu d'autorisations du Ministre ou d'ordres donnés par les fonctionnaires de l'intendance.

Le Ministre seul autorise la vente des denrées et du matériel qui n'ont pas été réformés ou classés hors de service (1).

### SECTION II.

#### DISPOSITIONS SPÉCIALES AUX VENTES D'ISSUES ET DE PRODUITS DIVERS DE L'EXPLOITATION DU SERVICE.

*Conditions dans lesquelles s'effectue la vente des issues et produits divers.*

**Art. 153.** La vente des issues et produits divers à provenir de l'exploitation des différentes branches du service des subsistances fait l'objet d'une adjudication publique avec le concours de l'administration des domaines, conformément aux dispositions du règlement sur la comptabilité des dépenses du ministère de la guerre.

Un cahier des charges spécial indique les conditions du marché qui intervient, ainsi que la nature et l'importance des garanties exigées des adjudicataires, s'il y a lieu, et l'action que l'administration pourra exiger sur ces garanties.

---

(1) Les conditions dans lesquelles s'effectuent la remise du matériel à l'administration des domaines et la vente de ce matériel sont fixées par le règlement sur la comptabilité des dépenses du ministère de la guerre.

# CHAPITRE XI.

DESTRUCTION DU MATÉRIEL QUI NE PEUT ÊTRE VENDU.

Par qui la destruction est autorisée.

**Art. 154.** Les denrées, effets ou objets mobiliers hors de service, les issues et résidus provenant de fabrications, réparations, etc., qui ne peuvent être conservés utilement ni vendus au profit du Trésor, sont, sur l'autorisation du directeur de l'intendance, détruits par jet à l'eau, incinération ou enfouissement.

Comment la destruction est constatée.

**Art. 155.** Toute opération de destruction est constatée par un procès-verbal du sous-intendant militaire relatant :
1° Les causes qui ont rendu la mesure indispensable ;
2° La nature et les quantités du matériel détruit.
Une expédition du procès-verbal est remise à l'officier d'administration gestionnaire pour sa décharge.

# CHAPITRE XII.

DROITS DE DOUANE, DE RÉGIE ET D'OCTROI.

Droits sur les denrées et sur les liquides.

**Art. 156.** L'administration militaire est soumise à l'acquittement des droits de douane, de régie ou d'octroi qui frappent les denrées et les liquides qu'elle réunit dans ses magasins, qu'elle fait transporter d'une place dans une autre ou qu'elle met en consommation. En ce qui concerne les denrées fourragères fournies par marchés de livraison, les droits d'octroi, quand il en existe, sont acquittés par l'administration.

Les prix soumissionnés dans les adjudications ne doivent pas, par suite, comprendre les droits d'octroi. Cette disposition doit être spécifiée dans les avis au public et rappelée en séance d'adjudication.

Entrepôt des denrées et des liquides dans les magasins de l'État.

**Art. 157.** L'administration jouit de la faculté d'entrepôt dans ses magasins pour les denrées et liquides qui lui appartiennent.

Pour obtenir cette faculté, les officiers d'administration

gestionnaires doivent se faire reconnaître, en leur qualité, par l'administration des douanes, des contributions indirectes et des octrois municipaux. Ils sont tenus de faire les déclarations réglementaires avant toute entrée ou sortie des produits imposables et de remettre à qui de droit les « acquits-à-caution » constatant les entrées en magasin.

Au moyen de ces formalités, l'administration n'est pas obligée d'acquitter les droits, lors de la réception des denrées ou des liquides.

*Entrepôt des denrées et des liquides dans les magasins des entrepreneurs.*

Art. 158. Dans les services à l'entreprise, chaque entrepreneur est tenu de faire, en temps utile, les démarches nécessaires pour obtenir le bénéfice de l'entrepôt en faveur des denrées et des liquides appartenant à l'État.

La même obligation incombe à chaque entrepreneur pour la totalité des approvisionnements qu'il est tenu d'entretenir. Si l'entrepreneur le demande ou si les circonstances l'y obligent, l'importance des quantités à placer en entrepôt peut être inférieure à la totalité des approvisionnements ; le minimum à entreposer est fixé par le directeur de l'intendance.

### Paiement des droits.

Art. 159. Les paiements ont lieu à la fin du trimestre, seulement sur les quantités consommées ou sur les manquants qui excèdent les déchets alloués pour coulage, évaporation, ouillage, dessiccation, etc.

Le paiement est également exigible pour les quantités versées sur un autre magasin et dont la sortie n'est pas justifiée par un acquit-à-caution ou un passavant.

### Droit d'exercice dans les magasins.

Art. 160. Le bénéfice de l'entrepôt a pour conséquence le droit d'exercice dans les magasins ouverts aux employés de l'administration des douanes, des contributions indirectes et des octrois municipaux.

Toutes les fois qu'ils le jugent convenable, ils peuvent vérifier les quantités, la nature et la qualité des produits soumis aux droits et faire toutes perquisitions pour reconnaître s'il n'est rien entré sans que les formalités aient été remplies.

### Saisies et poursuites.

Art. 161. Le cas échéant, les saisies et poursuites sont dirigées contre l'administration de la guerre représentée par le sous-intendant militaire.

# CHAPITRE XIII.

REMISES ET REPRISES DE SERVICE. — GESTION INTÉRIMAIRE.

## SECTION I.

REMISES ET REPRISES DE SERVICE ENTRE OFFICIERS D'ADMINISTRATION
GESTIONNAIRES.

### Dispositions générales.

**Art. 162.** Le règlement sur la comptabilité des matières
fixe les règles suivant lesquelles s'opèrent les remises et les
reprises de service entre officiers d'administration gestionnaires.

### Difficultés dans les inventaires.

**Art. 163.** S'il s'élève des difficultés entre les parties intéressées et si celui qui prend la gestion du service refuse de
recevoir des denrées qu'il juge ne pas réunir les qualités requises ou n'être pas susceptibles de se conserver jusqu'au
terme théorique de conservation, le sous-intendant réunit la
commission de vérification prévue au chapitre II du présent
titre et fait procéder à l'examen des approvisionnements sur
lesquels portent les contestations.

Les décisions prononcées et les propositions formulées par
la commission de vérification sont constatées par un procès-
verbal.

La partie qui se croit lésée est toujours admise à faire
insérer ses réserves et à exprimer son intention d'en appeler
de la décision de la commission au directeur de l'intendance
et, le cas échéant, au Ministre.

### Remise des archives.

**Art. 164.** Celui qui fait la remise d'un service est tenu de
laisser à son successeur les archives de l'établissement, dont
il est dressé un inventaire visé par le sous-intendant militaire.

## SECTION II.

REMISE ET REPRISE DE SERVICE D'ENTREPRENEUR A ENTREPRENEUR OU DE
GESTIONNAIRE A ENTREPRENEUR ET RÉCIPROQUEMENT.

### Mode de constatation.

**Art. 165.** Les opérations de remise et de reprise de service
d'entrepreneur à entrepreneur ou de gestionnaire à entre-

preneur et réciproquement sont constatées, en ce qui concerne les denrées, par un procès-verbal d'inventaire établi par le sous-intendant militaire.

Remise et reprise du mobilier mis à la disposition des entrepreneurs.

Art. 166. Le mobilier d'exploitation du service mis à la disposition d'un entrepreneur est repris par l'entrepreneur ou le gestionnaire entrant d'après un inventaire estimatif de la valeur de chacun des objets prêtés.

L'inventaire est dressé par deux experts choisis, l'un par le gestionnaire ou l'entrepreneur entrant, l'autre par le gestionnaire ou l'entrepreneur sortant.

Si les avis des experts ne concordent pas, un tiers expert est désigné par le sous-intendant militaire.

L'inventaire fait ressortir, s'il y a lieu, la moins-value du mobilier imputable à qui de droit.

Frais d'inventaire.

Art. 167. Les frais d'inventaire sont répartis comme il suit :

1° Lorsque la remise et la reprise du service ont lieu entre un officier d'administration gestionnaire et un entrepreneur, ils sont supportés moitié par l'État, moitié par l'entrepreneur ;

2° Lorsque la remise et la reprise ont lieu d'entrepreneur à entrepreneur, les frais sont partagés entre eux par moitié.

### SECTION III.
#### GESTION INTÉRIMAIRE.

Gestion intérimaire. — Comment régie.

Art. 168. Toute gestion intérimaire est soumise aux règles et dispositions de la présente instruction ; elle n'entraîne pas la réalisation d'un cautionnement.

Cas dans lesquels il y a lieu de désigner un gestionnaire intérimaire.

Art. 169. En cas de décès, de disparition ou d'empêchement d'un officier gestionnaire qui n'a pas désigné et fait agréer un fondé de pouvoirs, le directeur de l'intendance désigne un gestionnaire intérimaire, qui devient responsable des approvisionnements qui lui sont confiés.

Le gestionnaire intérimaire reçoit les denrées, matières et objets nécessaires pour l'exploitation du service ; le surplus est, s'il y a lieu, mis sous scellés par les soins du sous-intendant militaire.

Le gestionnaire intérimaire est établi de droit gardien des scellés.

##### Levée provisoire des scellés pour l'entretien du matériel.

Art. 170. Lorsque les denrées ou le matériel sous scellés ont besoin d'être visités ou entretenus, le sous-intendant opère la levée des scellés, pour permettre au gérant intérimaire de procéder aux visites et de faire exécuter les manœuvres de conservation nécessaires. Après l'achèvement des travaux d'entretien, le sous-intendant appose à nouveau les scellés.

##### Reprise définitive faite par le gérant intérimaire.

Art. 171. Quand les besoins du service exigent que les denrées et le matériel soient remis en totalité à la disposition du gestionnaire intérimaire, celui-ci procède immédiatement et pour son compte personnel à la reprise définitive du matériel laissé par l'officier gestionnaire décédé, disparu ou empêché.

En ce cas, la remise et la reprise du service entre le gestionnaire intérimaire et le nouveau titulaire de la gestion ont lieu suivant les dispositions qui régissent les mutations de gestionnaires.

##### Fin de la gestion intérimaire. — Reprise définitive du service.

Art. 172. A l'arrivée du nouveau titulaire, il est procédé à la levée des scellés et à l'inventaire définitif. L'officier gestionnaire sortant ou ses ayants cause sont représentés par un fondé de pouvoirs ou, à défaut, par le gérant intérimaire désigné d'office.

# TITRE V.

## DU MATÉRIEL.

# CHAPITRE Ier.

### DISPOSITIONS GÉNÉRALES.

##### Composition du matériel. — Nomenclature.

Art. 173. Le matériel du service des subsistances militaires comprend les denrées, matières et objets énumérés dans une nomenclature commune aux trois branches de service.

Division du matériel d'après sa nature.

Art. 174. D'après sa nature, le matériel employé dans le service des subsistances se divise :

1° En denrées et matières de transformation et de consommation ;

2° En objets mobiliers.

## CHAPITRE II.

### DENRÉES ET MATIÈRES DE TRANSFORMATION ET DE CONSOMMATION.

Nature des denrées et matières. — Qualité. — Conservation.

Art. 175. Les renseignements relatifs à la nature et à la qualité des denrées et matières de transformation ainsi qu'aux procédés de fabrication et de conservation sont contenus dans les diverses notices sur l'exécution du service et dans le titre consacré aux dispositions spéciales à chaque branche de service.

Formation et entretien des approvisionnements. — Demandes de denrées.

Art. 176. Le Ministre détermine l'importance des approvisionnements à entretenir dans chaque gestion.

Les états de situation mensuelle des approvisionnements (art. 140, 141 et 142) font ressortir les besoins par la comparaison entre les fixations et les ressources disponibles.

Les mesures à prendre en vue de maintenir les approvisionnements à la hauteur déterminée sont exposées dans les rapports mensuels sur les opérations d'achat.

Ces rapports conformes au modèle n° 17, sont établis par les sous-intendants militaires et centralisés par le directeur de l'intendance. Ils doivent parvenir à l'administration centrale au plus tard le 8 de chaque mois, en ce qui concerne l'intérieur, et avant le 20 de chaque mois, en ce qui concerne l'Algérie et la Tunisie.

Le Ministre ou le directeur de l'intendance statue sur les propositions d'achat.

# CHAPITRE III.

## OBJETS MOBILIERS.

### Division des objets mobiliers.

Art. 177. Le matériel servant à l'exécution du service des subsistances comprend :

1° Le matériel fixe (immeubles par destination) (1);

2° Les objets considérés comme meubles.

### Modèles-types.

Art. 178. Sauf l'exception prévue par l'annexe n° 7, les objets mobiliers sont conformes aux modèles-types arrêtés par le Ministre.

### Constitution et renouvellement du matériel et des objets mobiliers.

Art. 179. L'annexe n° 7 indique les conditions dans lesquelles s'effectuent la constitution et le renouvellement du matériel.

### Marquage des objets mobiliers.

Art. 180. Les objets mobiliers susceptibles d'être marqués doivent porter l'empreinte S M ; cette empreinte est appliquée par les soins de l'officier d'administration gestionnaire aussitôt après la réception des objets.

Les sacs du type réglementaire portent les empreintes suivantes :

1° Dans le sens de la longueur, sur chaque face interne et externe, les mots : « Subsistances militaires » ;

2° Au-dessous de ces mots, l'année de la confection.

Les sacs qui ne sont pas du type réglementaire reçoivent seulement l'inscription des mots : « Subsistances militaires ».

Les balles reçoivent la même empreinte et au-dessous la lettre B.

### Entretien du mobilier.

Art. 181. Le mobilier doit être entretenu dans le meilleur état possible, au moyen de réparations effectuées par les soins et sous la responsabilité des officiers d'administration gestionnaires.

La bonne exécution des réparations de toute nature doit toujours être certifiée par l'officier d'administration gestionnaire.

---

(1) Le règlement sur la comptabilité des matières et l'instruction portant application de ce règlement déterminent les caractères du matériel fixe et la nature des documents qui permettent d'en constater l'existence.

# TITRE VI.

## DISPOSITIONS SPÉCIALES AUX DIFFÉRENTES BRANCHES DU SERVICE.

### CHAPITRE I<sup>er</sup>.

#### SERVICE DES VIVRES EXÉCUTÉ EN GESTION DIRECTE.

##### SECTION I<sup>re</sup>.

###### BLÉS. — MOUTURES. — FARINES. — PAIN. — PANIFICATION.

§ 1<sup>er</sup>. — *Blés.*

*Variétés de blés admises pour former les approvisionnements.*

**Art. 182.** L'administration militaire emploie exclusivement le blé ou froment dans la fabrication du pain.

Pour la formation de ses approvisionnements, elle admet :

Les blés d'essence dure ;
Les blés d'essense tendre ;
Les blés d'essense mixte ou mitadins.

*Provenance des blés.*

**Art. 183.** Les blés présentés en livraison doivent être, en principe, de provenance indigène.

Des instructions ministérielles spéciales précisent dans quelles circonstances les produits d'origine étrangère peuvent être admis à défaut de produits français.

*Caractères distinctifs des diverses qualités. — Conditions de qualité exigées.*

**Art. 184.** Les caractères distinctifs des diverses qualités de blés sont exposés dans la notice sur les blés (notice n° 5) qui détermine ainsi que les cahiers des charges les conditions de qualité que doivent remplir les blés destinés à former les approvisionnements.

*Fixation annuelle du poids minimum à l'hectolitre et du déchet maximum de criblage des blés.*

**Art. 185.** Le minimum de poids à l'hectolitre et le maximum de déchet de criblage sont fixés annuellement dans les conditions déterminées par la notice sur les blés visés aux articles précédents.

Le poids spécifique et le taux du déchet de criblage sont constatés au moyen des appareils adoptés par l'administration militaire.

### Choix des grains et durée de conservation.

Art. 186. Les blés sont ordinairement choisis parmi les produits de la dernière récolte.

Ils doivent être susceptibles de se conserver en bon état pendant une période de deux ans, à dater de la récolte.

Les soins à donner aux approvisionnements en vue de ce résultat varient avec les procédés de conservation. Ils sont indiqués par la notice n° 5 précitée.

### § 2. — Moutures.

#### §§ 1°. — Moutures exécutées dans les usines de l'administration militaire.

------

### Exécution des moutures.

Art. 187. La notice sur les moulins et sur les moutures (notice n° 3) indique les divers procédés d'exécution de la mouture; elle fait connaître également les divers appareils à mettre en œuvre pour opérer le nettoyage des blés avant mouture et le blutage des produits de la mouture.

### Déchets cumulés de nettoyage, de mouture et de blutage.

Art. 188. Les déchets résultant du nettoyage des grains, de la mouture et du blutage sont essentiellement variables. Lorsqu'il y a lieu de déterminer le taux des déchets cumulés, il est procédé à une épreuve de mouture dans les conditions prescrites pour l'exécution des moutures par voie d'entreprise (art. 193).

### Rendement des blés en farine panifiable.

Art. 189. Le taux de rendement des blés en farine est fixé, par quintal métrique de blé nettoyé, à :

88 0/0 pour les blés d'essence dure,
80 0/0 pour les blés d'essence tendre,
83 ou 84 0/0 pour les blés d'essence mixte ou mitadine.

### Issues de mouture.

Art. 190. L'exécution de la mouture donne comme produits inférieurs susceptibles d'être utilisés dans le service ou remis au domaine pour être vendus :

Des criblures ;

Des fleurages ou remoulages;
Des sons;
Des balayures de moulin;
Des scories, dans les usines à vapeur.

§§ 2. — *Moutures exécutées par voie d'entreprise.*

Clauses spéciales à insérer dans les cahiers des charges de mouture.

Art. 191. Les marchés de mouture sont régis par des cahiers des charges qui doivent contenir, en dehors des stipulations applicables à tous les contrats, des clauses particulières visant :

1° La désignation de l'usine affectée à l'exécution du service, soit en totalité, soit en partie;

2° Les quantités minima et maxima à moudre par année;

3° Le prix de la mouture fixé par quintal métrique de grains, déduction faite des déchets cumulés de nettoyage et d'évaporation.

Cas où les moutures militaires n'occupent pas l'usine d'une manière suivie.

Art. 192. Quand les usines ne peuvent être réservées exclusivement aux moutures de l'administration militaire, le cahier des charges détermine le temps à y consacrer chaque semaine, chaque mois ou chaque trimestre, suivant les besoins du service.

Il est stipulé que, pendant ce temps, l'entrepreneur ne peut travailler ni pour les particuliers, ni pour son propre compte.

Fixation des déchets cumulés de nettoyage, de mouture et de blutage.

Art. 193. Le taux des déchets résultant de l'épuration des blés et de l'évaporation à la mouture et au blutage est déterminé à la suite d'une expérience de mouture faite en présence du sous-intendant, de l'officier d'administration gestionnaire et de l'entrepreneur.

Les résultats de l'expérience sont constatés par un procès-verbal du sous-intendant militaire.

L'épreuve de mouture est renouvelée en vue de la modification du taux des déchets, toutes les fois que la demande en est faite soit par le sous-intendant, soit par l'entrepreneur.

Nature et proportion des divers produits de la mouture. — Échantillons-types.

Art. 194. L'expérience visée à l'article précédent a également pour but de préciser la nature et la proportion des

Subsist. milit. Texte. 3

produits à obtenir de la mouture et de fournir les échantillons destinés à servir de types lors de la réception des farines.

Il est procédé à une nouvelle épreuve toutes les fois que les conditions générales du blé, mis à la mouture, doivent avoir pour conséquence de modifier les résultats précédemment acquis.

Les épreuves ont lieu à la demande de l'entrepreneur ou sur l'ordre du sous-intendant, d'après les propositions de l'officier d'administration gestionnaire.

### Livraison des blés à l'entrepreneur.

Art. 195. Les sacs sont réglés au poids uniforme adopté par l'administration militaire dans ses magasins.

Autant que possible, les livraisons sont fractionnées par mouture de 100 quintaux métriques de blé, avec augmentation de la quantité représentant le déchet alloué à l'entrepreneur.

### Livraison par l'entrepreneur des produits de mouture.

Art. 196. Les divers produits de la mouture, farines de premier jet, gruaux blancs, gruaux bis, etc., ne doivent être l'objet d'aucun mélange préalable par les soins de l'entrepreneur. Cette opération incombe à l'officier d'administration gestionnaire.

### Réparation des farines défectueuses.

Art. 197. Les farines imparfaites, mais reconnues susceptibles d'être améliorées, sont rendues à l'entrepreneur, qui exécute immédiatement les manipulations nécessaires sans aucuns frais pour l'administration.

Si les farines réparées ne sont pas acceptables, elles sont laissées au compte de l'entrepreneur.

La livraison de farines défectueuses donne lieu aux pénalités prévues par le cahier des charges.

### Remboursement des farines et autres produits mis à la charge de l'entrepreneur.

Art. 198. La valeur des farines et des autres produits dont l'entrepreneur est constitué responsable par suite soit de rejets, soit de déficit, d'avaries ou de toute autre cause, lui est imputée au prix des tarifs annuels arrêtés par le Ministre, sous la réserve que le prix de remboursement n'est pas inférieur au cours de la denrée. Le cahier des charges détermine les autres imputations faites à titre de pénalité.

### L'entrepreneur est responsable des denrées et du matériel qui lui sont confiés.

Art. 199. Les blés, les farines, et les autres produits de la mouture, les sacs, ne cessent jamais d'être considérés comme propriété de l'Etat. L'entrepreneur est responsable de leur valeur et de leur conservation, sauf quand la perte ou l'avarie résulte d'un cas de force majeure constaté au moment même où l'événement se produit.

### Incendie en cas d'assurance imposée à l'entrepreneur.

**Art. 200.** Si le cahier des charges a imposé à l'entrepreneur l'obligation d'assurer les denrées et les objets mobiliers appartenant à l'Etat, celui-ci est, en cas d'incendie, substitué aux droits de l'entrepreneur vis-à-vis de la compagnie d'assurance en vertu d'une délégation spéciale énoncée dans la police ou contenue dans un avenant.

### Surveillance des usines.

**Art. 201.** Les délégués du Ministre, le sous-intendant militaire, l'officier d'administration gestionnaire, les officiers d'administration délégués par le gestionnaire sont admis dans l'usine, à toute heure du jour ou de la nuit, pour surveiller l'exécution des moutures.

Ils peuvent s'y livrer à toutes les expériences qu'ils jugent utiles avec le concours d'ouvriers militaires ayant l'aptitude professionnelle nécessaire.

Il est interdit d'employer à poste fixe dans les moulins des entrepreneurs des ouvriers militaires qui seraient chargés de la surveillance des travaux de mouture.

## § 3. — *Farines.*

### Caractères distinctifs des diverses qualités de farines. — Conservation.

**Art. 202.** La notice sur les farines (notice n° 6) indique les caractères distinctifs des diverses qualités de farines, les moyens d'apprécier leur valeur alimentaire, les procédés les meilleurs pour en assurer la bonne conservation et le mode d'emploi à la panification.

## § 4. — *Panification.*

### § 1er. — *Dispositions communes.*

### Procédés de panification.

**Art. 203.** Le détail des diverses opérations de la fabrication du pain et des autres produits analogues est présenté dans la notice n° 7.

Cette notice indique également la consommation habituelle en matières premières, de toute nature.

### Cuite, recuite et réchauffage des fours.

Art. 204. Les cuites, recuites et réchauffage de fours sont exécutés d'après les indications de la notice visée à l'article précédent.

Il importe que tous les appareils servant à la cuisson du pain soient constamment tenus en état d'être remis en service au moment du besoin. Quand les fours excèdent les besoins de la fabrication courante, ils sont successivement utilisés de manière que la durée du chômage pour chacun d'eux ne dépasse pas une moyenne de six mois.

Les fours construits dans les places fortes et dans les forts, et non utilisés en temps de paix, sont soumis à un réchauffage annuel qui est effectué pendant les mois de mars ou d'avril, suivant les convenances du service.

### Issues provenant de la panification.

Art. 205. Les diverses issues à provenir de la fabrication du pain sont : les braises, les cendres, les résidus de houille et de coke, les produits manqués, les balayures des paneteries et des soutes.

Ces issues sont remises au domaine pour être vendues, après prélèvement des quantités qui peuvent être utilisées par le service des subsistances, par d'autres services de la guerre, ou par d'autres ministères.

### Allocations de pain aux ouvriers boulangers.

Art. 206. Les ouvriers employés aux travaux de boulangerie reçoivent, par journée effective de travail :

Ouvriers civils : 1 ration de pain à 750 grammes ;

Ouvriers militaires : 1/2 ration de pain à 750 grammes ;

Cette allocation s'étend aux ouvriers militaires travaillant comme élèves-boulangers, mais non aux servants de four ; elle est indépendante des prestations en nature accordées aux hommes de troupe.

### Produits employés à la dégustation.

Art. 207. Les officiers gestionnaires, les sous-intendants militaires chargés de la surveillance du service, les directeurs de l'intendance ainsi que les officiers de distribution, les officiers commandants d'armes ou commandant le territoire et les inspecteurs généraux ont le droit de vérifier par dégustation la qualité du pain préparé pour les troupes.

Ces vérifications doivent être faites sur place et d'une façon absolument inopinée, les échantillons prélevés à cet effet sont pris au hasard sur l'ensemble de la fourniture.

Les produits employés à la dégustation sont compris dans les consommations intérieures.

### Echantillons de farines.

Art. 208. Des échantillons de farine sont prélevés au pétrin même et soumis à l'examen et à l'analyse de personnes ou de commissions compétentes, toutes les fois que l'utilité en est reconnue.

### § 2. — *Pain de troupe ordinaire.*

#### Poids du pain. Distribution simultanée de pain ordinaire et de pain de guerre.

Art. 209. Le pain comprend deux rations : il doit peser avant cuisson 1.750 grammes, et 1.500 grammes seize heures après qu'il a été retiré du four.

Quand il est distribué du pain de guerre concurremment avec du pain frais, le poids du pain est réduit à 1.440 grammes avant cuisson, et à 1.240 grammes après seize heures de ressuage.

Le droit de prescrire la distribution de la ration complète de pain ou la ration mixte de pain ordinaire et de pain de guerre est laissé aux généraux commandant les corps d'armée.

#### Rendement des farines en pain.

Art. 210. Le devoir des officiers d'administration gestionnaires est d'obtenir une fabrication et une cuisson irréprochables du pain.

Les moyennes de rendement indiquées par la notice sur la fabrication du pain (notice n° 7) ne sont pas plus des maxima non susceptibles d'être dépassés que des minima au-dessous desquels on ne puisse jamais descendre ; on doit chercher à les accroître autant que le permettent la nature et l'état des farines employées, mais le rendement ne doit jamais être obtenu au détriment de la bonne qualité des produits et surtout de la cuisson.

#### Type uniforme pour les officiers et pour la troupe. — Exceptions.

Art. 211. En principe, le type du pain est le même pour la troupe et pour les officiers, lorsque ceux-ci participent aux distributions. Toutefois, le sous-intendant militaire, sur la demande des officiers, peut autoriser l'officier d'administration gestionnaire à donner au pain une forme analogue à celle adoptée par l'industrie civile.

### Pain de soupe.

Art. 212. Le pain de soupe est fabriqué dans les mêmes conditions que le pain de repas. En principe, la forme est la même.

Néanmoins, pour en améliorer la qualité, il convient de lui donner une forme moins bombée et de pratiquer l'enfournement sans baisures.

La cuisson est plus complète et la proportion de mie est moins considérable.

### § 3. *Pain biscuité.*

#### Nature du pain biscuité.

Art. 213. Le pain biscuité remplace le pain ordinaire lorsque la conservation doit être prolongée ou qu'il doit supporter des transports; les deux produits ne diffèrent entre eux que par le mode de préparation, qui modifie la durée de conservation. (Voir notice n° 7.)

#### Cas où il est fabriqué.

Art. 214. Pour habituer les ouvriers à ce genre de panification, il est fait chaque mois une distribution comprenant une ration de pain biscuité en remplacement de pain ordinaire.

#### Réserves de pain biscuité.

Art. 215. Les troupes mobilisées devant emporter un approvisionnement de pain, une réserve de pain biscuité est entretenue dans les garnisons désignées par l'autorité militaire.

L'approvisionnement est renouvelé en temps utile.

#### Poids du pain.

Art. 216. Le pain biscuité comprend deux rations; il doit peser 1.400 grammes après un ressuage de vingt-quatre heures.

Le poids de la ration est de 700 grammes, sauf la tolérance en moins de 30 grammes par pain, lorsque l'ancienneté de fabrication est de six jours et au-dessous, et de 50 grammes au-dessus de six jours.

§ 4. — *Pain de guerre.*

### Nature du pain de guerre.

Art. 217. Le pain de guerre est destiné à être consommé en campagne à défaut de pain ordinaire ou de pain biscuité dont il ne diffère que par le taux de blutage des farines, l'emploi de la levûre de grains comme ferment et le mode de préparation. (Voir notice n° 9.)

### Poids des galettes de pain de guerre.

Art. 218. Les galettes de pain de guerre ont un poids moyen de 50 grammes ou d'un multiple de ce chiffre, mais sans être supérieur à 200 grammes.

### Mode de distribution.

Art. 219. Le pain de guerre n'est admis définitivement pour son poids qu'après un ressuage complet.

La distribution se fait à la pesée; les débris en morceaux sont admis dans la proportion de 10 p. 100.

La ration est de 550 grammes, complète, ou de 100 grammes dans la ration mixte de pain ordinaire et de pain de guerre (art. 209).

### Durée de conservation.

Art. 220. Le pain de guerre doit pouvoir se conserver pendant un an dans les approvisionnements. Toutefois, à moins d'empêchements dûment justifiés, il doit être mis en consommation avant l'expiration de ce délai.

### Fabrication confiée à l'industrie civile.

Art. 221. La fabrication du pain de guerre peut être confiée à l'industrie civile, en vertu des ordres du Ministre de la guerre.

Les marchés sont passés dans la forme prescrite par le règlement sur la comptabilité de la guerre.

Ils comportent la fourniture des matières premières, et, s'il y a lieu, des récipients destinés au logement des produits de la fabrication.

### Surveillance des usines.

Art. 222. Des officiers d'administration peuvent être chargés de surveiller les détails de la fabrication et de vérifier la qualité des farines employées par l'entrepreneur.

## § 5. — *Biscuit.*

### Substitution du biscuit au pain de guerre.

**Art. 223.** En cas de nécessité pendant la période de mobilisation, du biscuit fabriqué sans sel ni levain peut être substitué au pain de guerre ; les procédés de préparation sont indiqués dans la notice n° 8.

## SECTION II.

### PETITS VIVRES.

### § 1er. — *Dispositions générales.*

### Nature des denrées.

**Art. 224.** Les petits vivres comprennent les denrées ci-après :

Riz.

Légumes secs...... { Pois,
Haricots,
Fèves,
Lentilles.

Conserves de légumes comprimés,
Potages condensés,
Graisse de saindoux,
Sel,

Sucre............... { cristallisé,
raffiné.

Café............... { vert,
torréfié,
en tablettes.

Et tous autres produits alimentaires dont l'admission est prescrite par le Ministre.

### Qualité des denrées. — Mode et durée de conservation.

**Art. 225.** Les caractères distinctifs des diverses qualités que doivent réunir les denrées, le mode et la durée de conservation sont indiqués dans la notice sur les vivres de campagne (notice n° 10).

Les produits livrés doivent toujours être de la dernière récolte ou d'une préparation récente.

#### Objet des approvisionnements.

Art. 226. A l'exception du sel, du sucre et du café, qui entrent dans la consommation courante du service, les autres produits composant les petits vivres servent à constituer les approvisionnements de mobilisation. Ils sont mis périodiquement en distribution pour assurer le renouvellement des réserves. Les corps de troupe les perçoivent à titre onéreux.

### § 2. — *Dispositions spéciales à chaque denrée.*

#### Du riz.

Art. 227. Les riz de toute provenance sont admis dans les approvisionnements, pourvu qu'ils réunissent les conditions exigées par les cahiers des charges.

#### Des légumes secs.

Art. 228. Les approvisionnements de légumes secs sont, en général, composés de haricots. Néanmoins, ils peuvent comprendre des lentilles, des pois ou des fèves, quand les prix d'achat ou de revient ne sont pas supérieurs à ceux afférents aux haricots.

#### Des conserves de légumes comprimés.

Art. 229. Au moment de la réception, il est nécessaire d'ouvrir quelques boîtes, prises au hasard, dans le but d'acquérir la certitude que la denrée réunit les conditions voulues de siccité, de densité et de qualité.

#### Des potages condensés.

Art. 230. Les potages condensés sont destinés à la préparation d'un potage chaud, particulièrement le jour où sont consommées des conserves de viande.

#### De la graisse de saindoux.

Art. 231. Le saindoux est distribué comme assaisonnement. La graisse de porc peut être remplacée, suivant les circonstances et les ressources locales, par la graisse de bœuf.

#### Du sel.

Art. 232. Les approvisionnements sont formés soit avec du sel gemme, soit avec du sel marin.

### Du sucre.

**Art. 233.** Les approvisionnements sont constitués avec du sucre cristallisé et, exceptionnellement, avec du sucre raffiné en pain.

### Du café.

**Art. 234.** Avant distribution, le café vert est soumis à la torréfaction dans les établissements du service. Cette opération, de même que la distribution du café torréfié, doivent avoir lieu dans les conditions indiquées par la notice sur les petits vivres. (Notice n° 10.)

#### Tablettes de café torréfié.

**Art. 235.** Le café torréfié peut être également distribué en tablettes, lorsqu'il en existe dans les approvisionnements entretenus en vue des besoins de la mobilisation.

### SECTION III.

#### LIQUIDES.

#### Nature des liquides.

**Art. 236.** Les liquides susceptibles d'être admis dans le service des vivres sont :

Le vin,
La bière,
Le cidre, } en remplacement de vin,
L'eau-de-vie,
L'alcool.

#### Mode de fourniture en temps de paix

**Art. 237.** Les distributions en nature, sont ordinairement, remplacées par une indemnité représentant la valeur des liquides d'après les tarifs arrêtés par le Ministre.

#### Cas où il est formé des approvisionnements.

**Art. 238.** Des approvisionnements peuvent être constitués en vue des distributions à faire aux corps de troupe, lorsque le Ministre prescrit de percevoir les allocations en nature.

#### Qualités exigées des fournitures assurées par le service des vivres. Réceptions.

**Art. 239.** La notice n° 11 détermine les conditions de qualité que doivent réunir les liquides et la manière d'en reconnaître le degré alcoolique, au moyen des appareils dont dispose l'administration.

La réception est faite par une commission spéciale dont la composition est indiquée au cahier des charges régissant la fourniture.

### Du vin.

Art. 240. Le vin doit être choisi dans les bonnes qualités et présenter la richesse alcoolique indiquée par la notice n° 11 précitée.

### De la bière et du cidre.

Art. 241. La substitution de la bière ou du cidre au vin est autorisée par le Ministre.

La bière et le cidre doivent être choisis dans les bonnes qualités du pays.

### De l'eau-de-vie.

Art. 242. Les eaux-de-vie proviennent de la distillation du vin, du marc de raisin, de la betterave, des grains, du genièvre, etc.

Elles doivent pouvoir se conserver indéfiniment.

Au moment de la distribution, les eaux-de-vie doivent posséder une richesse alcoolique de 47°.

### Des alcools.

Art. 243. Les approvisionnements en spiritueux sont composés d'alcools, aussi rectifiés que possible, du titre moyen commercial de 95°.

Ces alcools sont logés en fûts métalliques maintenus à demeure dans les établissements.

### Transformation des alcools en eau-de-vie.

Art. 244. Les alcools sont transformés en eau-de-vie distribuable au fur et à mesure des besoins, en se conformant aux indications fournies par la notice sur les liquides (notice n° 11), l'emploi des petites eaux, la réduction progressive du degré alcoolique et les matières colorantes à utiliser.

### Phénomène de contraction dans les mélanges d'eau et d'alcool.

Art. 245. Lorsque s'opère un mélange d'eau et d'alcool, il y a élévation de température et l'on constate après le refroidissement qu'il y a eu contraction. Le maximum de contraction se produit par l'addition de 52,3 d'eau à 47,7 d'alcool à la température de 15°. Le déchet en volume peut atteindre ainsi 3 p. 100 ; il est au compte de l'État.

### Ouillage des liquides.

**Art. 246.** Les fûts contenant le vin ou les eaux-de-vie doivent être ouillés fréquemment ; l'ouillage doit en outre être pratiqué au moment des premiers froids, l'abaissement de la température amenant une diminution sensible du volume dans les fûts.

### Transport des liquides.

**Art. 247.** Les transports de liquides doivent s'effectue. en prenant les mesures de précaution indiquées par la notice sur les liquides (notice n° 11 précitée).

## SECTION IV.

### EAU.

*Dispositions générales.*

### Comment est assurée la fourniture de l'eau.

**Art. 248.** La fourniture de l'eau nécessaire aux casernes, forts ou camps est assurée soit par l'utilisation des sources, puits ou réservoirs existants, qu'il est reconnu possible d'affecter à l'alimentation, soit au moyen de marchés passés par le service de l'intendance avec les villes ou les compagnies concessionnaires du service des eaux, d'après le modèle annexé à la présente instruction (annexe n° 11).

### Installation concernant l'alimentation en eau

**Art. 249.** Le règlement sur le service du casernement fixe les conditions dans lesquelles il est procédé à l'étude et à l'exécution des travaux concernant l'installation de l'eau ainsi que celles relatives à la fourniture et à la mise en œuvre des appareils élévatoires d'eau.

### Dispositions particulières à l'installation des appareils élévatoires.

**Art. 250.** La convenance d'installer de nouvelles machines ou de remplacer celles en service est établie dans des conférences entre les représentants locaux des services du génie et de l'intendance.

Les procès-verbaux rapportés à la suite de ces conférences doivent indiquer le type et la puissance de la machine reconnue nécessaire ; ils sont soumis au Ministre après avoir été revêtus de l'avis des directeurs des services précités.

Les officiers du génie participent à la réception des appareils.

Art. 251. La fourniture proprement dite de l'eau est à la charge du service des vivres, dans la limite des allocations réglementaires, et seulement pour les besoins des hommes et des chevaux, pour le lavage des voitures, ainsi que pour l'irrigation des égouts, latrines et urinoirs.

Les quantités journalières ci-après, considérées comme des maxima, peuvent être allouées aux troupes, dans la limite des ressources budgétaires :

| DÉTAIL des ALLOCATIONS. | HOMME non MONTÉ. | HOMME MONTÉ. | CHEVAL. | CANTINE ou MÉNAGE. | VOITURES | |
|---|---|---|---|---|---|---|
| | | | | | à 2 roues. | à 4 roues. |
| Boisson......... | 5 litres. | 5 litres | 20 litres. | » | » | » |
| Aliments........ | 5 — | 5 — | » | » | » | » |
| Ablutions....... | 4 — | 5 — | » | » | » | » |
| Infirmerie, Bains, Douches....... | 5 — | 6 — | » | » | » | » |
| Lavage du linge et des effets.... | 6 — | 7 — | » | » | » | » |
| Nettoyage des locaux ......... | 5 — | 7 — | » | » | » | » |
| Pansage......... | » | » | 10 litres. | » | » | » |
| Douches et bains. | » | » | 20 — | » | » | » |
| TOTAL...... | 30 litres. | 35 litres | 50 litres. | 100 litres | 13l,83 soit 400 litres par mois | 20 litres |

La détermination des quantités à allouer fait l'objet de conférences à tenir entre les divers services intéressés.

Les quantités nécessaires pour les égouts, latrines et urinoirs sont déterminées, le cas échéant, par le Ministre, à la suite d'études spéciales en conférence.

Celles nécessaires pour l'arrosage des manèges sont assurées, en principe, au moyen de corvées. Toutefois, en cas d'impossibilité, le Ministre peut accorder, mais à titre tout à fait exceptionnel, un supplément d'allocation, après étude en conférence.

Art. 252. Dans les bâtiments occupés par les troupes et éloignés de plus de 600 mètres de toute eau potable, le service du génie fournit, entretient et remplace les tonneaux à eau nécessaires. Ces tonneaux sont établis sur des chantiers;

ils sont munis de robinets et fermés avec des couvercles cadenassés.

Lorsque, d'après décision du Ministre, les corps de troupe doivent aller chercher eux-mêmes l'eau qui leur est nécessaire, il est mis, à cet effet, à leur disposition des voitures munies de tonneaux, dans les conditions prévues par le règlement sur le service du casernement.

Si des circonstances exceptionnelles l'exigent, telles que l'éloignement des sources où il faut aller puiser l'eau, l'absence ou l'insuffisance notoire des équipages régimentaires, le service de l'intendance pourvoit à la fourniture et au remplacement des chevaux qui doivent servir d'attelage aux voitures munies de tonneaux.

Quand il y a lieu de recourir à des marchés pour la fourniture et le transport de l'eau, l'opportunité de la mesure est constatée, entre les services intéressés, dans des procès-verbaux de conférence qui, sauf dans les cas d'urgence, sont soumis à l'approbation du Ministre. Les marchés sont ensuite passés par les soins du sous-intendant militaire.

Les transports ne doivent comprendre que l'eau nécessaire à l'alimentation des hommes et, le cas échéant, des chevaux.

### Imputation des dépenses relatives à la fourniture de l'eau.

Art. 253. Les dépenses résultant des allocations fixées par l'article 251 ci-dessus ainsi que celles qui résultent du transport ou de l'élévation de l'eau au compte du service de l'intendance sont imputées au budget du service des vivres (eau potable). Elles sont acquittées par les soins des fonctionnaires de l'intendance.

Lorsque les consommations d'eau ont dépassé les allocations, les causes en sont recherchées et le Ministre statue sur l'imputation à qui de droit de l'excédent de dépense. Toutefois, lorsque les conventions fixent un minimum de fourniture, ce minimum s'applique aux livraisons faites pendant le cours de l'année entière, de manière que les excédents de consommation constatés au cours d'un trimestre puissent être compensés pendant les autres trimestres. Il en est de même pour les allocations fixes.

## SECTION V.

VIANDE FRAICHE. — CONSERVES DE VIANDE. — SALAISONS.

### § 1er. — Viande fraîche.

#### Comment la fourniture est assurée en temps normal.

**Art. 254.** La fourniture de la viande fraîche est ordinairement assurée par les corps de troupe, qui reçoivent, à cet effet, une indemnité représentative en argent.

#### Boucheries militaires.

**Art. 255.** Le Ministre peut également prescrire l'organisation de boucheries militaires gérées soit par les corps de troupe avec le concours des officiers d'administration, soit par le personnel du service des subsistances, lorsque, par suite de circonstances quelconques, il y a lieu de renoncer à l'allocation d'indemnités représentatives en deniers.

#### Animaux de boucherie.

**Art. 256.** Les animaux susceptibles d'être utilisés pour l'alimentation des troupes sont :

Les bœufs,
Les vaches,
Les taureaux,
Les veaux,
Les moutons,
Les porcs.

Les animaux doivent remplir les conditions indiquées par la notice n° 12.

#### Proportion des diverses catégories de bétail.

**Art. 257.** Les bœufs, vaches ou taureaux entrent pour les trois quarts dans la consommation ; les moutons ou les porcs, pour un quart seulement.

Cette proportion est subordonnée aux ressources existant dans le rayon d'approvisionnement et à la valeur marchande des produits.

A moins de circonstances exceptionnelles, les distributions comprennent au plus 6/7 de viande de bœuf, vache ou taureau.

### Qualités exigées du bétail de boucherie. — Poids minimum.

**Art. 258.** La notice sur les viandes de boucherie (notice n° 12) indique les qualités et le poids minimum à exiger en général du bétail de boucherie; elle fait également connaître les méthodes à employer pour la détermination du poids, en l'absence d'instruments de pesage.

### Vices rédhibitoires.

**Art. 259.** On nomme vices rédhibitoires des maladies ou défauts, qui déprécient l'animal au point que le vendeur peut être contraint de le reprendre et d'en restituer le prix.

Sont réputés vices rédhibitoires :

Pour l'espèce porcine : la ladrerie ;

Pour l'espèce ovine : la clavelée.

La clavelée, reconnue chez un seul animal, entraîne la rédhibition de tout le troupeau, s'il porte la marque du vendeur.

### Vices cachés. — Maladies contagieuses.

**Art. 260.** La loi ne mentionne pas de vices rédhibitoires concernant l'espèce bovine.

Mais les vices cachés qui rendent les animaux de cette espèce impropres à l'usage auquel ils sont destinés (alimentation, par exemple) ouvrent à l'acheteur le droit de rendre les animaux et de se faire restituer le prix ou d'obtenir une réduction de prix. (Articles 1641 et suivants du Code civil.)

La loi sur la police sanitaire des animaux (annexée à la notice n° 12) spécifie les maladies réputées contagieuses et fixe les conditions dans lesquelles doit être constatée la maladie ainsi que le délai pour intenter l'action en restitution du prix.

### Recevabilité de l'action rédhibitoire.

**Art. 261.** L'action rédhibitoire doit être intentée dans un délai de neuf jours.

Dans le même délai, l'acheteur doit faire nommer par le juge de paix un ou plusieurs experts chargés de vérifier l'état de l'animal et de recueillir tous les renseignements utiles.

L'action n'est pas recevable pour les ventes dont le prix ne dépasse pas 100 francs.

### Moyens d'approvisionnement.

**Art. 262.** Les approvisionnements de bétail sont obtenus au moyen de marchés de livraison, d'achats sur conventions verbales, d'achats à commission, ou de réquisitions.

## Marchés de livraison.

**Art. 263.** Dans les marchés de livraison, le prix est fixé au quintal métrique (poids brut pour chaque espèce).

Le poids est constaté dans les conditions spécifiées à la notice ci-dessus mentionnée.

## Achats sur conventions verbales.

**Art. 264.** Les achats sur conventions verbales sont effectués par les officiers d'administration assistés de vétérinaires toutes les fois que leur concours est jugé nécessaire.

Quand les boucheries militaires sont gérées par les corps de troupe, les achats de bestiaux sont opérés suivant les dispositions contenues dans les règlements propres à ces institutions.

## Achats à commission.

**Art. 265.** Les ordres d'achats mentionnent le nombre et l'espèce des têtes de bétail à acheter, le prix maximum par quintal métrique de poids vif et les justifications spéciales à produire selon les circonstances et les localités.

La commission est fixée à tant par tête de bétail réunissant les conditions de poids fixées par l'ordre d'achat.

## Marquage des bestiaux.

**Art. 266.** Les bœufs, les vaches et les taureaux admis dans les parcs sont marqués conformément aux dispositions de l'intruction sur le ravitaillement en bétail.

Les moutons sont marqués sur le dos; ils ne reçoivent pas l'empreinte d'un numéro de réception.

Les animaux refusés comme malsains sont marqués de la lettre R et signalés au maire de la commune.

Pour ce marquage, on se sert de jeux de lettres et de chiffres et l'on emploie de l'ocre rouge délayée dans de l'huile.

## Des parcs.

**Art. 267.** Lorsque les besoins du service l'exigent, il est formé, dans les localités désignées par le Ministre ou par les directeurs de l'intendance, des parcs de bestiaux destinés à assurer les consommations dans un rayon déterminé.

La notice sur les viandes de boucherie indique les conditions d'aménagement des parcs, le nombre de toucheurs et de chefs toucheurs nécessaires pour leur garde et leur entretien en bon état.

### Nourriture des bestiaux.

**Art. 268.** Lorsque les bestiaux ne peuvent être nourris à la prairie, l'alimentation est assurée par des fourrages puisés dans les magasins de l'administration ou des entrepreneurs, ou bien au moyen de denrées achetées sur place.

### Taux des rations.

**Art. 269.** Le sous-intendant détermine le taux et la composition des rations de fourrages, en se conformant aux indications générales de la not' e sur les viandes de boucherie (notice n° 12).

### Des abats, des déchets d'abatage et des distributions.

**Art. 270.** La notice précitée fait connaître la manière de procéder aux abats; elle indique également les déchets moyens d'abatage, le mode de distribution, les parties des animaux à exclure des distributions.

### Calcul du rendement en viande distribuable. — Bonification pour insuffisance de ressuage.

**Art. 271.** Le rendement en viande distribuable est calculé douze heures après l'abat. Lorsque, pour un motif quelconque, il est nécessaire que la distribution soit faite moins de douze heures après l'abat, il est accordé une majoration de poids de 3 p. 100, afin de tenir compte du déchet occasionné par le refroidissement de la viande. On opère de la même façon lorsque la livraison de la viande se fait par quartier, afin de tenir compte du déchet résultant du dépècement.

### Remise de bétail sur pied.

**Art. 272.** Dans quelques circonstances extraordinaires, où les distributions ne peuvent pas s'effectuer régulièrement en viande abattue, des bestiaux sur pied sont remis aux corps de troupe ou aux détachements.

### Mode de procéder pour la constatation du poids.

**Art. 273.** Le poids brut des bestiaux est constaté par le pesage, après un jeûne de sept ou huit heures au moins, ou évalué contradictoirement par la partie prenante et par l'officier d'administration gestionnaire.

La remise a lieu sur bon spécifiant :

Le poids brut des animaux ;

Le déchet à déduire d'après la fixation de la notice ;

La quantité de viande distribuable et le nombre de rations correspondant.

Les corps doivent rapporter les peaux, cuirs et issues vénales ou justifier de leur emploi.

Participation des officiers et des sous-officiers aux distributions.

**Art. 274.** Les officiers, les sous-officiers mariés ou vivant en mess peuvent participer aux distributions de viande fraîche.

Un tarif spécial fixe le taux de remboursement applicable aux différentes catégories de viande de chaque espèce perçues par ces parties prenantes.

Des issues.

**Art. 275.** Les issues comprennent :

Les cuirs ou peaux ;

Les graisses et les suifs ;

Les abats composés de la langue, du cœur, du foie, des poumons, etc. ;

Les basses issues (pieds, cornes, panses, etc.), comptées à raison d'une collection par tête.

Destination à donner aux issues.

**Art. 276.** Les issues vénales de toute nature sont remises à des adjudicataires en vertu de marchés passés par l'administration des domaines ou vendues périodiquement par cette administration au profit du Trésor.

Issues utilisées pour les besoins des troupes.

**Art. 277.** L'adjudicataire des issues est tenu de laisser à la disposition du service des vivres les quantités d'issues (graisses et suifs par exemple) susceptibles d'être utilisées par les corps de troupe.

§ 2. — *Viandes frigorifiées.*

Nature des viandes congelées. — Distributions.

**Art. 278.** Certains établissements peuvent être pourvus d'appareils frigorifiques pour assurer la congélation de la viande fraîche et en permettre la conservation en bon état pendant un temps variable, suivant les ressources et les besoins de la consommation locale.

Les viandes auxquelles ce mode de traitement est applicable peuvent provenir des divers animaux propres à l'alimentation des troupes.

Les viandes frigorifiées sont mises en distribution dans les mêmes conditions que la viande fraîche.

Les précautions à prendre pour la mise en consommation sont exposées dans la notice n° 13.

## § 3. — *Conserves de viande de bœuf.*

Nature des conserves.

**Art. 279.** Les conserves sont composées conformément à la notice n° 13; les cahiers des charges indiquent les conditions générales qu'elles doivent réunir, leur mode de préparation, les dispositions d'après lesquelles doit se faire la réception, ainsi que les conditions de garantie imposées aux fournisseurs.

Conservation et arrimage des approvisionnements.

**Art. 280.** On se conforme, pour l'arrimage et les soins à donner aux approvisionnements, à la notice sur les conserves de viande (notice n° 13).

Distributions.

**Art. 281.** Les distributions sont faites d'après le poids net indiqué sur les récipients, sauf le droit des parties prenantes de vérifier, sur quelques boîtes prises au hasard, l'exactitude de la contenance indiquée.

Les boîtes reconnues avariées, lors de leur mise en consommation, peuvent être échangées après autorisation du sous-intendant.

Les boîtes de conserves ne doivent être ouvertes qu'au moment de la préparation des repas, afin d'éviter l'altération de la viande.

Les distributions sont obligatoires ou facultatives.

Les distributions obligatoires ont lieu en remplacement de la ration de viande fraîche ou de l'indemnité représentative.

Les distributions facultatives sont faites à titre onéreux et seulement quand les approvisionnements anciens sont mis en consommation.

Destination à donner aux boîtes vides.

**Art. 282.** Les boîtes vides doivent, après nettoyage, être conservées par les corps pour être vendues au profit des ordinaires ou pour être employées aux divers usages prévus par les instructions ministérielles.

## § 4. — *Salaisons.*

---

### Nature des salaisons.

Art. 283. Les salaisons sont préparées avec la viande de porc ou de bœuf provenant d'animaux réunissant les conditions indiquées par la notice n° 13.

### Conservation.

Art. 284. La conservation des salaisons exige des barils bien reliés et entretenus en bon état et des locaux frais sans humidité. Les viandes doivent toujours baigner dans une saumure forte de vingt-cinq degrés, qu'on remplace, à mesure qu'elle s'évapore, en ouillant les barils aussi fréquemment qu'il est nécessaire (tous les quinze jours environ).

Les soins à donner aux salaisons dont la conservation paraîtrait plus ou moins inquiétante sont décrits dans la notice précitée.

### Distributions.

Art. 285. Les distributions de salaisons sont obligatoires ou facultatives.

Les distributions obligatoires sont prescrites par le commandement, lorsqu'il est nécessaire de renouveler les approvisionnements parvenus au terme de leur durée de conservation. Elles ont lieu en remplacement de la ration de viande fraîche ou de l'indemnité représentative.

Les distributions facultatives sont subordonnées à l'existence, dans les magasins, d'approvisionnements à mettre en consommation.

Les distributions facultatives sont faites à titre onéreux et remboursées au prix du tarif arrêté annuellement par le Ministre.

Les salaisons sont distribuées au poids d'après le nombre de rations et sans égouttage préalable; mais on doit dégager complètement les morceaux du sel qui y est adhérent.

La distribution peut se faire également selon l'appréciation du commandant local, par la remise, tous les mois aux corps ou détachements, de barils entiers de 45 ou 90 kilogrammes. Les barils sont, dans ce cas, abandonnés aux corps, si la gestion n'en a pas besoin.

# CHAPITRE II.

## SERVICE DES VIVRES EXÉCUTÉ A L'ENTREPRISE.

### SECTION I<sup>re</sup>.
#### DISPOSITIONS GÉNÉRALES.

##### Réglementation du service.

**Art. 286.** Les dispositions régissant l'exécution du service des vivres à l'entreprise sont détaillées dans les cahiers des charges arrêtés annuellement par le Ministre.

### SECTION II.
#### FABRICATION DU PAIN AVEC DES FARINES APPARTENANT A L'ENTREPRENEUR.

##### Prélèvements et analyses d'échantillons.

**Art. 287.** Des échantillons de farines sont prélevés inopinément sur les divers lots en magasin et au pétrin même, pour être examinés et analysés par des personnes compétentes. Lorsqu'il y a lieu, les frais d'envoi sont à la charge de l'entrepreneur.

### SECTION III.
#### PLACES DE FABRICATION.

##### Nature du service.

**Art. 288.** Dans les places de fabrication, l'administration militaire remet à l'entrepreneur la totalité des quantités de farines nécessaires pour les consommations locales.

##### Mode de livraison et d'emploi des farines.

**Art. 289.** Les conditions de livraison des farines, les dispositions à prendre pour assurer leur conservation, le mode d'emploi à la panification sont déterminés par le cahier des charges.

##### Constatation du rendement avant livraison.

**Art. 290.** Avant toute expédition de farine, l'officier d'administration gestionnaire procède à une épreuve de panification et il mentionne les résultats de cette épreuve sur les factures d'expédition.

Dès la réception des farines, l'entrepreneur peut, de son côté, procéder, sous la surveillance du sous-intendant, à une contre épreuve dont les résultats sont consignés dans un procès-verbal.

En cas de différence, le procès-verbal de contre-épreuve est soumis au directeur de l'intendance, qui statue définitivement sur le taux du rendement.

Si le rendement est supérieur, en fait, à celui qui a été déterminé, l'excédent appartient à l'Etat.

## SECTION IV.

### DENRÉES REMISES A L'ENTREPRENEUR POUR ÊTRE CONSERVÉES OU DISTRIBUÉES.

#### Nature des denrées. — Conservation.

Art. 291. Les denrées de l'Etat confiées à l'entrepreneur constituent des lots de mobilisation ou forment approvisionnement pour les besoins des distributions courantes.

L'entrepreneur est responsable des denrées qui lui sont remises.

#### Surveillance des lots de mobilisation.

Art. 292. Les approvisionnements de mobilisation forment une catégorie distincte des ressources destinées aux distributions courantes. Il est interdit de les mettre en consommation sans un ordre formel du sous-intendant.

Les chefs de corps et les officiers sous leurs ordres ont accès dans les magasins de l'entrepreneur pour visiter les lots de mobilisation qui sont spécialement affectés à leurs troupes.

#### Droits de régie ou d'octroi.

Art. 293. L'entrepreneur est tenu de faire, en temps utile, les démarches nécessaires pour obtenir la faculté d'entrepôt en faveur des denrées de l'Etat soumises aux droits de régie ou d'octroi.

Il acquitte les droits sur les quantités de denrées mises en consommation et il en est remboursé sur la production des quittances.

## SECTION V.

DISTRIBUTIONS.

---

### Dispositions générales.

Art. 294. Les distributions ont lieu conformément aux dispositions générales exposées au chapitre IV du titre IV.

### Contestations sur la qualité des denrées.

Art. 295. Les difficultés qui s'élèvent sur la qualité des denrées sont jugées par une commission dont la composition est donnée par les règlements sur le service intérieur des corps de troupe.

### Transport des denrées de distribution.

Art. 296. Les denrées destinées aux distributions sont transportées par les soins et aux frais de l'entrepreneur dans les cas prévus au cahier des charges.

L'administration rembourse à l'entrepreneur le montant dûment justifié des transports qu'il a fait assurer et qui ne lui étaient pas imposés par le cahier des charges.

### Instruments de pesage.

Art. 297. La vérification du poids des denrées rationnées et le pesage des denrées distribuées au poids s'opèrent au moyen de balances à plateaux et à bras égaux et de poids satisfaisant à toutes les conditions légales. (Voir annexe n° 6.)

## SECTION VI.

APPLICATION DE L'ENTREPRISE A LA FOURNITURE DE LA VIANDE FRAICHE.

---

### Comment est régie la fourniture.

Art. 298. La fourniture de la viande fraiche peut être assurée par voie d'entreprise.

Un cahier des charges spécial indique dans quelles conditions est exécutée la fourniture.

# CHAPITRE III.

## SERVICE DES FOURRAGES EXÉCUTÉ EN GESTION DIRECTE.

### SECTION Iʳᵉ.

#### NATURE ET QUALITÉ DES DENRÉES.

#### Nature des denrées.

Art. 299. Les denrées principales du service des fourrages sont :

Le foin en bottes, en rame, ou pressé ;
La paille, en bottes ou pressée ;
L'avoine ;
L'orge ;
La farine brute d'orge ;
Le son ;
Les fourrages verts.

En dehors de la farine brute d'orge et du son, les denrées de substitution consistent en :

Carottes ;
Panais ;
Graines de légumineuses ;
Céréales autres que l'avoine ou l'orge ;

Et tous autres produits dont la mise en consommation est autorisée par le Ministre.

#### Qualité des denrées.

Art. 300. Les caractères distinctifs des différentes qualités que doivent réunir les denrées sont indiqués dans la notice sur les fourrages (notice nº 14).

#### Des foins.

Art. 301. On admet, pour la formation des approvisionnements, le foin provenant des prairies naturelles (1ʳᵉ coupe) ou des prairies artificielles.

Les fourrages artificiels se composent de luzerne (1ʳᵉ et 2ᵉ coupes), de sainfoin (1ʳᵉ coupe) et de trèfle.

Le Ministre ou les généraux commandant les corps d'armée, après avoir pris l'avis des directeurs de l'intendance, déterminent en quelle proportion les fourrages artificiels peuvent entrer dans les distributions.

### Achats et durée de conservation.

Art. 302. Les achats de foin et de fourrages artificiels sont faits, autant que possible, en produits de la dernière récolte.

Les fourrages de récolte récente ne sont admis qu'après un ressuage suffisant.

Les foins doivent être susceptibles de se conserver pendant dix-huit mois au moins, à compter du 1ᵉʳ août de l'année de leur récolte : la durée de conservation est réduite à trois mois pour le trèfle, et à un an, à dater du mois de juin, pour les autres fourrages artificiels.

Les foins pressés doivent se conserver pendant deux ans au moins.

### Des pailles.

Art. 303. Les pailles servent pour la nourriture et la litière des chevaux, pour la couverture des meules et des baraques, et pour le couchage des troupes.

Elles sont également employées à la confection de bottillons utilisés dans les transports, par le chemin de fer, du harnachement et du matériel roulant, et dans les exercices d'embarquement en chemin de fer.

### Espèces diverses admises pour la nourriture des chevaux.

Art. 304. En principe, la paille de froment, longue ou courte, suivant les ressources du rayon d'approvisionnement, est seule admise pour la nourriture des chevaux.

Toutefois, les pailles de seigle, d'avoine et d'orge peuvent être admises, sur l'autorisation du Ministre, en remplacement de celle de froment.

### Pailles de couverture ou de couchage.

Art. 305. Pour le couchage et le baraquement des troupes, ainsi que pour la couverture des meules, on admet indifféremment la paille longue de seigle ou de froment.

### Achats et durée de conservation.

Art. 306. Autant que possible, les achats portent sur des produits de la dernière récolte ; les approvisionnements doivent pouvoir se conserver pendant un an, à compter du mois d'août de l'année de la récolte.

### Paille de litière.

Art. 307. La paille destinée à la litière peut être remplacée par tout autre produit dont l'emploi est autorisé par le Ministre.

### Indemnité représentative.

Art. 308. La fourniture de la litière et l'achat des produits qui la composent sont confiés aux corps de troupe et parties prenantes isolées, quand le Ministre en donne l'ordre.

Les dépenses sont couvertes au moyen d'une allocation en deniers.

### Avoine et orge.

Art. 309. L'avoine et l'orge doivent être susceptibles de se conserver pendant deux ans à compter de la récolte.

Elles sont reçues dans leur état naturel.

### Poids spécifique et taux des déchets de criblage.

Art. 310. Chaque année, les directeurs de l'intendance déterminent dans les conditions fixées par la notice sur les fourrages (notice n° 14) le poids minimum à l'hectolitre et le déchet maximum de criblage des avoines et orges à livrer par les fournisseurs, ainsi que la proportion des graines étrangères, en distinguant les graines propres à l'alimentation et celles qui sont nuisibles ou inertes.

### Farine d'orge.

Art. 311. La farine d'orge doit provenir d'une mouture récente et ne contenir aucune substance étrangère. La farine est grossièrement moulue et distribuée sans blutage.

### Son.

Art. 312. Le son doit provenir de la mouture du froment; il doit être de mouture récente.

Les petits sons ou recoupettes produits par la remouture des gruaux ne sont pas admis pour la nourriture des chevaux.

### Fourrages verts.

Art. 313. Les fourrages verts à fournir se composent de sainfoin, luzerne, trèfle, et de tous autres produits de prairies naturelles et artificielles selon la culture locale, remplissant les qualités requises pour que le régime du vert donne un résultat salutaire.

### Denrées de substitution.

Art. 314. Les denrées de substitution sont celles prévues par les tarifs ministériels ou bien autorisées par des décisions spéciales, suivant les ressources des localités et la nécessité de parer à l'insuffisance des produits de la récolte.

## SECTION II.

### CONSERVATION.

---

#### Conservation de l'avoine, de l'orge et des autres céréales.

**Art. 315.** L'avoine, l'orge et les autres céréales dont l'admission est autorisée dans le service des fourrages sont conservées suivant les indications fournies par la notice n° 14.

#### Conservation des foins et des pailles.

**Art. 316.** Les foins, les fourrages artificiels et les pailles sont conservés, dans les approvisionnements, en bottes ou en rames, suivant le mode de livraison, et en balles pressées.

Le logement sous hangar doit être préféré à tout autre mode d'emmagasinage.

#### Conservation en meules.

**Art. 317.** Lorsque l'insuffisance des hangars ou des magasins nécessite la conservation des fourrages en meules, on se conforme, pour le choix, l'emplacement et les procédés de construction, aux instructions de la notice précitée.

#### Procès-verbaux d'emmeulage.

**Art. 318.** La construction des meules donne lieu à l'établissement d'un procès-verbal qui fait ressortir les quantités emmeulées, les quantités employées comme couverture et la densité moyenne au mètre cube de l'approvisionnement.

#### Pressage du foin et de la paille.

**Art. 319.** Lorsqu'il y a lieu de presser les foins et les pailles, on se conforme aux indications de la même notice n° 14.

## SECTION III.

### PRÉPARATION DES DENRÉES POUR LE SERVICE DES DISTRIBUTIONS.

---

#### Fanage et bottelage des foins. — Criblage de l'avoine et de l'orge.

**Art. 320.** Les foins naturels doivent être fanés avant distribution lorsque cette opération est reconnue nécessaire.

Les foins non pressés sont distribués comme ils sont reçus de la culture, soit en rame, soit bottelés.

Dans ce dernier cas, le poids des bottes est celui fixé par les usages locaux.

L'avoine et l'orge doivent toujours subir un criblage avant la mise en distribution.

### Mouture de l'orge.

Art. 321. La mouture de l'orge a lieu dans les usines de l'administration ; à défaut, elle est exécutée par des entrepreneurs en vertu de marchés spéciaux.

### Des issues et résidus.

Art. 322. Les graines de foin et de fourrages artificiels, les résidus de paille et les criblures d'avoine ou d'orge provenant de la manutention sont recueillis pour être livrés aux adjudicataires ou remis aux domaines.

## SECTION IV.

### DISTRIBUTIONS.

### Prescriptions générales.

Art. 323. Les distributions ont lieu conformément aux dispositions générales contenues au chapitre IV du titre IV.

### Pesage des denrées.

Art. 324. L'emploi de balances-bascules peut être autorisé pour le pesage des denrées.

Mais chaque magasin doit posséder au moins une balance à fléau et à bras égaux.

### Distributions de fourrages pressés.

Art. 325. Les corps de troupe sont tenus de rapporter les planchettes et les liens en fil de fer qui leur sont remis avec les fourrages pressés.

### Substitutions.

Art. 326. Les bases d'après lesquelles s'opèrent les substitutions sont prévues par les tarifs de rations.

Toutefois, les substitutions sont établies de telle sorte que le montant en argent de la ration normale à laquelle a droit la partie prenante ne soit jamais dépassé. A cet effet, le directeur de l'intendance soumet, chaque trimestre, à l'approbation du général commandant le corps d'armée un état faisant connaître, d'après le prix de revient des denrées, les bases adoptées pour les substitutions. Cet état est communiqué aux différentes parties prenantes.

## SECTION V.

### FOURRAGES VERTS.

#### Régime du vert. — Durée d'application.

Art. 327. La mise au régime du vert est ordonnée par le général commandant le corps d'armée, sur la proposition du directeur de l'intendance.

Elle commence aussitôt que la saison et l'état des prairies le permettent; elle se prolonge pendant tout le temps que ce régime est reconnu favorable.

Si, à l'arrière saison, des chevaux ou mulets ont encore besoin de consommer des fourrages verts, la fourniture en est assurée dans les mêmes conditions qu'au printemps.

#### Marchés de fournitures.

Art. 328. La fourniture des fourrages verts est, autant que possible, l'objet de marchés à la ration dont la durée embrasse les livraisons à faire tant au printemps qu'à l'arrière-saison, s'il y a lieu.

#### Conditions de la fourniture.

Art. 329. Les marchés sont régis par un cahier des charges qui fixe le mode de fourniture du vert, les conditions de qualités exigées des denrées, les charges accessoires de l'entreprise.

## SECTION VI.

### PAILLE DE COUCHAGE, DE BARAQUEMENT, ETC. — BOTTILLONS POUR L'ARRIMAGE DU MATÉRIEL PENDANT LES TRANSPORTS OU POUR EXERCICES D'EMBARQUEMENT EN CHEMIN DE FER. — PAILLE DE LITIÈRE.

#### Paille de couchage. — Cas où elle est due.

Art. 330. La paille de couchage est due :

1° Aux troupes campées, baraquées, casernées, lorsqu'elles ne font pas usage du matériel des lits militaires;

2° Aux troupes bivouaquées;

3° Dans certains cas, aux troupes cantonnées chez l'habitant;

4° En Algérie et en Tunisie, aux troupes en marche ou couchant dans les dépôts d'isolés ;

5° Aux corps de garde non pourvus de lit de camp.

Le taux des allocations est indiqué par le tarif annexé à la présente instruction (annexe n° 5).

### Fourniture de la paille de couchage.

Art. 331. La fourniture de la paille de couchage est assurée soit par le service des fourrages, soit par les corps eux-mêmes au moyen d'achats dont le montant est remboursé sur production de pièces justificatives de la dépense.

### Paille pour baraquement.

Art. 332. Les **quantités de paille** à distribuer pour la couverture et la réparation des **baraques** sont déterminées de concert par le **major du camp**, le **chef du génie** et le **sous-intendant**.

### Paille pour les abrivents de la garde du camp.

Art. 333. La paille pour les abrivents de la garde du camp est toujours fournie en paille longue, à raison de 40 bottes de 5 kilogrammes par régiment ou bataillon.

Elle peut être remplacée par des rations individuelles de chauffage.

### Paille de litière. — Bottillons pour arrimage du matériel en cas de transports ou pendant les exercices d'embarquement en chemin de fer.

Art. 334. Le service des fourrages prépare et distribue aux troupes et services la paille de litière ainsi que les bottillons nécessaires pour l'arrimage des selles et du matériel roulant transportés par voie ferrée, ainsi que pour les exercices d'embarquement en chemin de fer, comme il est indiqué aux articles 84 et 85 ci-dessus.

# CHAPITRE IV.

## SERVICE DES FOURRAGES EXÉCUTÉ PAR VOIE D'ENTREPRISE.

### SECTION Iᵉ.

#### DISPOSITIONS GÉNÉRALES.

### Objet du service.

Art. 335. Le service des fourrages à la ration a pour objet la fourniture et la distribution des denrées fourragères, la conservation et la distribution de denrées appartenant à l'Etat, la formation et l'entretien d'approvisionnements et l'exécution de tous autres services indiqués par le cahier des charges.

### Prélèvement d'échantillons.

Art. 336. Le sous-intendant prélève, quand il le juge à propos, des échantillons de denrées pour les soumettre à l'examen ou à l'analyse de personnes ou de commissions compétentes.

Le cahier des charges règle dans quelles conditions les échantillons sont prélevés et constitués.

### Entrepôt d'octroi.

Art. 337. L'entrepreneur est tenu de faire, en temps utile, les démarches nécessaires pour obtenir, dans les villes sujettes à octroi, la faculté de l'entrepôt pour la totalité des approvisionnements qu'il doit entretenir.

Le directeur de l'intendance fixe le minimum à entreposer, quand, pour un motif quelconque, il n'est pas possible de mettre en entrepôt la totalité de l'approvisionnement.

### SECTION II.

#### MANUTENTIONS, DISTRIBUTIONS.

##### Dispositions relatives aux manutentions et distributions.

Art. 338. Les dispositions contenues aux chapitres III et IV du titre IV sont applicables dans les services à l'entreprise, en ce qui concerne la manutention et les distributions des denrées fourragères.

##### Vérification du poids spécifique de l'avoine ou de l'orge.

Art. 339. Pour la vérification du poids spécifique de l'avoine ou de l'orge, l'entrepreneur se procure une trémie conique, quand cet appareil n'est pas fourni par l'administration.

L'existence d'une trémie conique dans les magasins de l'entreprise n'est imposée toutefois que si l'effectif moyen à nourrir est supérieur à 20 chevaux.

##### Contestation sur la qualité des denrées mises en distribution.

Art. 340. Les difficultés qui peuvent s'élever entre les parties prenantes et l'entrepreneur sur la qualité des denrées mises en distribution sont jugées par une commission dont la composition est donnée par les règlements sur le service intérieur des corps de troupe.

## SECTION III.

### FOURRAGES VERTS.

---

#### Fourniture des fourrages verts.

Art. 341. La fourniture des fourrages verts est assurée, par l'entreprise, dans les conditions indiquées à la section V du chapitre III du présent titre.

# CHAPITRE V.

## CHAUFFAGE ET ÉCLAIRAGE.

---

### SECTION Iʳᵉ.

#### OBJET DU SERVICE. — NATURE DES COMBUSTIBLES.

---

#### Objet du service.

Art. 342. Le service du chauffage et de l'éclairage a pour objet :

1º De pourvoir à la fourniture du combustible nécessaire aux corps de troupe pour la cuisson des aliments et le chauffage des chambres ;

2º D'assurer le chauffage et l'éclairage des corps de garde ;

3º D'assurer l'éclairage des bâtiments militaires ;

4º De constituer et d'entretenir les approvisionnements de réserve.

Les corps de troupe exécutent ce service en temps de paix, sauf en ce qui concerne la constitution et l'entretien des approvisionnements de réserve. Ces approvisionnements constitués par les soins de l'intendance appartiennent à l'Etat ou à des entrepreneurs. Dans le premier cas, ils sont entretenus par les gestionnaires des subsistances, dans le second cas, ils font l'objet de marchés d'entretien.

#### Nature des combustibles et moyens d'éclairage. — Conditions de qualité.

Art. 343. Les combustibles employés pour le chauffage sont : le bois, le charbon de bois, la houille, le coke, les agglomérés, la tourbe.

Subsist. milit. Texte.

7

Les combustibles d'éclairage sont : l'huile végétale ou minérale, la bougie, les chandelles, le gaz.

Il peut également être pourvu à l'éclairage au moyen de l'électricité.

Les conditions de qualité exigées des combustibles font l'objet d'une notice spéciale, notice n° 15.

### SECTION II.

#### MODE D'EXÉCUTION DU SERVICE DU CHAUFFAGE ET DE L'ÉCLAIRAGE EN TEMPS DE PAIX.

##### Chauffage et éclairage dans les corps de troupe.

**Art. 344.** Le règlement sur le service du casernement, les règlements et instructions concernant l'administration des corps de troupe et des établissements considérés comme tels, ainsi que le règlement sur le service du chauffage et de l'éclairage dans les corps de troupe, indiquent les conditions dans lesquelles sont assurés le chauffage et l'éclairage de ces corps et établissements, des corps de garde, bibliothèques de garnisons, etc...

##### Éclairage des établissements de l'intendance.

**Art. 345.** L'éclairage, tant intérieur qu'extérieur, des établissements des services de l'intendance est assuré dans les conditions prévues par les articles 44 et 45 pour les établissements du service des subsistances militaires.

##### Chauffage et éclairage des loges de concierges des établissements de l'intendance.

**Art. 346.** Les loges des concierges attachés aux établissements des services de l'intendance sont chauffées et éclairées au compte du service intéressé.

Les quantités de combustibles reconnues nécessaires sont fournies par les établissements de l'intendance, et les dépenses qui en résultent sont comprises dans les frais d'exploitation du service intéressé.

##### Chauffage et éclairage des autres bâtiments militaires.

**Art. 347.** Le chauffage et l'éclairage des bâtiments militaires autres que ceux énumérés aux articles précédents sont assurés suivant les règles édictées par les règlements spéciaux à chaque service, ou dans des conditions particulières déterminées par le Ministre.

Cessions de combustibles aux corps de troupe.

Art. 348. Lorsque des approvisionnements de combustibles sont entretenus par l'État, dans une place de garnison, pour les besoins de la mobilisation, les corps stationnés dans cette place sont tenus de concourir au renouvellement des approvisionnements, dans une proportion qui leur est indiquée par le sous-intendant.

Ils remboursent la valeur des combustibles cédés à l'aide des ressources de la masse de chauffage, dans les conditions déterminées par le règlement sur le service du chauffage et de l'éclairage dans les corps de troupe,

## SECTION III.

### EXÉCUTION DU SERVICE DU CHAUFFAGE ET DE L'ÉCLAIRAGE EN CAS DE MOBILISATION.

Modes d'exécution.

Art. 349. A partir du jour fixé par le Ministre, la fourniture du combustible nécessaire aux corps de troupe peut être assurée, dans les places ouvertes, par des marchés de fournitures à la ration et, dans les places fortes et forts, par les soins de la gestion directe.

Période transitoire.

Art. 350. En vue de donner à l'administration militaire toutes facilités pour la passation des marchés et l'organisation de la gestion directe, les corps de troupe peuvent être chargés de pourvoir à leurs besoins en combustibles.

Le montant des achats effectués dans ces conditions est imputé au service du chauffage et de l'éclairage et remboursé aux corps par le service de l'intendance.

Reprise des approvisionnements de combustibles existant dans les magasins des corps.

Art. 351. Les approvisionnements existant dans les magasins des corps de troupe au jour de la mobilisation, sont repris, lorsqu'il y a lieu, par l'administration militaire et remboursés d'après le prix d'achat.

Le remboursement en est effectué suivant les instructions ministérielles.

# TITRE VII.

## SURVEILLANCE DU SERVICE. — VISITE DES MAGASINS INSPECTION GÉNÉRALE.

---

### Action des sous-intendants militaires.

Art. 352. Le sous-intendant chargé de la direction et de la surveillance du service visite fréquemment les magasins; il est accompagné dans ses visites par l'officier d'administration gestionnaire ou par l'entrepreneur; il s'assure que les prescriptions réglementaires sont strictement exécutées et qu'il est tenu compte des ordres par lui donnés ou notifiés.

Il fait toutes les vérifications de caisse et opère tous les recensements de matériel qui lui paraissent utiles; il s'assure que les instruments de pesage et de mesurage employés dans l'établissement sont vérifiés chaque année dans les conditions indiquées à l'annexe n° 6, il procède lui-même à des vérifications inopinées.

### Action du directeur de l'intendance.

Art. 353. Le directeur de l'intendance visite les établissements du service des subsistances toutes les fois qu'il en reconnaît la nécessité; il se fait accompagner par l'officier d'administration gestionnaire ou par l'entrepreneur et, au besoin, par le sous-intendant. Il s'assure que les magasins sont bien tenus, que les approvisionnements sont à la hauteur voulue, de bonne qualité, et qu'ils reçoivent tous les soins nécessaires à leur conservation.

Il se rend compte, en outre, de la marche du service, de l'exécution ponctuelle des ordres donnés et de l'emploi régulier et judicieux du personnel dans les services en gestion directe.

### Action du commandant d'armes.

Art. 354. Les attributions du commandant d'armes, en ce qui concerne les établissements du service des subsistances militaires, sont définies par le décret portant règlement sur le service des places.

### Visite des officiers généraux et des délégués du Ministre.

Art. 355. Les lois, décrets et règlements sur l'administration de l'armée déterminent les droits des officiers généraux et des délégués du Ministre, en ce qui concerne la surveillance et le contrôle des établissements du service des subsistances militaires.

Inspections générales.

Art. 356. Les établissements du service des subsistances sont inspectés annuellement par les inspecteurs **généraux du service de l'intendance, conformément aux instructions du Ministre de la guerre.**

Les observations des inspecteurs généraux sont reproduites sur le registre spécial tenu, à cet effet, dans chaque établissement.

Un extrait de ce registre est adressé aussitôt après l'inspection au directeur de l'intendance par le sous-intendant militaire qui indique la suite donnée aux observations formulées.

Le directeur de l'intendance transmet ensuite au **Ministre,** sous le timbre de chacun des bureaux intéressés, un compte rendu sommaire de l'exécution des prescriptions formulées par l'inspecteur général. Il y mentionne les études provoquées ou les mesures prises en vue de la suite à donner aux propositions importantes formulées.

# TITRE VIII.

## DE LA COMPTABILITÉ.

---

Division de la comptabilité du service des subsistances militaires.

Art. 357. La comptabilité du service se divise en :

> Comptabilité en deniers ;
> Comptabilité en matières ;
> Comptabilité des distributions et des cessions.

Les écritures et les comptes sont distincts par branche de service, savoir :

> Vivres ;
> Fourrages ;
> Chauffage et éclairage.

---

# CHAPITRE I.

COMPTABILITÉ EN DENIERS.

## SECTION I.

DISPOSITIONS GÉNÉRALES.

Règles et dispositions auxquelles les dépenses sont soumises.

**Art. 358. La justification** et le paiement des dépenses faites pour assurer l'exécution du service des subsistances militaires sont soumis aux dispositions de principe du règlement sur la comptabilité du département de la guerre, ainsi qu'aux règles tracées dans le présent chapitre.

Distinction des dépenses.

**Art. 359.** Les dépenses sont distinctes par branche de service et, dans chaque branche, par chapitre ou article du budget.

À cet effet, les dépenses sont classées ainsi qu'il suit :

1° Dépenses relatives au personnel d'exploitation : traitements, salaires, primes de travail et gratifications mensuelles ;

2° Dépenses pour achats de matériel à prendre en charge dans la comptabilité-matières : achats de denrées, liquides, matières et objets mobiliers ;

3° Dépenses justifiées seulement dans la comptabilité en deniers : fournitures à la ration, frais d'exploitation, dépenses diverses, entretien des approvisionnements de réserve.

Justification des dépenses et constatation des droits acquis.

**Art. 360.** La justification des dépenses résulte :

1° De l'établissement et de la présentation des pièces constatant le service exécuté et faisant ressortir les droits acquis aux créanciers de l'Etat ;

2° De la preuve de la validité de la créance acquise par la vérification des titres produits. Cette preuve est acquise par l'examen des pièces aux divers points de vue énumérés ci-après :

Cause réelle de la créance ;

Exécution régulière du service ;

Accomplissement des obligations aux époques déterminées ;

— 103 —

Présentation des comptes, factures ou réclamations, dans les délais prévus aux marchés et conventions;
Régularité des justifications pr_duites.

Créanciers directs de l'Etat.

**Art. 361.** Sont créanciers directs de l'Etat :
1° Les titulaires des marchés directs ou par défaut;
2° Les acheteurs à commission;
3° Les particuliers ou les communes qui ont livré des denrées en vertu de conventions verbales ou de réquisitions.

Fournisseurs ou préposés qui ne sont pas créanciers directs.

**Art. 362.** Ne peuvent être considérés comme créanciers directs les préposés, fournisseurs ou toutes personnes ayant opéré pour le compte d'un entrepreneur ou envers lesquelles cet entrepreneur a contracté une dette pour l'exécution du service qu'il était tenu d'assurer.

Acquit des factures, mémoires et autres pièces de dépense.

**Art. 363.** L'acquit de toute somme est donné par la partie intéressée, soit sur quittance individuelle, soit sur un état d'émargement s'il s'agit d'un paiement collectif.

Cas où le créancier est illettré ou dans l'impossibilité de signer.

**Art. 364.** Si la personne devant donner quittance est illettrée ou dans l'impossibilité de signer, la déclaration en est faite par l'officier d'administration gestionnaire, qui la signe et la fait signer par deux témoins présents au paiement, pour toutes les sommes qui n'excèdent pas 150 francs.
Il est exigé une quittance authentique, enregistrée gratis, pour tout paiement au-dessus de cette somme, excepté pour les achats effectués pendant la période des manœuvres, pour lesquels on procède comme il est dit ci-dessus, lors même que leur importance dépasserait 150 francs.

Cas de décès avant paiement d'une des parties portées à l'état d'émargement.

**Art. 365.** En cas de décès, avant paiement, d'une des parties portées à l'état d'émargement, la somme due au décédé est versée dans la caisse du trésorier-payeur général ou du receveur des finances, au titre de la Caisse des dépôts et consignations, pour être remise aux héritiers et ayants droit selon la forme prescrite par les règlements.
Une « déclaration de versement » est jointe à l'état ou à la feuille d'émargement. Le récépissé est adressé aux héritiers.

Pièces à produire pour les justifications de dépenses.

Art. 366. L'annexe n° 8 faisant suite à la présente instruction indique les pièces justificatives qui doivent être jointes aux ordonnances ou mandats de payement, celles à produire pour la régularisation des avances de fonds et celles qu'il y a lieu de mettre à l'appui de la liquidation.

Pour les dépenses exceptionnelles, qui peuvent résulter de cas spéciaux ou de services non prévus à l'annexe, les justifications à exiger se bornent aux pièces qui établissent la régularité de la créance, et celle du paiement.

### État général des marchés, baux, etc.

Art. 367. La justification des dépenses provenant d'achats directs ou à commission, de baux ou de marchés, ne donne pas lieu à la production pour le Ministre, à l'appui des comptes ou factures, de la copie des marchés, baux ou bulletins d'achat. Il y est suppléé par un état général (modèle n° 18) par corps d'armée, adressé en double expédition, au Ministre, par le directeur de l'intendance, au commencement de chaque trimestre pour le trimestre précédent.

A cet état est jointe une copie de chacun des marchés et des baux manuscrits que chaque sous-intendant adresse au directeur de l'intendance avec un état trimestriel des marchés passés dans son arrondissement.

## SECTION II.

### NATURE, JUSTIFICATION ET PAIEMENT DES DÉPENSES.

### § 1er. — *Gestion directe.*

### §§ 1er. — *Dépenses acquittées par mandats directs.*

### Nature des dépenses.

Art. 368. Les dépenses acquittées par mandats directs comprennent :

Les achats, par marché de livraison, à commission ou par convention verbale, des denrées de toute nature destinées à la subsistance des hommes et des chevaux, du combustible pour le chauffage des fours des manutentions militaires et la conduite des machines ;

Les achats d'ustensiles et d'objets mobiliers ;

Les frais de mouture et de transport ;

Les locations de bâtiments et terrains ;

Les frais d'exploitation, les dépenses diverses, etc., que l'officier d'administration gestionnaire n'acquitte pas au moyen des fonds d'avance dont il dispose.

### Établissement des pièces constatant ces dépenses.

Art. 369. Les pièces constatant ces dépenses sont établies par marché, commande ou convention, lorsqu'elles s'appliquent à des livraisons dont les quantités sont déterminées, ou à des fournitures, transports ou travaux faits immédiatement.

Les pièces sont établies par trimestre, lorsque les marchés concernent des livraisons, travaux ou transports destinés à assurer le service pendant une période déterminée.

Il est fait une coupure par exercice, lorsque la dépense doit être acquittée sur des exercices différents.

En outre, les pièces concernant les dépenses qui figurent dans la comptabilité-matières sont distinctes de celles qui sont justifiées seulement dans la comptabilité en deniers.

### Renseignements à porter sur les pièces constatant des fournitures faites en vertu de marchés.

Art. 370. Indépendamment des indications prévues par les formules en usage, les récépissés comptables et factures (modèles nos 19 et 19 bis) constatant des livraisons de matériel doivent donner tous les détails nécessaires pour préciser la responsabilité des officiers d'administration gestionnaires et justifier de l'accomplissement des obligations imposées aux fournisseurs.

Ces pièces donnent les renseignements ci-après :

Pour les denrées de toute nature, la contrée de production, l'année de récolte ou de fabrication, suivant la nature des produits ;

Pour les céréales, le poids à l'hectolitre (le mesurage étant fait à la trémie conique), le déchet de criblage, la proportion des graines étrangères, en rappelant les stipulations du marché ;

Pour les liquides, l'année de production, la provenance et la richesse alcoolique ;

Pour la paille, si elle est de blé, de seigle, d'orge ou d'avoine ;

Pour les matières, denrées et produits soumis aux droits de douane ou d'octroi, s'ils ont été livrés intra ou extra muros ou en entrepôt.

Elles font connaître, en outre, si le fournisseur a obtenu un sursis de livraison, soit pour cause d'impossibilité dûment constatée d'exécuter ses engagements dans les délais fixés, soit par suite d'un ajournement dans la réception des denrées ou matières présentées en temps utile, mais ne réunissant pas toutes les conditions exigées.

Les récépissés comptables et les factures mentionnent enfin la nature et le nombre des récipients qui contiennent les produits livrés, lorsque ces récipients doivent rester la propriété de l'Etat.

### Cas où l'exécution d'un marché donne lieu à plusieurs livraisons.

Art. 371. Lorsque l'exécution d'un marché de fournitures donne lieu à plusieurs livraisons qui sont constatées par des récépissés comptables, la facture établie pour justifier l'ensemble des fournitures doit mentionner la date de chaque récépissé comptable ainsi que la quantité inscrite sur chacun d'eux.

### Stipulation de prix différents pour une même denrée dans un même marché.

Art. 372. En raison de la tolérance accordée par l'administration de livrer le vingtième en plus ou en moins des quantités indiquées au marché, il y a lieu, lorsqu'un fournisseur stipule des prix différents pour la même denrée, d'établir un prix moyen. C'est ce prix moyen qui figure sur le marché et qui, par suite, sert de base pour le décompte des récépissés comptables, des factures et des amendes encourues pour retard dans les livraisons.

Les soumissionnaires sont prévenus de cette disposition avant les adjudications.

### Régularisation des excédents de dépense résultant d'un marché par défaut.

Art. 373. Lorsqu'il y a lieu d'imputer à un fournisseur le surcroît de dépenses occasionné par un marché passé à son défaut on procède de la manière suivante :

La facture des fournitures faites par le fournisseur défaillant établie soit par le livrancier, soit d'office par le sous-intendant militaire, doit être arrêtée au montant total des fournitures réellement effectuées. Elle est ordonnancée au même chiffre. Le total des imputations à faire au fournisseur, pour le surcroît de dépenses résultant du marché passé à son défaut, dont le détail est donné dans un ordre de reversement annexé à la facture, est déduit de la somme ordonnancée pour faire ressortir la somme nette à payer, et l'ordonnateur porte à l'encre rouge sur le mandat et signe la mention suivante :

Il y a lieu de précompter sur le présent mandat et de verser au Trésor la somme de        , montant des imputations détaillées dans l'ordre de reversement ci-annexé.

Dans le cas où les imputations à faire au fournisseur défaillant seraient plus élevées que le montant des fournitures qu'il aurait réellement effectuées, le fournisseur doit être mis en demeure d'en reverser la différence au Trésor.

En cas de refus, avis en est donné au Ministre qui constitue le fournisseur en débet envers l'Etat. Le recouvrement du débet est ensuite poursuivi par le département des finances (agence judiciaire) sur la demande du Ministre de la guerre.

*Retenue ou précompte à opérer à titre de cautionnement sur le montant des fournitures, des travaux, transports, etc.*

**Art. 374.** Lorsque les entrepreneurs ou les fournisseurs sont autorisés à remplacer le cautionnement qui leur est imposé par le précompte ou la retenue du premier dixième du montant des marchés jusqu'au paiement du solde, on procède ainsi qu'il est indiqué ci-après :

S'il s'agit d'un marché, d'une convention à exécuter dans le courant d'un trimestre ou d'un exercice et pour lequel il ne doit être établi qu'une facture, la retenue du dixième est effectuée sur les premiers mandats d'acompte, et le solde restant à payer, y compris le dixième retenu, est ordonnancé en fin de marché sur la production de la facture.

Si le marché ou la convention embrasse plusieurs exercices ou s'il est produit une facture par trimestre, on précompte sur le premier mandat le montant du premier dixième à retenir pour être versé à la Caisse des dépôts et consignations, qui délivre, pour ce versement, un récépissé remis au fournisseur ou à l'entrepreneur, et une déclaration de versement destinée au service intéressé. La mainlevée de ce cautionnement est demandée et donnée dans la forme prescrite pour les cautionnements ordinaires. (Voir l'annexe n° 1 relative aux cautionnements.)

*Dépenses relatives aux travaux, transports, locations, moutures, etc.*

**Art. 375.** Les dépenses relatives aux travaux, transports, locations, moutures, fournitures diverses étrangères à la comptabilité-matières sont justifiées dans la forme indiquée par l'annexe n° 8 jointe à la présente instruction.

*Achats sur convention verbale de matériel à prendre en charge dans les comptes de gestion.*

**Art. 376.** En principe, les achats de matériel à prendre en charge dans les comptes de gestion sont payés par mandats directs du sous-intendant militaire, lors même que la dépense se renferme dans la limite de 1.500 francs et que la livraison s'effectue en exécution d'une convention verbale.

Les achats de cette nature sont justifiés par une facture à talon modèle n° 19.

Vérification des titres de créance. — Ordonnancement.

**Art. 377.** Les factures relatives aux marchés de livraison, de mouture, aux travaux, transports, locations, frais d'exploitation, dépenses diverses, etc., sont arrêtées et ordonnancées par le sous-intendant militaire immédiatement après la vérification.

Cas où le sous-intendant doit s'abstenir d'ordonnancer.

**Art. 378.** Si les formalités essentielles prescrites par les règlements sur la comptabilité n'ont pas été observées ou si la créance présente un côté contentieux exigeant un contrôle particulier dans l'intérêt de l'État, les fonctionnaires de l'intendance doivent s'abstenir d'ordonnancer.

Renseignements relatifs à la perception des droits d'enregistrement.

**Art. 379.** Pour faciliter aux agents du Trésor l'établissement du relevé général qu'ils doivent produire au directeur de l'enregistrement en vue du recouvrement des droits supplémentaires auxquels peuvent donner lieu les marchés et les adjudications, les pièces justificatives des dépenses doivent porter les renseignements ci-après :

La date de la passation des marchés et celle des procès-verbaux d'adjudication (et non la date de l'approbation ministérielle) ;

La date de l'enregistrement ;

Le nom du bureau où l'enregistrement a eu lieu ;

L'objet des marchés ;

Le nom du fonctionnaire ou officier public qui a passé le marché ;

Le nom et le domicile de l'adjudicataire ;

Les sommes prévues par les marchés ou procès-verbaux d'adjudication pour la fixation des droits d'enregistrement.

§§ 2. — *Dépenses acquittées par les officiers d'administration gestionnaires.*

Nature des dépenses.

**Art. 380.** Dans la limite de 1.500 francs et sur l'autorisation du sous-intendant militaire, les officiers d'administration gestionnaires peuvent être chargés de payer directement les dépenses de fournitures, travaux, transports, locations, etc., et les divers frais d'exploitation, tels que :

Primes de travail et gratifications accordées aux ouvriers militaires ;

Traitements et salaires du personnel civil ;

Honoraires, vacations, frais d'expertise ;

Frais de déplacement pour missions spéciales lorsqu'ils ne doivent pas être supportés par les indemnités de gestion ou le service des frais de route ;

Droits de douane, de régie, d'octroi, etc. ;

Frais d'insertion, de publicité, d'adjudication, de timbre et d'enregistrement, soit que l'administration ait seulement à en faire l'avance, soit qu'ils doivent rester à sa charge ;

Frais de réparations locatives et de menu entretien dans les bâtiments du service ;

Menues dépenses pour passe de sacs, nourriture des chats et chiens de garde (1) et autres frais de peu d'importance.

### Des avances.

Art. 381. Le règlement sur la comptabilité des dépenses du département de la guerre détermine les conditions dans lesquelles sont obtenues et régularisées les avances faites aux officiers d'administration gestionnaires.

Les officiers d'administration gestionnaires ne doivent acquitter aucune dépense avec leurs deniers propres.

### Caisse des officiers d'administration gestionnaires.

Art. 382. Chaque officier d'administration gestionnaire ne doit avoir qu'une seule caisse, dans laquelle sont réunis tous les fonds appartenant aux divers services, s'il en gère plusieurs. Il est responsable des sommes qui y sont déposées.

### I. — JUSTIFICATION DES DÉPENSES RELATIVES AU PERSONNEL.

---

### Primes de travail et gratifications.

Art. 383. Le paiement des primes de travail et des gratifications allouées aux ouvriers militaires est justifié par la production d'un extrait du registre-contrôle. Cet extrait (modèle n° 25) mentionne le nom de chaque intéressé et le montant en argent des sommes payées ; il est revêtu de l'acquit de chaque ouvrier et de l'officier ou du sous-officier qui a reçu les fonds et en a fait la répartition entre les ayants droit. L'extrait ne mentionne que les ouvriers rétribués. Il est arrêté par l'officier d'administration gestionnaire et certifié

---

(1) Toute latitude est laissée aux services locaux pour la nourriture des chats et chiens de garde entretenus dans les établissements des services des vivres et des fourrages, sous réserve que la dépense est limitée au strict nécessaire.

Cette dépense est supportée par le budget du matériel du service intéressé

par le sous-intendant militaire conforme au registre-contrôle portant émargement.

Une copie conforme de l'extrait est mise à l'appui du bordereau trimestriel des frais d'exploitation, lequel doit être annexé à la liquidation.

### Traitements et salaires du personnel civil.

**Art. 384.** Pour le paiement des traitements et salaires dus au personnel civil, on se conforme aux dispositions de l'instruction du 24 janvier 1900 pour l'application du décret du 26 février 1897 relatif à la situation du personnel civil d'exploitation des établissements militaires.

Les états d'émargement produits aux agents du Trésor comme pièces justificatives des avances sont appuyés des déclarations relatives aux versements effectués à la Caisse nationale des retraites pour la vieillesse.

Des copies conformes de ces pièces sont jointes au bordereau trimestriel, lequel doit être annexé à la liquidation. On se conforme, pour le surplus, aux dispositions de l'Instruction spéciale sur la liquidation des dépenses.

## II. — JUSTIFICATION DES DÉPENSES RELATIVES AUX ACHATS DE MATÉRIEL
### A PRENDRE EN CHARGE DANS LES COMPTES DE GESTION.

### Dépenses d'achats acquittées exceptionnellement par les gestionnaires.

**Art. 385.** Par exception au principe posé par l'article 376, les officiers d'administration gestionnaires peuvent être autorisés par le sous-intendant militaire à payer directement les achats du matériel à prendre en charge dans les comptes de gestion.

Dans ce cas, il leur est fait des avances spéciales strictement égales au montant de la dépense et il est justifié de leur emploi par la production de bordereaux de pièces et quittances distincts.

Ces bordereaux sont appuyés de l'autorisation motivée du sous-intendant militaire.

Les achats acquittés de cette manière sont justifiés vis-à-vis du Trésor par une facture modèle 19 et dans les comptes matières par le talon de cette facture.

Une copie conforme de la facture (modèle n° 19 bis) est mise à l'appui du bordereau trimestriel, lequel doit être annexé à la liquidation.

### Achats de peu d'importance.

**Art. 386.** Quand il s'agit de fournitures de peu d'importance, il est fait emploi de l'état détaillé des dépenses (modèle 20). L'officier d'administration gestionnaire acquitte les dépenses d'achats sur les fonds dont il dispose et conserve comme valeurs en caisse les factures ou les quittances des sommes qu'il a payées pendant le mois. Puis il récapitule les livraisons en quantité et en valeur, par unité, dans un bordereau à talon (modèle 21) et il en prend charge comme « reçu de divers ».

Le bordereau, appuyé des quittances, est produit au payeur pour justifier de l'emploi des avances; le talon justifie l'entrée dans les comptes matières.

Un bordereau sans talon (modèle 21 bis) accompagné des copies conformes des états détaillés des dépenses est mis à l'appui du bordereau trimestriel, lequel doit être annexé à la liquidation.

**Fournitures accidentelles de fourrages aux petits détachements qui ne sont pas commandés par un officier et aux parties prenantes voyageant isolément.**

**Art. 387.** Pour la perception des fournitures accidentelles de fourrages faites aux petits détachements qui ne sont pas commandés par un officier et aux parties prenantes voyageant isolément (art. 82), il est fait usage d'un bon à talon (modèle 67). Ce bon est remis au livrancier, le talon portant mention du nom du livrancier, du lieu où les fournitures ont été effectuées, ainsi que des quantités de denrées fournies, est rapporté au corps par la partie prenante.

Le corps réclame la facture en double expédition, dont une timbrée, s'il y a lieu, au fournisseur par l'intermédiaire du sous-intendant militaire et du maire. Ce dernier doit, après avoir certifié l'exécution du service, déclarer que les prix portés sur la facture sont bien ceux habituels de la localité. Le corps en envoie sans retard le montant au fournisseur au moyen d'un mandat sur le Trésor par l'entremise du sous-intendant militaire et du maire. Le remboursement des avances faites par le corps est effectué comme pour les achats faits par les officiers d'approvisionnement dans les conditions de l'instruction ministérielle concernant ces officiers.

Les dispositions qui précèdent s'appliquent au paiement des fourrages perçus pour les chevaux que les officiers des corps de troupe en déplacement pour le service, en congé ou en permission, sont autorisés à emmener avec eux.

En ce qui concerne les fourrages perçus par les officiers sans troupe en déplacement, en congé ou en permission, le payement en est effectué par l'officier d'administration gestionnaire du service des subsistances désigné par le directeur de l'intendance militaire de la région de corps d'armée dans laquelle les perceptions sont faites.

A cet effet, à la fin de leur déplacement et, au plus tard, à l'expiration de chaque trimestre, les officiers sans troupe doivent faire parvenir à ces hauts fonctionnaires les talons des bons qui ont été délivrés pour ces perceptions.

L'officier d'administration gestionnaire procède pour le payement de ces dernières fournitures comme il a été dit ci-dessus pour les corps de troupe.

Toutes ces fournitures sont comprises dans la comptabilité en matière des officiers d'administration gestionnaires des subsistances et régularisées à ce titre.

Les corps de troupe joignent à chacune des revues de liquidation un état des perceptions pour lesquelles les factures des fournisseurs ne leur sont pas parvenues. Cet état (modèle n° 75) est conservé dans les archives du sous-intendant militaire chargé de la surveillance administrative du corps, afin de permettre à ce fonctionnaire de s'assurer ultérieurement que toutes les perceptions de fournitures accidentelles de fourrages ont bien été imputées au débit du décompte de libération des fournitures en nature dans les revues de liquidation postérieures.

### III. — DÉPENSES JUSTIFIÉES SEULEMENT DANS LA COMPTABILITÉ EN DENIERS.

#### Pièces justificatives.

Art. 388. Les états (modèle n° 20) justifiant des dépenses pour fournitures, travaux, transports qui font l'objet d'un payement direct par l'officier d'administration gestionnaire sont établis en deux expéditions, l'une, originale, destinée aux agents du Trésor, l'autre, simple copie conforme, mise à l'appui des bordereaux trimestriels, lesquels doivent être annexés à la liquidation.

Les pièces qu'il peut y avoir lieu de joindre aux factures, quittances ou mémoires sont indiquées dans l'annexe n° 8 faisant suite à la présente instruction.

#### Déclaration de prise en charge sur les factures ou quittances de fournitures.

Art. 389. Sur les factures ou quittances constatant l'achat de matières et objets de consommation courante ou de matériel fixe, l'officier d'administration gestionnaire inscrit, suivant le cas, une des mentions suivantes :

« Reçu et inscrit les quantités ci-dessus au carnet des matières et objets de consommation courante sous le n°..... »

« Reçu et inscrit le matériel ci-dessus au registre matricule des machines, sous le n°..... »

« Reçu et inscrit le matériel ci-dessus sur l'état descriptif des lieux. »

### Déclaration de bonne exécution sur les pièces justificatives des dépenses afférentes aux travaux, transports, etc.

**Art. 390.** Les factures, quittances, mémoires ou autres pièces justificatives des dépenses résultant de transports, travaux, réparations, etc., comportent une déclaration de bonne exécution que l'officier d'administration gestionnaire fait à la suite des factures ou mémoires préalablement vérifiés.

Quand il s'agit de dépenses s'appliquant à des bâtiments ou terrains, cette déclaration n'est donnée par l'officier d'administration gestionnaire qu'après constatation des travaux, vérification des factures ou mémoires par le chef du service du génie.

### Justifications propres à chaque nature de dépenses.

**Art. 391.** L'annexe n° 8 faisant suite à la présente instruction fait connaître les justifications propres à chaque nature de dépenses, travaux, réparations, locations, indemnités diverses, droits de régie, de douane, d'octroi, droits de timbre et d'enregistrement, etc.

### Dispositions spéciales concernant les frais d'impression. Mode d'imputation.

**Art. 392.** En principe, les frais d'insertion et les dépenses résultant de l'impression des affiches d'adjudication sont compris parmi les frais d'exploitation imputables à la branche de service que les adjudications concernent.

Mais les dépenses occasionnées par l'impression de documents tels que cahiers des charges, instructions, formules d'états, de situations, de pièces de comptabilité dont la fourniture incombe à l'administration centrale, sont imputées au chapitre spécial « des frais généraux d'impressions »; elles donnent lieu à l'établissement d'une comptabilité distincte.

### Dispositions spéciales concernant les droits d'octroi à acquitter sur les conserves de viande et les salaisons.

**Art. 393.** Les dépenses concernant les droits d'octroi à acquitter par suite de la mise en consommation des conserves de viande et du porc salé font l'objet d'une comptabilité distincte établie au titre du chapitre spécial de la « viande fraîche et des conserves ».

La régularisation des dépenses de cette nature comporte des règles différentes selon qu'il s'agit de payements effectués par les officiers d'administration gestionnaires, les entrepreneurs ou les corps de troupe.

### A) Services en gestion directe.

Les officiers d'administration gestionnaires acquittent les dépenses au moyen des fonds dont ils disposent; puis, lorsque le montant exact en est déterminé, pour l'ensemble des places de la circonscription de leur gestion, ils se font délivrer une avance spéciale au titre du chapitre du budget qui doit supporter la dépense.

Un état décompté par place, appuyé des quittances des droits d'octroi, sert à justifier l'emploi des fonds d'avance; une copie conforme de ces mêmes pièces est jointe au bordereau trimestriel, lequel est annexé à la liquidation.

### B (Services en entreprise.

Les entrepreneurs de fournitures à la ration font l'avance des droits d'octroi et ils sont remboursés de cette avance par les soins de l'officier d'administration gestionnaire dont ils relèvent. A cet effet, ils produisent, en fin de trimestre, un état appuyé des quittances faisant ressortir le montant de la dépense. Au reçu de cet état, l'officier d'administration gestionnaire fait parvenir à chaque entrepreneur le montant de ses avances au moyen d'un mandat sur le Trésor; il comprend dans sa propre comptabilité les dépenses des divers services à l'entreprise de la circonscription.

### C.) Corps de troupe.

Dans les cas exceptionnels où les corps de troupe sont appelés à acquitter des droits d'octroi, ils en sont remboursés dans les mêmes conditions que les entrepreneurs.

## IV. — LIVRES ET ÉCRITURES.

### Registres tenus par les officiers d'administration gestionnaires.

Art. 394. Les écritures auxquelles donne lieu la comptabilité en deniers sont consignées dans les registres ci-après :

1° Registre des avances de fonds faites par le Trésor;

2° Registre-journal des recettes et dépenses en deniers;

3° Registre-contrôle des journées de présence du personnel d'exploitation;

4° Carnet des comptes individuels du personnel civil, s'il y a lieu;

5° Registre des comptes courants en deniers avec les gérants d'annexe.

Ces registres sont cotés et paraphés par le sous-intendant militaire.

### Registre des avances de fonds.

Art. 395. Le registre des avances de fonds (modèle n° 22) reçoit l'inscription des avances faites par le Trésor et des payements justifiés au payeur par l'officier d'administration gestionnaire.

Les inscriptions des avances sont faites par les agents du Trésor; celles des payements et des justifications sont faites en bloc, par l'officier d'administration gestionnaire, lors de l'établissement du bordereau des pièces et quittances.

Les colonnes relatives au montant des mandats et celles concernant les payements ou justifications sont scindées d'après les indications de la nomenclature du budget.

### Registre-journal des recettes et des dépenses.

Art. 396. Chaque officier d'administration gestionnaire tient, par exercice, un registre-journal des recettes et des dépenses effectuées pour l'exécution du service (modèle n° 23).

L'officier d'administration gestionnaire y inscrit, par ordre de date, les opérations de caisse réellement consommées dans le courant de l'exercice : il porte en recette les mandats qui lui ont été délivrés, les sommes reçues en remboursement de denrées distribuées à titre onéreux, et en dépense les payements de toute nature qu'il a effectués.

### Inscriptions journalières.

Art. 397. Les inscriptions sont journalières et présentent les opérations telles qu'elles se sont produites.

L'officier d'administration gestionnaire assigne un numéro à chaque recette et à chaque dépense, au moyen de deux séries qui sont commencées et continuées sans interruption depuis le 1er janvier jusqu'à la fin de l'exercice, sans distinction de trimestre.

### Libellé des écritures.

Art. 398. Le registre-journal des recettes et des dépenses est tenu avec clarté et précision, sans surcharges ni interlignes ; les grattages sont formellement interdits ; les ratures ne sont autorisées que dans le cas d'err urs matérielles et doivent toujours être faites de manière que les chiffres et les mots rayés restent parfaitement lisibles. Lorsqu'il y a lieu de rectifier une inscription, le redressement s'opère par un nouvel article mentionnant le motif de la rectification.

#### Arrêté mensuel du registre-journal.

**Art. 399.** Le registre-journal des recettes et des dépenses est arrêté et certifié, le premier jour de chaque mois, par l'officier d'administration gestionnaire; il est ensuite soumis à la vérification du sous-intendant militaire.

#### Registre-contrôle.

**Art. 400.** Le registre-contrôle (modèle n° 24) présente distinctement par mois la composition du personnel d'exploitation militaire et civil employé dans l'établissement.

Les ouvriers militaires rétribués ou susceptibles de recevoir une gratification y sont inscrits nominativement; le personnel militaire non rétribué y figure numériquement et par grade. Les officiers d'administration ne sont pas inscrits sur le registre-contrôle.

Le premier jour de chaque mois, on établit le décompte des sommes acquises aux ouvriers militaires rétribués, soit comme primes de travail, soit comme gratifications. Les intéressés émargent en regard des décomptes qui les concernent.

L'arrêté des comptes individuels est également fait pour tous les ouvriers qui cessent le travail pour une cause quelconque.

Les comptes particuliers des ouvriers civils font ressortir le nombre de journées de travail pendant le mois; le décompte des traitements et salaires n'y figure pas. Les sommes dues sont payées comme il est prescrit à l'article 384.

Le registre est certifié et signé par l'officier d'administration gestionnaire le premier jour de chaque mois; puis il est soumis à la vérification du sous-intendant militaire.

#### Carnet des comptes individuels.

**Art. 401.** Il est tenu dans chaque service employant du personnel civil un carnet des comptes individuels, conformément aux dispositions de l'instruction du 24 janvier 1900, pour l'application du décret du 26 février 1897 relatif à la situation du personnel civil.

#### Registre des comptes courants en deniers avec les gérants d'annexe.

**Art. 402.** L'officier d'administration gestionnaire d'un service auquel sont rattachées une ou plusieurs annexes tient un registre (modèle n° 26) sur lequel il ouvre un compte à chacun des gérants de ces annexes. Il débite chaque compte des avances faites et le crédite du montant des dépenses justifiées par les gérants d'annexe.

A la fin de chaque mois, les divers comptes courants sont

balancés ; une récapitulation des divers résultats de cette balance fait ressortir la somme dont les gérants d'annexe restent détenteurs.

### Les registres et les autres documents de comptabilité sont la propriété du service.

Art. 403. Les registres et les autres documents de comptabilité sont la propriété du service et font partie des archives.

Tout gestionnaire sortant d'exercice est tenu de les laisser à son successeur, après avoir complété les écritures et les avoir fait viser par le sous-intendant militaire.

## V. — BORDEREAUX TRIMESTRIELS.

### Époque de l'établissement des bordereaux trimestriels.

Art. 404. Dans le courant du mois qui suit chaque trimestre, il est établi, en simple expédition, par l'officier d'administration gestionnaire, des bordereaux trimestriels en deniers (modèles nos 28, 29, 30) résumant sa gestion pendant le trimestre écoulé. En cas de mutation de gestionnaires, ces bordereaux trimestriels embrassent la période écoulée jusqu'à la remise du service.

### Division des bordereaux trimestriels.

Art. 405. Des bordereaux trimestriels sont établis distinctement pour chacune des catégories de dépenses ci-après :

1° Dépenses relatives au personnel ;

2° Dépenses pour achats et cessions de matériel à prendre en charge dans les comptes de gestion ;

3° Dépenses justifiées seulement dans la comptabilité en deniers ;

4° Dépenses acquittées au moyen des crédits prévus pour les frais généraux d'impressions ;

5° Dépenses résultant du payement des droits d'octroi applicables aux conserves de viande et au porc salé.

### Destination à donner aux bordereaux trimestriels.

Art. 406. Les bordereaux trimestriels, appuyés de la deuxième expédition (copie conforme) des pièces de dépense, extraits du registre-contrôle, états d'émargement, quittances, factures, mémoires, états décomptés, factures de cessions faites par d'autres services, etc., sont adressés au sous-intendant militaire qui les inscrit au registre des titres de créance ; ils sont joints ensuite aux états de liquidation afférents aux mêmes dépenses.

## VI. Écritures a tenir dans les annexes.

### Pièces justificatives des dépenses.

**Art. 407.** Les gérants d'annexe se conforment, pour l'établissement des pièces justificatives des dépenses payées par leurs soins, aux dispositions qui précèdent et aux indications de l'annexe n° 8 qui fait suite à la présente instruction.

### Mode d'envoi des pièces justificatives. — Envoi de fonds.

**Art. 408.** Mensuellement, les pièces justificatives des dépenses sont récapitulées dans un bordereau (modèle n° 27) qui est adressé à l'officier d'administration gestionnaire de la place principale avec les pièces de dépenses. Le bordereau fait connaître les besoins présumés de l'annexe pour le mois suivant.

L'officier d'administration gestionnaire de la place principale vérifie le bordereau, signe le récépissé des pièces justificatives et en fait renvoi au gérant d'annexe; il lui adresse en même temps les fonds demandés.

Le gérant d'annexe accuse réception des fonds sur une seconde expédition du bordereau (modèle n° 27) qui est conservée par l'officier d'administration gestionnaire.

### Registres tenus par les gérants d'annexe.

**Art. 409.** Les gérants d'annexe tiennent les registres ci-après :

1° Un registre-journal des recettes et dépenses en deniers ;

2° Un registre-contrôle des journées de présence du personnel d'exploitation ;

3° Un carnet des comptes individuels du personnel civil, s'il y a lieu.

Ils se conforment, pour la tenue de ces registres, aux dispositions contenues dans les articles de la présente instruction.

### § 2. — *Service à l'entreprise.*

#### Causes des dépenses.

**Art. 410.** Les dépenses occasionnées par l'exécution des services à l'entreprise ont pour cause :

1° Les fournitures de denrées distribuées aux diverses parties prenantes ;

2° Les fournitures de denrées livrées à titre d'approvisionnement ou laissées en magasin à l'expiration du marché, dans les conditions spécifiées par le cahier des charges ;

3° Les fournitures faites à l'administration à titre de prélèvement et dans les conditions fixées par le cahier des charges ;

4° Les frais de fabrication, de manutention et de distribution, lorsque les matières premières ou les denrées sont fournies par l'administration ;

5° Les indemnités diverses acquises à l'entrepreneur dans les différents cas prévus par le cahier des charges.

#### Modes de paiement.

**Art. 411.** Les dépenses résultant de l'exécution des services à l'entreprise sont, suivant le cas, acquittées par mandats directs des fonctionnaires de l'intendance ou payées par les soins des officiers d'administration gestionnaires désignés à cet effet.

### §§ 1er. — *Dépenses acquittées au moyen de mandats directs.*

#### Nature des dépenses.

**Art. 412.** En principe, lorsque le cahier des charges ou le marché ne prescrit pas un autre mode de payement, les dépenses afférentes aux services des vivres et des fourrages exécutés par voie d'entreprise sont acquittées au moyen de mandats directs des fonctionnaires de l'intendance.

L'ordonnancement s'applique à toutes les dépenses incombant à l'État : fournitures de denrées, primes de conservation, de transformation et de distribution, remboursement éventuel de droits d'octroi, de douane, d'enregistrement, indemnités diverses allouées par le marché ou par le cahier des charges (1).

---

(1) Comme pour les achats (art. 50, § III des instructions du 23 décembre 1888), les factures, mémoires, etc., des dépenses justifiées seulement dans la comptabilité en deniers sont arrêtés et mandatés au chiffre du montant total de la créance.

Les imputations à faire aux créanciers pour pertes, avaries de denrées, de matières et objets mobiliers de l'administration, avances de frais de location, retards dans les livraisons, etc., sont versées au Trésor par voie de précompte sur les mandats, soit au titre des « reversements de fonds sur les dépenses des ministères » soit au titre des « recettes accidentelles à différents titres » selon la nature des imputations.

La mention du versement au Trésor est faite par l'ordonnateur secondaire sur l'expédition de la facture qui est mise à l'appui de la liquidation.

Toutefois, pour les fournitures à la ration du service des subsistances on n'ordonnance au profit de l'entrepreneur que la différence entre le montant de sa facture et la valeur des denrées qui lui sont imputées (approvisionnements repris par l'entrepreneur entrant à l'entrepreneur sortant).

Justification des créances. — Délais de production des titres de créance.

**Art. 413.** Le marché et le cahier des charges font connaître les différentes pièces à produire par les entrepreneurs et les délais accordés pour le dépôt des titres de créances, en vue d'obtenir le payement des sommes réclamées.

§ 2. — *Dépenses acquittées par les officiers d'administration gestionnaires.*

---

### Nature des dépenses.

**Art. 414.** Les dépenses acquittées par les officiers d'administration gestionnaires comprennent :

1° Les fournitures de fourrages assurées par entreprise dans certaines places où l'effectif des chevaux à nourrir ne dépasse pas le maximum fixé par le cahier des charges ;

2° Les frais accessoires de toute nature inhérents à ces entreprises spéciales et qui doivent être supportés par l'État.

### Mode de paiement des fournitures assurées en exécution d'un marché d'entreprise.

**Art. 415.** Les 10, 20 et 30 de chaque mois, l'entrepreneur adresse, à l'officier d'administration gestionnaire qui lui est désigné par le sous-intendant militaire, les bons partiels de distribution récapitulés dans un bordereau décompté.

Après avoir vérifié le bordereau, l'officier d'administration gestionnaire en envoie, sans retard, le montant à l'entrepreneur, au moyen d'un mandat sur le Trésor.

Pour les fournitures effectuées pendant le mois, l'officier d'administration gestionnaire établit un état détaillé (modèle n° 20) qu'il adresse à l'entrepreneur pour être certifié et acquitté.

Au fur et à mesure de leur réception, les factures sont inscrites sur un bordereau trimestriel (modèle n° 31) ; elles sont mises ensuite à l'appui des justifications produites au payeur.

Les dépenses sont justifiées seulement dans la comptabilité en deniers et comprises sur l'état de liquidation des fournitures à la ration.

### Mode de paiement des dépenses éventuelles.

**Art. 416.** Toutes pièces destinées à constater les droits de l'entrepreneur au remboursement de dépenses incombant à l'État ou au payement d'indemnités allouées par le cahier des charges doivent être adressées, dans les délais prescrits, à l'officier d'administration gestionnaire chargé du payement des fournitures. Les sommes acquises à l'entrepreneur lui sont payées dans les mêmes conditions que les fournitures.

Cas de saisie-arrêt ou d'opposition.

Art. 417. En cas de saisie-arrêt ou opposition sur les sommes dues à l'entrepreneur, l'officier d'administration gestionnaire verse lesdites sommes à la Caisse des dépôts et consignations et se libère ainsi envers lui de toute obligation.

SECTION III.

LIQUIDATION DES DÉPENSES.

§ 1er. — *Liquidation des dépenses par les sous-intendants militaires.*

La liquidation est opérée par les ordonnateurs.

Art. 418. Les dépenses imputables au service des subsistances militaires sont liquidées par les sous-intendants militaires qui en ont ordonnancé le montant, sous la réserve du redressement des erreurs matérielles et des doubles ou faux emplois que feraient découvrir la vérification du directeur de l'intendance et la revision ministérielle.

Registre des comptes courants avec les créanciers.

Art. 419. Il est tenu par les sous-intendants militaires liquidateurs un registre des comptes courants (modèle n° 32) ; ce registre est renouvelé pour chaque exercice.

Un compte spécial y est ouvert à chaque créancier par service (vivres, fourrages, chauffage). On y inscrit, successivement et en les distinguant selon la nature des denrées ou l'espèce du service exécuté, tous les marchés, conventions, etc., susceptibles de créer un droit au profit des fournisseurs ou entrepreneurs, ainsi que les mandats qui sont émis à leur profit.

Nulle réduction n'est opérée sur les factures, mémoires, etc.,<br>sans que les créanciers aient été entendus.

Art. 420. Nulle réduction, autre que les imputations de droit autorisées par la présente instruction, ne peut être opérée sur les factures ou dans les comptes sans que les parties aient été entendues.

Les feuilles de vérification, sur lesquelles les explications des créanciers auront été consignées, sont jointes, en original, aux états et rapports de liquidation, afin que le Ministre puisse toujours statuer lors de la revision, sans nouveau renvoi, sur des affaires complètement instruites.

Établissement des états de liquidation.

**Art. 421.** A l'expiration de chaque trimestre, les sous-intendants militaires établissent des états de liquidation distincts par branche de service et, dans chaque branche, par chapitre ou article du budget. Ils se conforment d'ailleurs aux indications ci-après relatives à la spécialité des états de liquidation :

1° PERSONNEL D'EXPLOITATION.

1 état de liquidation des frais d'exploitation pour le service des vivres,
1    —   —   pour le service des fourrages.

2° MATÉRIEL D'EXPLOITATION.

*Achats de matériel figurant dans la comptabilité matières.*

Service des vivres :

1 état de liquidation pour les achats et cessions (blés, farines, riz, sel, sucre, etc.);

Service de la viande fraîche et des conserves :

1 état de liquidation pour les achats de viande fraîche, conserves de viande et salaisons et paiement des droits d'octroi.

Service des fourrages :

1 état de liquidation pour les achats et cessions (foin, paille, avoine, etc).

*Dépenses justifiées en deniers seulement.*

Service des vivres :

1 état de liquidation pour les dépenses de fournitures à la ration (intérieur).
1 état de liquidation pour les approvisionnements laissés en fin de marché (intérieur);
1 état de liquidation pour les dépenses de fournitures à la ration (Algérie);
1 état de liquidation pour les approvisionnements laissés en fin de marché (Algérie);
1 état de liquidation pour les dépenses diverses et frais d'exploitation (entrepreneurs, officiers gestionnaires).

Service des fourrages :

1 état de liquidation pour les dépenses de fournitures à la ration;
1 état de liquidation pour les approvisionnements laissés en fin de marché;
1 état de liquidation pour les dépenses diverses et frais d'exploitation (entrepreneurs, officiers gestionnaires).

Service du chauffage et de l'éclairage :

1 état de liquidation pour les dépenses diverses et frais d'exploitation (entrepreneurs, officiers gestionnaires).
1 état de liquidation pour les achats et cessions et pour le remboursement des avances faites par les corps de troupe.

Chaque état de liquidation est appuyé des factures, mémoires, bordereaux trimestriels et autres pièces justificatives des dépenses.

Liquidation des factures dont le solde n'a pas été mandaté avant la clôture de l'exercice.

Art. 422. Dans le cas où le solde d'une fourniture n'a pu être mandaté à la date du 31 mars de la deuxième année de l'exercice, par suite de la production tardive de la facture, le sous-intendant militaire établit néanmoins, au plus tard à cette date, d'après les pièces justificatives en sa possession, l'état de liquidation comprenant la totalité de la fourniture effectuée, laissant au directeur de l'intendance d'abord, et au Ministre en dernier lieu, le soin de statuer sur la déchéance encourue par le fournisseur (1). Si toutes les pièces justificatives de la fourniture ne sont pas parvenues au sous-intendant militaire, l'état de liquidation est arrêté au montant des paiements effectués. Le solde de la dépense est liquidé ultérieurement, s'il y a lieu, au titre des exercices clos (dépenses non comprises dans le compte définitif).

Dans le cas d'imputations donnant lieu à des réductions sur le montant des créances, la dépense totale résultant du droit constaté est liquidée.

Les payements d'acomptes sont intégralement liquidés.

Envoi des états de liquidation au directeur de l'intendance.

Art. 423. Les sous-intendants militaires liquidateurs adressent, en principe, au directeur de l'intendance, pour le 20 du mois qui suit le trimestre expiré, les états de liquidation accompagnés des pièces justificatives.

Toutefois, en raison du délai accordé aux entrepreneurs de fournitures à la ration pour le dépôt de leurs factures, les états de liquidation de fournitures à la ration peuvent n'être produits que dans la deuxième quinzaine du deuxième mois qui suit le trimestre. Il en est de même pour les états de liquidation afférents aux manœuvres.

---

(1) En Algérie et en Tunisie, les fonctionnaires de l'intendance sont autorisés, à partir du 1er février de la deuxième année de l'exercice, à mandater le montant des factures frappées de déchéance afférentes à cet exercice, lorsque les fournisseurs présentent un motif d'excuse réellement valable.

Il est rendu compte au Ministre des ordonnancements faits dans ces conditions.

## § 2. — *Centralisation des états de liquidation.*

#### Etablissement des rapports de liquidation.

**Art. 424.** A l'aide des états de liquidation qui lui sont adressés par les sous-intendants militaires, le directeur de l'intendance établit, suivant les distinctions indiquées à l'article 421, des rapports de liquidation trimestriels embrassant l'ensemble des ... penses de chaque catégorie.

#### Transmission des rapports de liquidation au Ministre.

**Art. 425.** Les rapports de liquidation sont envoyés au Ministre avant la fin du deuxième mois qui suit le trimestre expiré.

Ce délai est augmenté d'un mois, en ce qui concerne les fournitures à la ration et les dépenses relatives aux manœuvres.

Les bordereaux d'envoi sont distincts par service et par chapitre.

#### Dispositions spéciales à l'Algérie et à la Tunisie.

**Art. 426.** Les délais qui précèdent sont augmentés d'un mois en ce qui concerne les états et les rapports de liquidation de l'Algérie et de la Tunisie.

### § 3. — *Revision ministérielle.*

#### La liquidation n'est définitive qu'après la revision ministérielle.

**Art. 427.** Le Ministre statue sur les différents rapports qui lui sont soumis après vérification par les soins de l'administration centrale. Ce travail de vérification et de revision constitue la liquidation définitive, sans laquelle aucune dépense n'est admise à la charge de l'État.

#### Avis aux créanciers des redressements opérés par le Ministre.

**Art. 428.** Avant d'arrêter définitivement le montant d'une dépense, le Ministre fait donner connaissance au créancier des modifications dont sa créance est jugée susceptible, afin qu'il puisse en apprécier le résultat et produire, le cas échéant, de nouvelles justifications. Il est accordé, à cet effet, un délai dont la durée est fixée en raison de la nature des explications que le créancier peut avoir à fournir; mais, dans aucun cas, ce délai ne peut excéder trois mois. Le délai expiré, si le créancier n'a point fait d'objection contre les observations dont il a eu connaissance, il est passé outre à la liquidation définitive de la créance.

### Recours au Conseil d'Etat contre une décision ministérielle.

Art. 429. Toute décision du Ministre portant liquidation d'une créance, ou statuant sur une réclamation du ressort de la juridiction administrative, devient définitive si elle n'est pas déférée au conseil d'Etat dans la forme déterminée par le décret du 22 juillet 1806 et dans le délai de trois mois à partir de la notification de ladite décision.

### Erreurs matérielles, faux, etc., réformés par le Ministre.

Art. 430. Nonobstant les dispositions de l'article précédent, les décisions du Ministre portant liquidation d'une créance peuvent être réformées par lui, dans le même délai, soit dans l'intérêt de l'Etat, soit dans celui des créanciers, pour cause d'erreurs matérielles, de faux ou doubles emplois.

Lorsqu'il y a lieu à réclamation pour les causes ci-dessus, le délai de recours au conseil d'Etat court du jour de la notification de la décision intervenue sur ladite réclamation.

### Mode de notification des décisions ministérielles réduisant le montant des créances.

Art. 431. La notification des décisions ministérielles est faite par lettres accompagnées, s'il y a lieu, des feuilles de rectification ou autres documents nécessaires pour donner, aux parties intéressées, connaissance des causes des modifications, réductions ou rejets dont les créances ont été l'objet ; cette notification est constatée par un récépissé signé par la partie intéressée, son fondé de pouvoirs ou ses ayants cause.

### Pièces rejetées.

Art. 432. Toute pièce justificative de dépense rejetée intégralement de la comptabilité, est frappée d'un timbre de rejet, et rendue au créancier.

## SECTION IV.

### COMPARAISON DES ORDONNANCEMENTS ET DES DÉPENSES.

---

### Comptes comparatifs des ordonnancements et des dépenses établis par les sous-intendants militaires.

Art. 433. Chaque année, les sous-intendants militaires établissent par branche de service et, dans chaque branche, par chapitre du budget un compte comparatif des ordonnancements et des dépenses modèle n° 33.

Ce compte présente la totalité des dépenses liquidées, lors même qu'aucun paiement n'aurait été effectué aux créanciers. Il comprend les mandats payés qui ont été émis depuis l'ouverture de l'exercice jusqu'au 31 mars de la seconde année dudit exercice.

Les noms des créanciers sont inscrits sur ce document par ordre alphabétique, en adoptant, au préalable, pour chaque service le classement général indiqué à l'art. 421.

Les totaux sont faits par catégories de dépenses. A la suite de chaque catégorie, on inscrit les états de liquidation qui y correspondent; les totaux doivent être les mêmes que ceux résultant de l'inscription détaillée des titres de créance, compte tenu des mandats dont le montant n'a pas été encaissé par les intéressés avant la clôture de l'exercice.

Les totaux afférents à chaque catégorie sont rappelés dans une récapitulation afin d'obtenir le montant des mandats payés et celui des sommes admises en liquidation.

Envoi du compte comparatif au directeur de l'intendance.

Art. 434. Les comptes comparatifs sont adressés, en double expédition, au directeur de l'intendance dans la première quinzaine du mois qui suit la clôture des paiements de l'exercice.

Compte général comparatif des ordonnancements et des dépenses établi par le directeur de l'intendance.

Art. 435. A l'aide des comptes comparatifs qui sont produits par les sous-intendants militaires, le directeur de l'intendance établit le compte général comparatif des ordonnancements et des dépenses (modèle n° 34).

Les résultats des comptes comparatifs sont inscrits sur le compte général par catégories de dépenses, puis totalisés. A la suite de ce résultat sont présentés les totaux des rapports de liquidation afférents aux mêmes dépenses.

Dans une récapitulation, ces divers totaux par catégories de dépenses sont rappelés, afin d'obtenir le montant des mandats payés et celui des sommes dont la liquidation a été proposée par le directeur de l'intendance.

Envoi au Ministre du compte général comparatif.

Art. 436. Le compte général comparatif des ordonnancements et des dépenses, accompagné d'une expédition des comptes comparatifs des sous-intendants militaires, est envoyé au Ministre dans la deuxième quinzaine du mois qui suit la clôture des paiements de l'exercice. L'autre expédition des comptes comparatifs est conservée dans les archives du directeur de l'intendance.

## SECTION V.

### CORRÉLATION ENTRE LA COMPTABILITÉ EN DENIERS ET LA COMPTABILITÉ EN MATIÈRES.

*État par gestion de la valeur du matériel entré à charge de payement.*

**Art. 437. Les officiers d'administration gestionnaires établissent par branche de service un état (modèle n° 35) présentant pour chaque numéro sommaire de la nomenclature la valeur du matériel entré à charge de payement (achats et cessions).**

Cet état est adressé au sous-intendant militaire qui, après l'avoir vérifié, le fait parvenir au directeur de l'intendance pour le 15 avril de l'année qui suit celle du compte de gestion dans lequel le matériel a été pris en charge.

*État général du matériel entré à charge de payement dans les diverses gestions de la région de corps d'armée.*

**Art. 438.** Le directeur de l'intendance présente dans un état général (modèle n° 36) la valeur du matériel entré à charge de payement dans les différentes gestions de la région de corps d'armée. Un compte spécial est ouvert, par numéro sommaire, à chaque denrée ou matière ; les combustibles, les issues, les matériaux divers employés aux confections et réparations, les objets mobiliers ne forment qu'un seul compte récapitulatif où les dépenses seules sont inscrites d'après la récapitulation qui termine les états produits par les officiers d'administration gestionnaires.

Les comptes ouverts par nature de denrée font ressortir, pour chaque gestion, en quantités et en deniers, l'importance des achats et des cessions, ainsi que l'exercice et la section du budget qui doivent supporter la dépense. Les totaux obtenus pour chaque denrée, matière, etc., et pour l'ensemble des objets mobiliers sont reportés au tableau de corrélation de l'état récapitulatif où l'on rapproche les résultats de la comptabilité-matières de ceux de la comptabilité-deniers. La comparaison porte sur la valeur du matériel acquis avec les crédits ouverts au titre de l'exercice dont le compte de gestion porte le millésime.

Après avoir inscrit les achats payés sur les crédits de cet exercice d'après les écritures de la comptabilité-matières, on reproduit les mêmes renseignements puisés dans les rapports de liquidation. Les totaux accusés par l'ensemble des rapports de liquidation, compte tenu des achats du matériel payé ou pris en charge dans d'autres régions, doivent être en concordance absolue avec les résultats de la comptabilité-matières.

S'il y a des différences, il convient de les rechercher, afin d'arriver à une corrélation parfaite entre la comptabilité en deniers et la comptabilité en matières.

Envoi au Ministre de l'état général et des états par gestion du matériel entré à charge de payement.

**Art. 439.** L'état général de la valeur du matériel entré à charge de payement dans les divers établissements de la région de corps d'armée est adressé au Ministre le 30 avril de chaque année. Il est accompagné des états produits par les officiers d'administration gestionnaires.

## SECTION VI.
### COMPTABILITÉ DES DÉPENSES ENGAGÉES.

Renseignements à fournir.

**Art. 440.** La comptabilité des dépenses engagées a pour objet de renseigner l'administration centrale de la guerre sur les dépenses engagées et sur celles restant à engager au titre de l'exercice budgétaire en cours.

Elle est tenue distinctement par les corps de troupe et établissements considérés comme tels, les officiers d'administration gestionnaires, les sous-intendants militaires et les directeurs de l'intendance, conformément aux prescriptions de l'instruction du 17 juillet 1899.

# CHAPITRE II.
## COMPTABILITÉ EN MATIÈRES.

## SECTION I.
### DISPOSITIONS GÉNÉRALES.

Comptabilité spéciale par branche de service.

**Art. 441.** La comptabilité-matières du service des subsistances militaires est distincte par branche de service :

Vivres,
Fourrages,
Chauffage et éclairage.

Elle est régie par le règlement sur la comptabilité des matières, par l'instruction portant application dudit règlement et par les dispositions du présent chapitre.

### Nomenclature du matériel.

**Art. 442.** La nomenclature est la base de la comptabilité en matières.

Le matériel du service des subsistances militaires est dénommé et classé dans une nomenclature commune aux trois branches de ce service.

### Matériel non prévu dans la nomenclature.

**Art. 443.** Le matériel non prévu dans la nomenclature ne peut être introduit dans le service qu'après autorisation ministérielle.

A cet effet, les officiers d'administration gestionnaires établissent, au 31 décembre de chaque année, un état du matériel non prévu dans la nomenclature (modèle n° 37). Dans le but de faciliter l'établissement dudit état, les objets et le matériel non prévus dans la nomenclature sont classés à la gauche de la minute du compte de gestion dans l'ordre suivant :

Matériel au nombre,
— au mètre cube,
— au mètre carré,
— au mètre courant,
— au kilogramme.

Après vérification par le sous-intendant militaire, l'état ci-dessus visé est adressé au directeur de l'intendance.

### Etat récapitulatif du matériel non prévu dans la nomenclature.

**Art. 444.** Les états produits par les officiers d'administration gestionnaires sont résumés, par les soins du directeur de l'intendance, dans un état récapitulatif (même modèle n° 37) comprenant tout le matériel non prévu dans la nomenclature reçu dans les établissements de la région. Cet état est adressé au Ministre en double expédition.

### Décision du Ministre. — Notification aux intéressés.

**Art. 445.** Le Ministre, après avoir statué sur les propositions soumises par le directeur de l'intendance, renvoie une expédition de l'état récapitulatif revêtue de sa décision.

Le directeur de l'intendance notifie aux officiers d'administration gestionnaires intéressés la décision du Ministre reproduite sur les états par place établis par eux et dont il leur est fait renvoi.

Prix du matériel. — Tarifs annuels de remboursement.

Art. 446. La nomenclature indique les prix à assigner aux matières et objets qui y sont dénommés.

Toutefois, le Ministre détermine, chaque année, les prix qui doivent servir de base au décompte du matériel :

Perçu en trop par les diverses parties prenantes individuelles ou collectives ;

Distribué à titre onéreux ;

Cédé à divers ;

Imputé aux officiers d'administration gestionnaires ;

Imputé aux divers entrepreneurs du département de la guerre.

## SECTION II.

### MATÉRIEL QUI NE DOIT PAS ÊTRE COMPRIS DANS LES COMPTES EN MATIÈRES.

Matériel non compris dans les comptes-matières.

Art. 447. Ne sont pas compris dans les comptes en matières :

1° Les objets quelconques attachés au fonds à perpétuelle demeure ;

2° Les objets qui font partie intégrante des bâtiments ;

3° Les machines fixes ;

4° Les matières et objets de consommation courante qui ne forment pas un approvisionnement constant et déterminé à l'avance, soit par le Ministre, soit par le directeur de l'intendance.

Matières et objets de consommation courante.

Art. 448. Sont considérés comme objets et matières de consommation courante, les fournitures de bureau, plumeaux, balais, brosses, allumettes, huile, graisse, chiffons, clous, ficelles, papier, paille d'emballage, plombs pour sceller les sacs et les colis, toile d'emballage, ingrédients divers pour l'entretien du matériel.

Registre des matières et objets de consommation courante. .

Art. 449. Chaque officier d'administration gestionnaire tient un registre des matières et objets de consommation courante (modèle n° 38).

Il inscrit aux entrées, les matières achetées et celles reçues à un titre quelconque ; aux sorties les quantités qui sont remises aux chefs d'atelier, aux surveillants de la fabrication du pain, des moutures, etc., ou qui sont employées à l'entretien du matériel.

À la fin de chaque trimestre, les entrées et les sorties sont balancées de manière à faire ressortir l'existant en magasin.

Les chefs d'ateliers, les surveillants de la fabrication du pain, etc., inscrivent respectivement les matières et objets qu'ils ont reçus sur des carnets-inventaires dont la tenue est prescrite par l'article 462.

### Relevé décompté des matières et objets de consommation courante.

Art. 450. En fin d'année, il est établi un relevé décompté des matières et objets de consommation courante (modèle n° 39). Ce document est mis à l'appui du bordereau trimestriel (frais d'exploitation), lequel doit être annexé à la liquidation afférente au 4° trimestre.

## SECTION III.
### ÉCRITURES RELATIVES AUX RÉCEPTIONS PROVENANT D'ACHATS.

---

### Justification des entrées de matériel provenant d'achats.

Art. 451. Les entrées de matériel provenant d'achats par marchés ou sur convention verbale sont justifiées dans la forme prescrite par le règlement sur la comptabilité-matières et par l'instruction portant application dudit règlement.

## SECTION IV.
### ÉCRITURES RELATIVES AUX TRANSFORMATIONS, CONFECTIONS ET RÉPARATIONS.

---

### Pièces justificatives.

Art. 452. Toute opération de fabrication, de confection, de transformation, exécutée par les soins des officiers d'administration gestionnaires, donne lieu trimestriellement, ou en fin d'opération, à une entrée et à une sortie réelles justifiées par des certificats administratifs.

La pièce d'entrée doit relater le numéro de la pièce de sortie correspondante et réciproquement.

### Registres auxiliaires.

Toute opération de réparation ayant nécessité l'emploi de matières ou objets compris dans les comptes-matières est justifiée par un certificat administratif de sortie.

Art. 453. Les résultats journaliers ou périodiques des fabrications, confections, transformations, réparations, etc., sont inscrits sur des registres auxiliaires, qui permettent d'établir à tout instant la situation véritable des approvisionnements.

Ces registres sont arrêtés mensuellement par l'officier d'administration gestionnaire et vérifiés par le sous-intendant militaire. Une récapitulation trimestrielle de ces arrêtés fournit les éléments des certificats administratifs visés à l'article précédent.

Les matières employées aux transformations diverses et les produits obtenus sont inscrits mensuellement à la main courante.

#### Nomenclature des registres auxiliaires.

Art. 454. Le nombre et la nature des registres auxiliaires varient selon l'importance des établissements.

Les principaux registres auxiliaires sont :

Le registre des moutures,

Le registre de fabrication du pain et du pain de guerre,

Le registre de torréfaction du café vert,

Le registre d'entrée et de sortie des bestiaux,

Le registre des abats,

Le registre des mélanges de farines,

Le registre de pressage du foin et de la paille,

Le carnet-inventaire permanent du chef d'atelier,

Le registre des commandes et autorisations de confections,

Le registre des matériaux, matières et objets employés aux confections et réparations et figurant dans les comptes-matières,

Le carnet de confections et de réparations du chef d'atelier,

Le registre des confections et des réparations.

#### Registre des moutures.

Art. 455. Qu'elles soient exécutées par voie d'entreprise ou en gestion directe, les opérations relatives aux moutures sont inscrites sur un registre (modèle n° 40). Ce registre présente, d'une part, les denrées mises en mouture : blés, pain de guerre, riz, etc., les récipients contenant les denrées, le taux des déchets cumulés de nettoyage, de mouture et de blutage, le poids spécifique des blés; d'autre part, il fait ressortir les produits et issues résultant des moutures : farine, gruaux, fleurage, son, criblures, etc.

Quand les moutures s'exécutent par voie de gestion directe dans des usines qui emploient la vapeur comme force motrice, le registre indique les quantités et la nature des combustibles consommés, ainsi que les résidus de la combustion.

Dans les arrêtés mensuels et trimestriels du registre des moutures, l'équivalence des produits ou issues et des matières premières est toujours établie pour déterminer les quantités à porter en sortie, soit à la main courante, soit au compte de gestion.

### Registre de fabrication du pain.

Art. 456. Le registre de fabrication (modèle n° 41) sert à l'inscription des mouvements de matières auxquels donne lieu la fabrication du pain ordinaire ou biscuité et celle du pain de guerre ou autres produits analogues.

Il indique, d'une part, les quantités de chacune des denrées et matières employées à la fabrication : farine panifiable, sel, fleurage, ainsi que les combustibles ayant servi au chauffage des fours et à l'éclairage de la boulangerie (bois, charbon, huile, etc.), et, d'autre part, les produits et issues de fabrication : pain, cendres, braises, issues diverses.

Les mouvements sont enregistrés dans deux sections distinctes, l'une pour le pain ordinaire ou biscuité, l'autre pour le pain de guerre et les produits analogues.

### Registre de torréfaction du café vert.

Art. 457. Le registre de torréfaction du café vert (modèle n° 42) reçoit l'inscription des quantités de café vert soumises à la torréfaction, des combustibles employés et des produits obtenus (café torréfié, cendres, braises, etc.).

Après torréfaction, le café est pesé, non seulement le jour même de l'opération, mais aussi le lendemain, après que la denrée, en se refroidissant, a absorbé une certaine quantité de l'humidité ambiante.

On porte les résultats de ces pesées dans les colonnes correspondantes du registre de torréfaction ; le déchet définitif à inscrire et les quantités à porter en entrée dans les comptes sont ceux qui résultent des pesées du deuxième jour.

### Registre d'entrées et de sorties des bestiaux

Art. 458. Lorsque la viande fraîche est distribuée aux troupes par les soins de la gestion directe, les officiers d'administration gestionnaires tiennent le registre des entrées et des sorties de bestiaux (modèle n° 43).

Sur ce registre, qui présente les mouvements journaliers du parc, les bœufs, vaches, taureaux et veaux sont inscrits séparément, sous une lettre de série et sous un numéro d'ordre, en nombre et en poids.

Les moutons figurent en bloc sous une lettre de série.

### Registre des abats.

Art. 459. Le registre des abats (modèl, n° 44) indique le nombre et l'espèce des animaux livrés aux abats : il rappelle le poids brut à la réception inscrit sur le registre d'entrées et de sorties ; il mentionne également le poids brut constaté au moment de l'abat ; il fait connaître enfin les quantités de viande distribuable obtenues ainsi que les divers produits ou issues fournis par le sacrifice du bétail.

Les différences que fait ressortir la comparaison entre le poids brut de réception et le poids constaté au moment de l'abat donnent lieu à une inscription, soit aux entrées, soit aux sorties du compte de gestion, selon qu'il y a excédent ou déficit ; elles sont régularisées dans la forme prescrite pour la justification des déchets et des bonis.

Les certificats administratifs justifiant les sorties du bétail livré aux abats doivent mentionner le poids brut constaté au moment du sacrifice et non le poids brut de réception.

### Registre des mélanges de farine.

Art. 460. Avant panification, les diverses essences de farine et les gruaux à utiliser sont mélangés dans les proportions fixées par le directeur de l'intendance : ce mélange donne la farine panifiable, dont il est fait emploi dans les travaux de boulangerie et qui figure dans les écritures relatives à la fabrication du pain ordinaire ou biscuité.

Les produits divers entrant dans le mélange, et la farine panifiable obtenue par ce mélange sont présentés sur un registre modèle n° 45. Les quantités inscrites sur ce registre sont totalisées mensuellement en vue des inscriptions à faire à la main courante. Elles sont récapitulées en fin de trimestre, et cette récapitulation fournit les éléments des certificats administratifs à établir pour porter en sortie les farines et gruaux versés au mélange et pour prendre en charge la farine panifiable.

### Registre de pressage du foin et de la paille.

Art. 461. Le registre de pressage du foin et de la paille (modèle n° 46) présente, d'une part, les quantités de denrées soumises au pressage, et, d'autre part, celles obtenues après l'opération, ainsi que les issues et les déchets occasionnés par cette manipulation. Il est arrêté mensuellement et les totaux mensuels sont récapitulés en fin de trimestre. La récapitulation donne les quantités à inscrire sur les certificats administratifs d'entrée et de sortie, qui appuient les inscriptions faites aux journaux et aux comptes de gestion.

### Carnet-inventaire permanent du chef d'atelier.

Art. 462. Le carnet-inventaire permanent du chef d'atelier (modèle n° 47) reçoit l'inscription :

1° Des outils et des objets mobiliers employés dans l'atelier ;

2° Des matières et matériaux figurant dans la comptabilité-matières remis au chef d'atelier ;

3° Des matières et objets de consommation courante (art. 449) ;

4° Du nombre d'heures de travail employées chaque jour aux confections et aux réparations.

Il fait également connaître la valeur des outils et objets mobiliers usés dans le service.

La tenue du carnet-inventaire n'est obligatoire que dans les services où les matières et objets de consommation forment approvisionnement et dans tous les services pour suivre l'emploi des denrées et matières employées à la fabrication du pain et du pain de guerre. Dans tous les autres cas, la tenue est facultative, elle est prescrite par le sous-intendant militaire si l'importance du service l'exige.

### Registre des commandes et des autorisations de confections, réparations et transformations.

Art. 463. Ce registre (modèle n° 48) reçoit l'inscription des commandes ministérielles et des autorisations accordées par le sous-intendant militaire en vue des confections, réparations et transformations d'une certaine importance. Un numéro d'ordre est donné à chaque commande ou autorisation.

### Registre des matériaux et matières figurant dans la comptabilité-matières, remis aux chefs de chantier ou d'atelier.

Art. 464. Les matériaux et matières nécessaires à l'exécution des travaux de confection, réparations et transformations, sont inscrits par le gestionnaire, au fur et à mesure de leur remise aux chefs de chantier ou d'atelier, sur le registre (modèle n° 49).

### Carnet du chef d'atelier.

Art. 465. Le chef d'atelier ouvre, sur un carnet (modèle n° 50), une case par chaque nature de travaux à exécuter. Il indique, pour chacun d'eux, les dates d'exécution, le nombre de journées et d'heures de travail, ainsi que les matières et objets employés.

### Registre des confections, réparations et transformations.

Art. 466. Au moyen des indications fournies par le carnet du chef d'atelier, le gestionnaire tient le registre des confections, réparations et transformations (modèle n° 51), mentionnant les objets confectionnés, réparés ou transformés, les dépenses de main-d'œuvre, les quantités et la valeur des matières et objets employés, et enfin le prix de revient.

On inscrit distinctement, sur ce registre, les matières dont le gestionnaire fait sortie dans les comptes-matières, et celles dont il justifie seulement dans les comptes-deniers.

Pour les objets mobiliers qui sont confectionnés fréquemment, on peut ouvrir un compte spécial pour chaque objet.

En fin de trimestre, le gestionnaire récapitule, par numéro de la nomenclature détaillée, les objets mobiliers confectionnés ou réparés, les matières et objets employés aux confections, aux réparations et aux transformations.

Les résultats obtenus permettent d'établir les certificats administratifs prescrits par l'article 50 § XX de l'instruction du 23 décembre 1888, et, d'autre part, de faire sortie, sur le registre des matériaux et matières livrés à l'atelier, des matériaux et matières qui ont été employés pendant le trimestre.

## SECTION V.

### OPÉRATIONS DIVERSES.

#### § 1er. — *Versements entre gestionnaires d'un même service.*

##### Pièces justificatives.

Art. 467. Les versements d'un magasin sur un autre sont justifiés par des factures d'expédition inscrites, avant l'accusé de réception, à la main courante et au journal des sorties de l'expéd'eur.

##### Renseignements spéciaux à porter sur les factures.

Art. 468. Les factures de livraison ou d'expédition de conserves diverses, de pain de guerre, et, en général, de tous produits dont la conservation est garantie pendant un certain délai par les fournisseurs, doivent mentionner :

1° La provenance de la denrée ;
2° Le nom du fournisseur ;
3° La date du marché ;
4° L'époque et le lieu de réception primitive ;
5° La durée du délai de garantie ;
6° Le prix de l'unité.

Les renseignements ci-après sont également donnés :
Pour les farines : l'ancienneté de mouture ;
Pour les petits vivres : l'ancienneté de récolte ;
Pour les liquides : la richesse alcoolique.

##### Prise en charge du matériel expédié. Manquants, déchets, avaries, etc.

Art. 469. On se conforme pour la prise en charge du matériel expédié, la constatation et la régularisation des manquants, déchets et avaries, etc., aux dispositions du règlement sur la comptabilité des matières.

En vue de la corrélation qui doit exister entre les mouvements d'ordre sur l'ensemble des gestions, les gestionnaires doivent faire figurer au compte de gestion « entrées d'ordre » tout le matériel qui leur est expédié par un autre gestionnaire, même celui qui, en raison de sa nature et de sa destination, doit être définitivement inscrit au registre des matières et objets de consommation courante. Le passage à ce registre des dits objets et matières donne lieu ensuite à une « sortie réelle » qui est justifiée par un certificat administratif.

### § 2. — Remises d'issues à des adjudicataires.

#### Pièces justificatives.

Art. 470. Les issues remises aux adjudicataires sont justifiées par des factures de livraison décomptées.

### § 3. — Consommations intérieures.

#### Nature des consommations intérieures.

Art. 471. Les consommations intérieures comprennent les denrées ou matières employées comme échantillons, distribuées à titre gratuit aux ouvriers boulangers, employées à la dégustation par les officiers de visite, utilisées à la préparation de la saumure, à la confection des colis, etc.

#### Pièces justificatives.

Art. 472. Les sorties résultant des consommations intérieures sont justifiées par des certificats administratifs établis trimestriellement.

### § 4. — Déclassements et changements d'état.

#### Nature des opérations.

Art. 473. Les déclassements et changements d'état résultent des opérations ci-après :

Paille alimentaire convertie en paille de couverture ;

Formation ou décomposition d'unités collectives ;

Matériel changé de numéro de classification ou de dénomination ;

Matériel classé hors de service.

Pièces justificatives.

**Art. 474.** Les déclassements sont constatés par des certificats administratifs d'entrées et de sorties.

La pièce d'entrée rappelle la classification ancienne du matériel, et la pièce de sortie indique la classification nouvelle.

### § 5. — *Excédents, bonis, déchets, pertes, déficits, avaries.*

Déchets, pertes, avaries, déficits, excédents, bonis.

**Art. 475.** Les procès-verbaux rapportés à l'effet de constater des pertes, des avaries, des excédents, des bonis, etc., sont adressés en double expédition, au fur et à mesure de leur établissement, au directeur de l'intendance, qui statue à bref délai sur les conclusions de ces actes et en renvoie une expédition, revêtue de sa décision, au sous-intendant qui la notifie à l'intéressé.

Toutefois, comme certains déchets, tels que les déchets d'ouillage des liquides, les déchets de criblage des grains, les déchets de manutention des fourrages, les avaries de conserves diverses, etc., ne peuvent être convenablement appréciés au moment où ils sont signalés, on procède pour la constatation de ces sortes de déchets comme il est indiqué ci-après :

#### I. — DÉCHETS D'OUILLAGE DES LIQUIDES.

Le 1ᵉʳ janvier de chaque année, il est ouvert un procès-verbal de continuité sur lequel sont inscrites les quantités de liquides employées au fur et à mesure des opérations d'ouillage. Ce procès-verbal est clos en fin d'année ou de gestion. Il fait ressortir les qualités moyennes de liquides conservées en magasin, celles employées aux ouillages et le taux moyen annuel du déchet. Le sous-intendant militaire fait connaître, sur ce document, son appréciation sur les déchets constatés et l'adresse au directeur de l'intendance qui statue.

#### II. — DÉCHETS DE CRIBLAGE DES GRAINS, DE MANUTENTION DES FOURRAGES.

Pour la constatation des déchets de criblage des grains et des déchets de manutention, il est ouvert des procès-verbaux de continuité trimestriels. Ces procès-verbaux font ressortir :

L'importance des quantités de grains soumises au criblage avant distribution ou éventuellement pour en assurer la conservation ;

L'importance des quantités de foin et de paille manutentionnées ;

Les quantités de criblures, de graines de foin, de résidus de foin et de paille recueillies ;

La décomposition de ces résidus en issues vénales et en issues sans valeur ;

Enfin, le taux moyen des déchets par quintal de chaque espèce de grains, de foin et de paille.

### III. — DÉFICITS OU EXCÉDENTS SUR LES MEULES DE FOIN OU DE PAILLE.

Lors de l'épuisement d'une meule, un procès-verbal est dressé pour constater les différences en plus ou en moins que la consommation de la denrée a pu faire connaître. Ce document rappelle également, pour ordre, les déchets, avaries ou déficits constatés depuis la date de la construction de la meule, et fait connaître le taux des déchets ainsi que la quantité et la nature des résidus recueillis ; il donne en même temps tous les renseignements de nature à éclairer l'administration sur les soins qui ont été apportés à l'édification et à la conservation des meules dont l'épuisement est constaté.

### IV. — AVARIES DE CONSERVES DIVERSES.

Les avaries reconnues dans les approvisionnements de conserves de viande, de potages condensés et autres produits analogues, font également l'objet de procès-verbaux trimestriels de continuité. Ces documents indiquent, outre les quantités avariées :

La provenance de la denrée ;
Le lieu et l'époque de la réception primitive ;
La durée du délai de garantie ;
La date du marché ;
Le nom du fournisseur ;
Le prix de l'unité ;
L'ancienneté de fabrication.

#### Pièces justificatives des excédents et des déficits ou avaries.

Art. 476. Les excédents de toute nature et les bonis sont justifiés, dans les comptes-matières, par des certificats administratifs rappelant, s'il y a lieu, la date du procès-verbal rapporté par le sous-intendant militaire.

Les pertes, déchets et avaries sont justifiés par des extraits de procès-verbaux.

#### Etablissement des états par place, des déchets, pertes, avaries, excédents et bonis.

Art. 477. Lorsque le directeur de l'intendance a statué sur les conclusions des procès-verbaux qui lui sont soumis, les officiers d'administration gestionnaires inscrivent ces procès-verbaux sur un état par place, des déchets, etc. (modèle n° 52), dans l'ordre indiqué ci-après :

I. Déchets, pertes, avaries à la charge de l'État.
- Déchets de conservation, d'évaporation et de dessiccation ;
- Déchets de manutention et de criblage ;
- Pertes, avaries et déficits divers ;

II. Pertes, avaries, déficits, etc., imputés ;

III. Excédents et bonis.

Les procès-verbaux concernant les denrées appartenant à l'administration et confiées aux entrepreneurs de fournitures à la ration sont inscrits distinctement sur ledit état.

Les déchets, pertes, avaries, etc., sont récapitulés à la gauche de l'état par place, de manière à présenter, à la fin de chaque trimestre, les résultats de la gestion du service depuis le commencement de l'année.

Du 1er au 5 du premier mois qui suit le trimestre, les officiers d'administration gestionnaires envoient les « états par place » au fonctionnaire de l'intendance chargé de la surveillance administrative de l'établissement ; ces documents sont transmis au directeur de l'intendance qui les récapitule dans un rapport trimestriel (modèle n° 53) faisant ressortir, pour sa région territoriale et par nature de denrées, matières, etc., les déchets, pertes et excédents constatés ainsi que les taux moyens des déchets et des pertes.

Ce document, sur lequel le directeur de l'intendance rappelle sommairement les motifs de ses décisions, est adressé au Ministre du 15 au 20 du premier mois qui suit le trimestre, accompagné des états par place et d'une expédition des procès-verbaux.

### § 6. — *Dépôts et prêts de matériel.*

Dispositions concernant les entrepreneurs de fournitures à la ration et les corps de troupe.

Art. 478. Le matériel (denrées, matières et objets mobiliers) du service des subsistances militaires qui est remis, par un officier d'administration gestionnaire de ce service, aux entrepreneurs de fournitures de vivres et de fourrages à la ration, soit à titre de réserve à conserver à la disposition de l'État, soit pour être distribué, transformé ou manutentionné, continue à figurer dans la comptabilité-matières dudit gestionnaire.

Il en est de même des denrées, matières et objets mobiliers qui sont confiés, à titre de dépôt, aux corps de troupe ou détachements, ainsi que des chevaux, harnais, voitures, etc., mis à la disposition des corps de troupe pour le transport des denrées, de l'eau ou pour la mise en œuvre des appareils élévatoires d'eau.

Le sous-intendant militaire s'assure que ce matériel n'est pas employé à un autre usage que celui pour lequel il est destiné.

Les prêts et dépôts de cette nature sont considérés comme des annexes du magasin géré par l'officier d'administration gestionnaire et il leur est ouvert un compte spécial sur le registre des comptes courants en matières (art. 491).

*Justification des mouvements auxquels donne lieu le matériel.*

Art. 479. Le matériel prêté ou mis en dépôt dans les conditions de l'article précédent fait l'objet de factures de livraison ou d'expédition, selon le cas, destinées à constater les versements entre la place principale et chacune des annexes. Ces factures sont établies pour ordre et dans le but de justifier les inscriptions faites aux registres auxiliaires.

Les denrées transformées ou distribuées par les entrepreneurs sont inscrites dans les comptes de la gestion au moyen de certificats administratifs et de factures, suivant les prescriptions générales de la comptabilité-matières.

Les consommations faites par les corps de troupe sur les denrées dont ils sont dépositaires sont régularisées au moyen de bons de distribution, établis dans la forme ordinaire, qu'ils remettent à l'officier d'administration gestionnaire.

Les excédents, pertes, déchets, avaries, etc., sont constatés et régularisés comme l'indique la section V § 5 du présent chapitre.

Toutes les pièces justificatives des mouvements subis par le matériel confié aux entrepreneurs et aux corps de troupe sont adressées sans retard à l'officier d'aministration gestionnaire intéressé, afin qu'il puisse tenir ses écritures constamment à jour.

Le matériel emporté par un corps qui change de garnison fait l'objet d'une sortie d'ordre dans les écritures de l'officier d'administration gestionnaire qui l'avait remis à titre de dépôt. Ce matériel est pris en charge par l'officier d'administration gestionnaire de la place dont la nouvelle garnison est considérée comme une annexe ; il continue à être en dépôt dans ledit corps.

*Matériel prêté à des services où il existe des comptables du matériel.*

Art. 480. Quand le matériel est prêté à des services du ministère de la guerre où il existe des comptables du matériel, il forme une gestion spéciale et nécessite la tenue et la production d'un compte de gestion établi au titre du service qui a consenti le prêt.

En ce cas, la livraison du matériel au service emprunteur est constatée par des factures et régularisée comme un versement entre gestionnaires d'un même service.

### Matériel prêté à d'autres ministères, à des services où il n'existe pas de comptables du matériel, etc.

Art. 481. Le matériel prêté à d'autres ministères, à des services où il n'existe pas de comptables du matériel, à des particuliers ou à des communes, etc., est porté en sortie dans les comptes du service prêteur au moyen de factures portant prise en charge et reconnaissance de la valeur du matériel par l'emprunteur.

### Écritures auxquelles donnent lieu ces prêts de matériel.

Art. 482. Les écritures auxquelles donnent lieu les prêts de matériel consentis à des personnes ou à des services et établissements étrangers au ministère de la guerre sont fixées par le règlement et l'instruction sur la comptabilité des matières.

## § 7. — *Vente et destruction du matériel réformé.*

### Vente du matériel réformé.

Art. 483. Le matériel réformé dont on ne peut tirer aucun parti pour le service est remis à l'administration des domaines, pour être vendu au profit du Trésor.

La sortie de ce matériel doit être effectuée avant le 31 décembre; elle est justifiée par un extrait de procès-verbal de vente. Le matériel réformé peut être porté en sortie, comme remis au domaine, sans passer préalablement au chapitre du matériel hors de service.

### Destruction du matériel réformé.

Art. 484. Lorsque le matériel réformé ne possède aucune valeur vénale, sa destruction est constatée par un procès-verbal du sous-intendant militaire. La sortie inscrite dans les comptes-matières est justifiée par un extrait de procès-verbal.

## § 8. — *Remises et reprises de service.*

### Régularisation des remises et des reprises de service.

Art. 485. La remise et la reprise d'une gestion sont régularisées dans les formes prescrites par le règlement et l'instruction sur la comptabilité des matières.

Pour l'Algérie et la Tunisie, il est rendu compte à bref délai par les directeurs de l'intendance dans un état (modèle n° 80) des mutations survenues parmi les officiers d'administration gestionnaires du service des subsistances (Vivres et Fourrages).

Cet état, indiquant la situation de ces gestionnaires sous le rapport des cautionnements, est adressé au Ministre sous le timbre de la 5° Direction (2° Bureau, Vivres).

## SECTION VI.

### REGISTRES A TENIR.

#### Division générale des registres.

Art. 486. Dans chaque gestion et pour chaque branche de service, il est tenu :

1° Des registres généraux qui présentent l'ensemble des opérations réalisées ;

2° Des registres auxiliaires qui sont affectés à des catégories spéciales d'opérations.

Tous les registres sont cotés et paraphés par le sous-intendant militaire.

Les registres qui ne sont pas établis sur des formules imprimées fournies par l'administration centrale sont à la charge des officiers d'administration gestionnaires.

Tous les registres sont la propriété du service et font partie des archives.

### § 1er. — *Registres généraux.*

#### Nomenclature des registres généraux.

Art. 487. Les registres généraux sont :

Le registre-journal des entrées ;
Le registre-journal des sorties ;
Le compte de gestion.

On se conforme pour la tenue de ces registres aux dispositions du règlement et de l'instruction sur la comptabilité-matières.

### § 2. — *Registres auxiliaires.*

#### Nomenclature des registres auxiliaires.

Art. 488. Le nombre des registres auxiliaires à tenir dans chaque gestion varie selon la nature et les nécessités du service. Les principaux sont :

### 1° Réserve de guerre.

Le carnet des fixations de la réserve de guerre; le catalogue des décisions modifiant la réserve de guerre (instruction sur la comptabilité des matières, art. 1 et 6).

### 2° Matériel non compris dans les comptes de gestion.

Le registre matricule des machines (instruction sur la comptabilité des matières, art. 1 et 6);
Le registre des matières et objets de consommation courantes (art. 449 de la présente instruction).

### 3° Achats et réceptions.

Le registre des récépissés provisoires; le registre des récépissés comptables (instruction sur la comptabilité des matières, art. 50).

### 4° Transformations de toute nature. — Réparations.

Le registre des moutures (art. 455 de la présente instruction);
Le registre des mélanges de farines (art. 460);
Le registre de fabrication du pain (art. 456);
Le registre de torréfaction du café vert (art. 457);
Le registre des abats (art. 459);
Le registre de pressage du foin et de la paille (art. 461);
Le carnet-inventaire permanent du chef d'atelier (art. 462);
Le registre des commandes et autorisations de confections (art. 463);
Le registre des matériaux, matières et objets employés aux confections et réparations (art. 464);
Le carnet de confections et de réparations de chef d'atelier (art. 465);
Le registre des confections et des réparations (art. 466).

### 5° Distributions.

Le registre de visite des denrées mises en distribution (art. 92 de la présente instruction);
Le registre des observations critiques (art. 93);
Le registre des distributions (art. 544);
Le registre à souche des versements en deniers effectués pour fournitures remboursables (art. 533).

### 6° Expéditions.

Le registre des matériaux d'emballage (art. 493 de la présente instruction);
Le registre du matériel en transit (art. 492);
Le livret à souche des bulletins d'expédition (transports intérieurs) (art. 121);
Le registre H des expéditions mises en mouvement ou arrivées à destination (art. 16 de l'instruction du 28 mai 1895 — application du traité du 15 juillet 1891 relatif aux transports du matériel de la guerre).

### 7° Constatation des existants.

La main courante (art. 489 de la présente instruction);
Le registre d'inventaire permanent (art. 490);
Le registre des comptes courants en matières avec les gérants d'annexes (art. 491);
Le registre d'entrées et de sorties de bestiaux (art. 458);
Le registre du matériel prêté (règlement sur la comptabilité-matières (art. 60);
Le registre des unités collectives incomplètes (instruction sur la comptabilité-matières (art. 2).

On se conforme, pour la tenue de ces divers registres, soit aux dispositions de la présente instruction, soit aux règles posées par le règlement et l'instruction sur la comptabilité-matières.

### Main courante.

Art. 489. Les inscriptions sont faites sur la main courante (modèle n° 55) par nature de denrées ou de matériel, ce qui permet de totaliser le registre et d'établir rapidement la situation des existants en magasin. On n'y porte que les entrées et sorties affectant l'actif de la gestion.

En ce qui concerne les livraisons des fournisseurs, on mentionne, en un seul article, toutes les quantités reçues, dans la journée, du même livrancier, à moins qu'elles ne soient livrées en vertu de marchés différents. On désigne nominativement chaque fournisseur et on rappelle la date du marché.

L'inscription des quantités expédiées se fait au fur et à mesure des envois, sans attendre l'accusé de réception du destinataire.

La main courante est divisée en trois parties : la première pour les entrées, la deuxième pour les sorties et la troisième pour la récapitulation mensuelle.

Lorsque la variété des denrées et objets dont on suit les mouvements à la main courante l'exige, il est ouvert deux registres pour le service des vivres : le premier a pour objet les blés, les farines, le pain de guerre et autres produits analogues, ainsi que les récipients ; le second est spécial aux conserves, salaisons, petits vivres et liquides. Autant que possible, il est préférable de ne pas établir cette division en deux volumes qui complique les écritures.

### Registre d'inventaire permanent.

Art. 490. Le registre d'inventaire permanent (modèle n° 56) a pour but d'établir comment sont répartis les approvisionnements entre les divers locaux et emplacements d'une même place.

A cet effet, un compte est ouvert par magasin ou subdivision de magasin, meule, silo, hangar ou travée de hangar ; on y inscrit, jour par jour, les entrées et les sorties de toute nature.

Le premier article de chaque compte est la reproduction de l'arrêté du compte correspondant au 31 décembre ou à la reprise de service, en cas de mutation du titulaire de la gestion.

Les entrées et les sorties sont totalisées par l'officier d'administration gestionnaire, le dernier jour de chaque mois. On déduit les totaux des sorties de ceux des entrées et les quantités restantes forment le premier article du mois suivant.

Le registre d'inventaire permanent est annuel; il comprend :

Pour les vivres : les blés, les farines, le pain de guerre, les combustibles, les conserves diverses, les salaisons, les petits vivres et les liquides;

Pour les fourrages : le foin, la paille, l'avoine, l'orge, la farine d'orge, le son, etc.;

Pour le chauffage et l'éclairage : le bois, le charbon, l'huile, les bougies.

### Registre des comptes courants en matières avec les gérants d'annexe.

Art. 491. Le registre des comptes courants en matières avec les gérants d'annexe (modèle n° 57) est destiné à présenter les mouvements d'entrées et de sorties qui affectent les ressources de chaque annexe, et à faire ressortir, dans une récapitulation générale, l'ensemble des approvisionnements existant dans les différentes annexes de la gestion.

Un compte, indiquant les entrées et les sorties, est ouvert à chaque annexe et arrêté mensuellement par la balance des entrées et des sorties.

Les versements de denrées ou d'objets mobiliers effectués entre la place principale et les annexes sont justifiés, dans les écritures intérieures, par des factures de livraison ou d'expédition.

Tout gérant d'annexe adresse, en fin de mois, à l'officier d'administration gestionnaire dont il dépend une situation récapitulative des mouvements d'entrées et de sorties inscrits à la main courante.

### Registre du matériel en transit.

Art. 492. Le registre du matériel en transit (modèle n° 58) est divisé en deux parties : Réceptions et réexpéditions.

La première partie donne des renseignements sur la date de la réception des colis, leur provenance, la voie par laquelle ils sont arrivés, le nombre, le cube et le poids brut, l'état dans lequel ils se trouvent au moment de leur arrivée, la désignation des corps, magasins auxquels ils sont destinés; le détail des colis (nature, nombre, numéros et marques, poids) et leur contenance sommaire.

La deuxième partie mentionne la date et le numéro de la réexpédition des colis, la désignation des corps, magasins ou autres, auxquels les colis ont été réexpédiées ou remis, la voie par laquelle les colis sont réexpédiés, leur nombre, leur cube et leur poids, et enfin la désignation des corps, magasins ou autres destinataires.

### Registre des matériaux d'emballage.

Art. 493. Il est tenu, dans chaque gestion, un registre des matériaux d'emballage, servant à l'inscription des matériaux employés à la confection des colis expédiés et de ceux provenant de la démolition des colis reçus par l'officier d'administration gestionnaire (modèle n° 59).

Le registre présente distinctement les matériaux compris dans les comptes de gestion et ceux qui font partie des objets de consommation courante.

Aux entrées figurent les matériaux produits par la démolition des colis de toute provenance et classés suivant leur état (bons ou hors de service).

Aux sorties sont inscrites les quantités de matériaux employées à la confection des colis et portées au verso des factures d'expédition.

Le registre est totalisé et balancé en fin de trimestre. Les résultats de la balance sont, en ce qui concerne les matières comprises dans le compte de gestion, reportés sur des certificats administratifs d'entrée ou de sortie, suivant le cas, qui justifient l'inscription au compte de gestion.

En ce qui a trait aux matériaux classés parmi les objets de consommation courante, les résultats de la balance sont inscrits au registre spécial prévu à l'article 449.

### § 3. — Registres à tenir dans les annexes.

### Nomenclature des registres.

Art. 494. Les officiers d'administration gérants d'annexe tiennent les registres suivants :

Registres-journaux d'entrées et de sorties ;
Compte de gestion ;
Main courante ;
Registre d'inventaire permanent (1).

Suivant l'importance et l'objet du service de l'annexe, il peut être nécessaire de tenir tout ou partie des registres suivants :

Registre des récépissés provisoires ;
Registre des récépissés comptables ;
Registre de fabrication, de torréfaction, etc. ;
Registre des distributions ;
Registre des matières et objets de consommation courante ;

---

(1) Le registre d'inventaire permanent tenu dans les annexes est émargé par les officiers chargés de la visite desdites annexes.

Registre des comptes courants en matières avec les corps ;
Registre des matériaux d'emballage ;
Livret à souche des bulletins d'expédition (transports intérieurs),
Et tous autres registres dont l'utilité est reconnue.

Le compte de gestion tenu par les gérants d'annexes n'est qu'un registre auxiliaire permettant au gérant et au contrôle local de se rendre compte du matériel existant. Établi en simple expédition et arrêté en fin d'année ou à chaque mutation de gérant, ce document est conservé dans les archives de l'annexe.

Toutes les pièces justificatives d'entrée et de sortie sont adressées mensuellement, par le gérant d'annexe, à l'officier d'administration gestionnaire de l'établissement principal, qui en passe immédiatement écriture dans ses comptes et qui demeure chargé de centraliser toutes les opérations de l'annexe.

Les gérants d'annexes, autres que les officiers d'administration, tiennent simplement un registre d'entrées et de sorties qui peut être établi sur les formules de la main courante.

## SECTION VII.

### Compte rendu général de l'exécution du service. — Prix de revient.

Art 495. Au moyen des renseignements fournis par les registres et carnets dont la tenue est prescrite par la présente instruction, les officiers d'administration gestionnaires établissent, pour le service qui leur est confié, un compte rendu général de l'exécution du service (modèle n° 60, vivres ; n° 61, fourrages) qui fait ressortir le prix de revient et permet de constater si la gestion a été bonne et économique, et de comparer les prix de revient de la gestion directe avec ceux de l'entreprise.

Le compte rendu comprend, pour chaque nature de travaux exécutés, non seulement les dépenses de matières premières et les frais de main-d'œuvre, mais aussi les frais généraux de l'établissement, c'est-à-dire les dépenses en personnel et en matières en dehors de toute production.

Les frais généraux se divisent, quant au point de vue de l'imputation de la dépense, en frais généraux payés sur les crédits du service intéressé (prime de travail ou salaire du concierge de l'établissement, nourriture des chats et des chiens, éclairage des cours et corridors, etc.) et en frais généraux imputés sur les crédits d'autres services (solde et indemnités de l'officier d'administration gestionnaire, solde des officiers d'administration adjoints, dépenses d'entretien des ouvriers militaires employés aux services généraux, réparations aux bâtiments militaires).

La valeur des résidus et issues provenant des transformations vient en déduction des frais généraux.

La répartition des frais généraux est faite, proportionnellement au nombre de journées de travail employées dans chacune des parties du service.

Les confections et réparations exécutées par les ateliers d'ouvriers d'art donnent lieu à l'établissement d'un compte rendu spécial (modèle n° 62).

Etat récapitulatif des prix de revient des produits<br/>de fabrication et de transformation, etc.

**Art. 496.** A l'aide des comptes rendus, le directeur de l'intendance établit un état récapitulatif (modèles n° 63 pour le service des vivres et n° 64 pour le service des fourrages) des prix de revient des farines, du pain, du pain de guerre, du café torréfié, etc. Ce document, accompagné des comptes rendus généraux, est envoyé au Ministre avec les comptes de gestion.

## SECTION VIII.

### PIÈCES PÉRIODIQUES.

---

Principales pièces périodiques à produire.

**Art. 497.** Les principales pièces périodiques à produire sont indiquées dans l'annexe n° 10 jointe à la présente instruction.

# CHAPITRE III.

## COMPTABILITÉ DES DISTRIBUTIONS ET DES CESSIONS.

---

Division.

**Art. 498.** Les opérations de comptabilité et d'écritures diffèrent selon qu'il s'agit :

1° De distributions faites à titre gratuit ;
2° De distributions faites à charge de remboursement ;
3° De cessions.

## SECTION I.

### DISTRIBUTIONS A TITRE GRATUIT.

---

§ 1er. — *Militaires en station.*

---

#### Établissement et signature des bons partiels.

Art. 499. Les distributions à titre gratuit ont lieu sur la remise à l'officier d'administration gestionnaire ou à l'entrepreneur de bons partiels, modèles nᵒˢ 65 (vivres) et 66 (fourrages), établis pour chaque distribution. Ces bons indiquent, en tête, l'arme ou le service auquel appartient la partie prenante, les nom, prénoms et qualité du signataire du bon, ainsi que l'effectif des présents au jour de la distribution.

Les bons partiels sont certifiés et signés, savoir :

1° Pour les corps entiers, par le capitaine trésorier ; ils sont, en outre, visés par le major ;

2° Pour les portions de corps où le trésorier et le major ne sont pas présents et où il y a un officier payeur, par ce dernier ; le visa est apposé par l'officier faisant fonctions de major ;

3° Pour les corps et les détachements où il n'y a ni major, ni trésorier, ni officier payeur, par l'officier ou le sous-officier qui commande ;

4° Pour les détachements de différents corps formant des corps provisoires, par chaque commandant de détachement ; ils sont visés par l'officier commandant ;

5° Pour les établissements pénitentiaires, ateliers de condamnés et pénitenciers militaires, par l'officier comptable de la justice militaire, ou par l'agent principal de la prison ;

6° Pour les parties prenantes isolées par chaque partie prenante ;

7° Pour les ordonnances, secrétaires, etc., par les officiers sans troupe ou employés militaires auxquels ils sont attachés. Ces bons indiquent lisiblement le nom de l'homme, le corps auquel il appartient, ainsi que les nom, grade ou position de la personne qui l'emploie. Ces bons sont portés dans des totalisations au titre des corps auxquels les hommes appartiennent ;

8° Pour les officiers généraux et les assimilés par un de leurs officiers d'ordonnance ou par un officier sous leurs ordres autorisé à cet effet. L'autorisation est présentée à l'officier d'administration gestionnaire ou à l'entrepreneur.

#### Denrées comprises sur les bons partiels.

**Art. 500.** Les bons partiels de vivres (modèle n° 65) comprennent toutes les rations à distribuer par un même gestionnaire ou entrepreneur. Toutefois, pour faciliter et accélérer les distributions, les sous-intendants militaires peuvent prescrire aux parties prenantes l'établissement de plusieurs bons partiels. Dans ce cas, ils indiquent les denrées à comprendre sur chaque bon.

Les bons partiels de fourrages (modèle n° 66) comprennent toutes les denrées qui composent la ration, en indiquant, par nature de denrées, le nombre de rations ou les quantités à distribuer.

#### Visa et enregistrement des bons partiels qui ne sont pas signés par un officier.

**Art. 501.** Quand, par suite de circonstances quelconques, les bons de distribution ne peuvent être signés par un officier, ils sont soumis au visa enregistré et daté du sous-intendant chargé du service des subsistances militaires. Ce fonctionnaire peut déléguer, à cet effet, un officier d'administration de son bureau.

Il en informe, par écrit, les officiers d'administration gestionnaires ou les entrepreneurs.

Le sous-intendant ne peut, dans aucun cas, se faire suppléer pour la signature des totalisations.

#### Rejet des bons partiels défectueux.

**Art. 502.** Lorsque l'enregistrement est prescrit, il est expressément interdit aux officiers d'administration gestionnaires et aux entrepreneurs d'acquitter aucun bon de distribution qui ne serait pas revêtu de la signature du sous-intendant ou de son délégué.

La même règle est applicable si les bons présentent des ratures ou des surcharges non approuvées, s'ils chevauchent sur plusieurs trimestres, s'ils comprennent plusieurs parties prenantes isolées, s'ils ne désignent pas avec précision les nom, prénoms et qualité du signataire du bon, le numéro ou le nom du corps ou le nom et la qualité de la partie prenante, et s'ils n'indiquent pas, en toutes lettres, le nombre de rations ou les quantités à distribuer.

Les bons irréguliers sont rejetés des comptes des officiers d'administration gestionnaires ou des entrepreneurs.

Tout bon devient nul s'il n'est présenté à la distribution dans les quatre jours de son établissement ou du visa du sous-intendant militaire, lorsque cette formalité est remplie.

#### Etablissement et signature des bons totaux.

**Art. 503.** Le premier jour de chaque trimestre, l'officier d'administration gestionnaire ou l'entrepreneur ouvre, par service, et pour chaque partie prenante participant aux distributions, un « Bon total » (modèle n° 68, vivres, et modèle n° 69, fourrages), sur lequel il inscrit les bons partiels au fur et à mesure que les distributions sont effectuées. Le dernier jour du trimestre ou la veille du départ d'un corps ou d'une partie prenante isolée, le gestionnaire ou l'entrepreneur arrête les bons totaux, les totalise et en certifie l'exactitude. Les entrepreneurs seuls établissent, en fin de trimestre, une expédition sommaire de chaque bon total, présentant l'ensemble des distributions effectuées.

Les bons totaux (en simple ou en double expédition selon le cas) sont alors adressés aux parties prenantes, qui, après les avoir vérifiés, donnent reçu, en toutes lettres, des denrées distribuées.

Ce reçu est signé, savoir :

Pour les corps, par les conseils d'administration centraux ou éventuels ;

Pour les détachements, par chaque chef de détachement ;

Pour les officiers sans troupe et autres parties prenantes isolées, par chaque partie prenante ou par les signataires autorisés des bons partiels ;

Pour les corps provisoires composés de plusieurs détachements, par chaque chef de détachement ;

Pour les établissements pénitentiaires, par les conseils d'administration ; pour les prisons, par l'agent principal ;

Les bons totaux sont envoyés à la signature des parties prenantes sans les bons partiels, qui peuvent être consultés dans les bureaux de l'officier gestionnaire ou de l'entrepreneur.

Lorsque les parties prenantes ne peuvent signer elles-mêmes, les bons totaux sont signés, d'office, par le sous-intendant militaire.

Dans ce cas, les bons partiels restent à l'appui du bon total détaillé.

#### Arrêté des totalisations et emploi des bons totaux et des bons partiels.

**Art. 504.** Les bons totaux sont soumis à la vérification et au visa enregistré du sous-intendant militaire.

Le sous-intendant renvoie ces pièces aux officiers d'administration gestionnaires ou aux entrepreneurs qui établissent les bordereaux de distribution prévus à l'article suivant.

Les bons partiels sont frappés d'un cachet d'annulation par le sous-intendant qui a vérifié les bons totaux, et sont conservés dans ses bureaux jusqu'à ce que les revues de liquidation du trimestre aient été définitivement vérifiées au ministère de la guerre.

Les bons totaux servent à établir le décompte de libération des parties prenantes ; ils sont adressés, dans ce but, aux sous-intendants chargés de la surveillance administrative.

L'expédition sommaire établie par les entrepreneurs est mise à l'appui du bordereau particulier.

### Établissement des bordereaux particuliers de distribution.

Art. 505. Les bons totaux sont récapitulés dans des bordereaux trimestriels (modèles n°° 70 et 71, vivres, et modèle n° 72, fourrages) établis par l'officier d'administration gestionnaire ou l'entrepreneur, par service et par arrondissement de magasin.

L'inscription des bons totaux sur les bordereaux a lieu par place et, pour chaque place, dans l'ordre indiqué par les règlements en vigueur.

Les bordereaux particuliers sont établis en simple expédition par les officiers d'administration gestionnaires, et en double expédition par les entrepreneurs.

Les entrepreneurs indiquent distinctement, sur leurs bordereaux, les denrées de l'entreprise et celles appartenant à l'administration qui ont été distribuées par leurs soins et dont les magasins sont, au point de vue des denrées qui leur sont confiées par l'administration, considérés comme des annexes de la place principale en gestion directe.

Les bordereaux des officiers d'administration gestionnaires portent une « récapitulation » qui comprend non seulement les denrées distribuées par la gestion directe, mais aussi les denrées du service des subsistances appartenant à l'État distribuées par les soins des entrepreneurs de fournitures à la ration.

Cette récapitulation est établie au moyen des bordereaux particuliers des entrepreneurs, qui sont communiqués à cet effet à l'officier d'administration gestionnaire.

A l'aide des résultats de cette récapitulation, l'officier d'administration gestionnaire établit la facture destinée à justifier dans la comptabilité-matières la sortie résultant des distributions effectuées pendant le trimestre tant par ses soins que par les entrepreneurs.

### Arrêté des bordereaux particuliers.

Art. 506. Les bordereaux particuliers, appuyés des bons totaux, sont vérifiés et arrêtés par le sous-intendant, qui certifie leur conformité aux bons quittancés par les parties prenantes.

Du 15 au 20 du deuxième mois qui suit le trimestre expiré, les bordereaux particuliers, ainsi que les ordres ou autorisations relatifs à des modifications dans la composition de la ration ou à des allocations exceptionnelles, sont envoyés au directeur de l'intendance pour servir à l'établissement des bordereaux généraux.

Ce délai est augmenté d'un mois en ce qui concerne l'Algérie et la Tunisie.

### Établissement des bordereaux généraux.

Art. 507. Les bordereaux généraux (modèles n° 73, vivres, et n° 74, fourrages) sont établis en une seule expédition par les directeurs de l'intendance. L'ordre adopté pour l'inscription des bordereaux particuliers est le suivant :

Bordereaux des officiers d'administration gestionnaires (résultats de la récapitulation) ;

Bordereaux des entrepreneurs (denrées appartenant à l'entreprise).

Des totaux distincts sont présentés pour les gestionnaires et les entrepreneurs. Aux résultats de chaque trimestre, on ajoute respectivement les totaux des trimestres précédents. De sorte que le bordereau général du 4ᵉ trimestre donne la totalité des denrées distribuées pendant l'année dans la région territoriale, ainsi que le nombre de rations distribuées à chacune des catégories de parties prenantes mentionnées sur le bordereau général.

Les bordereaux généraux sont adressés au Ministre (article 543) avec les pièces justificatives.

### Factures collectives de livraison.

Art. 508. Les sorties résultant des distributions de denrées, liquides, combustibles, etc., sont justifiées trimestriellement par une facture collective de livraison (modèle n° 84) appuyée des bordereaux de distribution.

La facture trimestrielle comprend à la fois les distributions assurées par la gestion directe, par l'entreprise et par les corps dépositaires de certains approvisionnements appartenant à l'État dont la mise en consommation aurait été ordonnée par leurs soins.

### § 2. — *Militaires en route.*

Art. 509. Les fournitures à faire aux troupes en marche sont assurées dans les conditions déterminées par les articles 82 et 387.

### Totalisation des fournitures.

**Art. 510.** Les fournitures assurées ou payées par les soins de l'administration militaire sont récapitulées trimestriellement sur des bons totaux distincts par partie prenante ; ces totalisations reçoivent la destination indiquée par les articles 504 et 505.

### § 3. — *Troupes voyageant en chemin de fer.*

#### Fournitures aux troupes voyageant en chemin de fer.

**Art. 511.** Les fournitures aux troupes voyageant en chemin de fer sont délivrées, au point de départ et en cours de route, sur la production de bons partiels semblables à ceux dont il est fait usage pour les perceptions en station.

Lorsque l'alimentation des troupes est assurée par les stations haltes-repas, les allocations et le mode de régularisation sont déterminés par l'instruction spéciale sur l'organisation et le fonctionnement des stations haltes-repas.

#### Distributions de paille pour litière et bottillons.

**Art. 512.** La distribution de paille pour litière et bottillons a lieu sur production de bons signés par les parties prenantes, rappelant l'effectif des chevaux, le nombre de selles à transporter, la nature du matériel, le poids des bottes et bottillons.

Le sous-intendant militaire vise les bons et certifie que les fournitures sont en rapport avec les besoins.

L'officier d'administration gestionnaire ou l'entrepreneur récapitule ces bons par trimestre dans un bordereau ayant pour titre : « Troupes voyageant en chemin de fer. »

Les bordereaux particuliers, accompagnés des bons, sont ensuite envoyés au directeur de l'intendance, qui les inscrit sur le bordereau général des distributions réglementaires.

### § 4. — *Militaires détenus.*

#### Fournitures de vivres aux militaires détenus.

**Art. 513.** A l'intérieur, les militaires détenus ou conduits par la gendarmerie ne reçoivent, des magasins militaires, que la ration de pain.

En Algérie, ils reçoivent les denrées dont la nature et la quotité sont déterminées par des règlements spéciaux.

Les distributions ont lieu sur la production de bons, distincts par ministère, signés par l'officier d'administration comptable de la justice militaire ou par l'agent principal de la prison.

### Etablissement des bons totaux.

Art. 514. Les fournitures faites aux détenus en station sont l'objet de bons totaux (modèle n° 76), établis distinctement pour les prisonniers des troupes de terre, pour ceux des troupes de la marine et pour les hommes traités militairement qui appartiennent à quelque autre ministère ou à une puissance étrangère.

Les totalisations sont signées soit par l'agent principal de la prison ou l'officier comptable de la justice militaire, soit d'office par le sous-intendant militaire.

### Emploi des bons totaux.

Art. 515. Les bons totaux sont inscrits sur le bordereau des distributions; il en est ensuite fait emploi dans le décompte de libération des parties prenantes.

Ces dispositions ne s'appliquent point aux détenus n'appartenant pas au ministère de la guerre.

### Détenus voyageant sous la conduite de la gendarmerie.

Art. 516. Lorsque des militaires détenus ou conduits par la gendarmerie doivent s'arrêter dans des localités où il n'existe pas de service des vivres en gestion directe ou à l'entreprise, la fourniture du pain est assurée par les soins de la gendarmerie et par l'intermédiaire de la municipalité.

Les fournitures sont payées dans les conditions prévues par l'article 387.

## § 5. — *Prisonniers de guerre.*

### Etablissement des bons partiels et des bons totaux.

Art. 517. Les distributions de vivres aux prisonniers de guerre ont lieu sur des bons signés par les commandants des dépôts, et suivant les bases d'allocation déterminées par les règlements en vigueur. Les bons partiels sont distincts par puissance.

Les bons totaux, établis également par puissance, sont certifiés par les commandants des dépôts; ces bons reçoivent la destination prescrite pour ceux des troupes françaises en station ou en marche.

## § 6. — *Consommations en mer.*

Nourriture des troupes à bord des bâtiments de l'État.

Art. 518. Lorsque des troupes de l'armée de terre sont embarquées sur des bâtiments de l'État, elles reçoivent du département de la marine, sauf remboursement par celui de la guerre, les vivres de bord pendant toute la durée de leur embarquement.

Toutefois, à défaut ou en cas d'insuffisance d'approvisionnements de la marine, il lui est cédé par le département de la guerre, à titre onéreux, pour la nourriture des troupes embarquées, des denrées en quantités proportionnées aux effectifs à nourrir et à la durée présumée des traversées.

Lorsque des chevaux sont embarqués sur des bâtiments de l'État, ils reçoivent à bord les fourrages nécessaires à leur nourriture.

Les agents de la marine assurent les distributions de ces denrées en mer et se font délivrer des reçus des parties prenantes.

Nourriture des troupes à bord des navires de commerce.

Art. 519. Les denrées mises éventuellement à bord des navires du commerce, pour la consommation en mer des troupes et des animaux embarqués, sont l'objet de deux factures (entrée et sortie) indiquant :

1° La place et le nom de l'officier d'administration gestionnaire qui fait la remise des denrées ;

2° Le nom, le grade et le corps du commandant du détachement ou de l'officier désigné par l'autorité militaire, si des détachements de plusieurs corps sont embarqués ;

3° Le lieu de débarquement.

Le commandant du détachement ou l'officier désigné prend charge, sur les factures, de la totalité des denrées embarquées ; il conserve la facture d'entrée et remet la facture de sortie à l'officier d'administration gestionnaire livrancier.

Mention est faite, sur la feuille de route, de la délivrance des denrées.

Débarquement, régularisation des denrées distribuées à bord.

Art. 520. L'officier dépositaire remet, appuyé des factures, à l'officier d'administration gestionnaire des subsistances du lieu de débarquement ou, à défaut, aux agents consulaires ou autorités locales, outre les denrées restées sans emploi et tous les récipients qui lui ont été confiés, un relevé comparatif (modèle n° 77) présentant :

1° Les quantités délivrées, soit au point de départ, soit dans les ports de ravitaillement ;

2° Le nombre de journées de nourriture ;

3° Le montant des consommations par corps ou par partie prenante isolée ;

4° Les denrées qui doivent rester disponibles.

L'officier d'administration réceptionnaire fait alors entrée dans sa comptabilité-matières de la totalité des denrées spécifiées sur les factures, et sortie, comme distribution aux troupes, des quantités consommées.

Les manquants, s'il en existe, sont portés en sortie dans les comptes, après avoir été constatés par un procès-verbal, rapporté par le sous-intendant militaire ou son suppléant, en présence et sous la responsabilité du commandant de détachement.

Les excédents sont également constatés par un procès-verbal.

L'officier d'administration gestionnaire établit ensuite, à l'aide du relevé modèle n° 77, un bon total, en simple expédition, au titre de chacun des corps auxquels appartiennent les troupes embarquées. Ces bons totaux, visés et enregistrés par le sous-intendant, reçoivent la même destination que ceux des troupes en station (art. 504).

## § 7. — *Distributions faites dans les lazarets.*

Nourriture des troupes dans les lazarets de la marine.

Art. 521. Dans les lazarets ressortissant au département de la marine, les fournitures en nature sont assurées et remboursées comme il est dit aux articles 518 et 539.

Nourriture des troupes dans les lazarets ordinaires.

Art. 522. Dans les autres lazarets, les fournitures sont justifiées au moyen de bons partiels et de bons totaux, établis au titre des corps et services auxquels appartiennent les passagers subissant la quarantaine.

Ces bons reçoivent la même destination que ceux des troupes en station (art 504).

## SECTION II.

DISTRIBUTIONS REMBOURSABLES.

### § 1ᵉʳ. — *Dispositions générales.*

Conditions générales dans lesquelles ont lieu les distributions remboursables.

**Art. 523.** Les distributions remboursables ont lieu soit en vertu de la décision du général gouverneur ou commandant de corps d'armée, soit en vertu de prescriptions réglementaires.

Ne sont pas assujetties à une autorisation préalable :

1° Les distributions de pain de soupe, de sucre et de café ;

2° Les distributions de fourrages pour les chevaux que les officiers possèdent en sus du complet réglementaire (1) et pour les chevaux conservés par les officiers généraux et assimilés du cadre de réserve ou retraités (2).

Les distributions subordonnées à la décision du général gouverneur ou commandant de corps d'armée ont pour cause le renouvellement périodique des approvisionnements arrivés au terme de leur durée de conservation.

En ce cas, le général gouverneur ou commandant de corps d'armée détermine, sur la proposition du directeur de l'intendance, l'importance et la durée des distributions. Avis en est donné aux parties prenantes par l'entremise des commandants d'armes.

Les officiers peuvent participer aux distributions remboursables.

**Art. 524.** Les officiers participent aux distributions remboursables, comme la troupe, dans toutes les places de gar-

---

(1) Les officiers des corps de troupes à cheval, les officiers d'infanterie et les officiers sans troupe qui doivent être montés, d'après les dispositions réglementaires en vigueur, sont autorisés à percevoir, sur le pied de paix, des rations de fourrages à charge de remboursement. Quel que soit le grade, ces perceptions ne sont faites que pour un seul cheval, appartenant en propre aux parties prenantes, en sus du complet réglementaire. Ce cheval doit avoir été préalablement immatriculé de la manière et dans les conditions prescrites par les règlements.

(2) Les officiers généraux du cadre de réserve ou retraités sont autorisés à percevoir, pour deux chevaux au plus, pendant la période de temps où ils restent à la disposition de l'autorité militaire, des rations de fourrages à titre remboursable.

Ces dispositions sont applicables aux intendants généraux et militaires ainsi qu'aux médecins inspecteurs généraux et aux médecins inspecteurs qui se trouvent dans les mêmes conditions.

nison où la nécessité en est reconnue par le général gouverneur ou commandant de corps d'armée, en raison de l'éloignement ou de l'insuffisance des ressources du centre d'approvisionnement commercial.

Dans les autres garnisons, le droit de prendre part aux distributions remboursables est subordonné à la double condition :

1° Que l'autorisation sera donnée par le Ministre ;

2° Qu'il existera dans les magasins des approvisionnements à mettre en consommation en raison de leur ancienneté de récolte ou de fabrication. Le Ministre détermine les limites dans lesquelles doivent se renfermer les distributions.

### Prix de remboursement.

Art. 525. Le Ministre fixe, chaque année, les prix qui doivent servir de base pour le décompte des fournitures délivrées à titre onéreux.

Les prix des denrées appartenant aux entrepreneurs sont ceux des marchés conclus par ces entrepreneurs avec le département de la guerre.

### Modes de payement des fournitures remboursables appartenant à l'État.

Art. 526. Les denrées du service des subsistances militaires distribuées à titre onéreux sont remboursées ainsi qu'il suit, savoir :

1° Par voie d'imputation dans les revues trimestrielles de liquidation, les distributions de vivres faites aux corps de troupe ;

2° Par voie de virements administratifs, les distributions de toute nature faites à des parties prenantes qui ne sont pas comprises dans l'effectif budgétaire de la guerre (1) ou qui relèvent d'autres Ministères (2) ;

3° Par voie de versements au Trésor, les distributions de fourrages et de chauffage faites aux corps de troupe, ainsi que les distributions de vivres, de fourrages et de chauffage effectuées aux officiers des corps de troupe ou sans troupe, aux assimilés et à toute partie prenante isolée de la guerre ou d'autres ministères (3).

---

(1) Chevaux des établissements de l'artillerie, des poudres et salpêtres ; bestiaux sur pied du service des vivres ; paille de couchage et de baraquement remboursable par le service de l'habillement et du campement, etc.

(2) Troupes de la marine stationnées à l'intérieur du territoire ; prisonniers escortés par la gendarmerie, etc.

(3) Ce même mode de remboursement est applicable aux denrées du service des subsistances militaires et aux matières de chauffage perçues, à titre onéreux, par les militaires de la gendarmerie.

Mode de remboursement des denrées appartenant aux entrepreneurs
distribuées à titre onéreux.

**Art. 527.** La valeur des distributions faites à titre onéreux
par les entrepreneurs, avec les denrées qui leur appartiennent, est versée par les parties prenantes entre leurs mains,
à l'exception des distributions dont le remboursement est
effectué par voie de virements administratifs (art. 532).

### § 2. — *Distributions dont le remboursement est opéré par voie d'imputation dans les revues de liquidation.*

#### Etablissement des bons partiels.

**Art. 528.** Les denrées du service des vivres, distribuées à
charge de remboursement, sont délivrées aux corps de troupe,
sur la production de bons partiels (modèle n° 78), non décomptés, établis sur du papier de couleur verte, rappelant les
dates des décisions qui en autorisent ou prescrivent la distribution.

#### Dates de l'établissement des bons partiels.

**Art. 529.** Les bons de vivres, par compagnie, escadron,
batterie, sont remis, à moins d'ordres contraires, la veille du
jour du prêt au trésorier ou à l'officier payeur qui établit un
bon pour le corps.

Chaque unité administrative opère sur le montant de la
feuille de prêt la diminution de la somme représentant sa
quote-part dans la valeur des denrées remboursables qui sont
perçues le jour du prêt.

Les corps de troupe ou détachements opèrent eux-mêmes
la déduction, sur les états de solde, de la valeur des vivres
perçus à charge de remboursement.

Les sommes provenant des déductions ainsi opérées sont imputées au débit du décompte de libération en deniers des revues de liquidation du service de la solde.

#### Déduction de l'état de solde de fin de mois du montant des vivres remboursables perçus pendant le mois.

**Art. 530.** Le bon concernant la période du 26 au dernier
jour du mois doit être produit au corps par les unités administratives de manière à permettre d'opérer, en temps utile,
sur les états de solde, la déduction des vivres remboursables.

Ce bon présente, au verso, la récapitulation des bons du
mois; la valeur des quantités totales distribuées est décomptée.

Si un corps ou un détachement quitte la garnison avant la fin du mois, le dernier bon touché est établi ou complété comme s'il était le dernier du mois. En cas de départ inopiné, la récapitulation et le décompte sont établis par l'officier d'administration gestionnaire ou l'entrepreneur et signés d'office par le sous-intendant militaire.

Aussitôt après la distribution du 26 de chaque mois, l'officier d'administration gestionnaire ou l'entrepreneur établit, au titre de chaque corps, un état (modèle n° 79) indiquant le montant du décompte porté au verso du bon produit à cette date, et il l'adresse, le jour même, au sous-intendant militaire. Ce dernier le transmet sans délai au fonctionnaire chargé de l'ordonnancement de la solde du corps ou de la portion de corps. Le sous-intendant militaire ordonnateur s'assure, avant d'ordonnancer l'état de solde du mois courant, s'il y a concordance entre la déduction faite sur l'état de solde du mois précédent et le montant de l'état modèle n° 79. Il prescrit, s'il y a lieu, les redressements nécessaires sur l'état de solde du mois courant.

### Inscription au décompte de libération des revues de liquidation de la valeur des vivres remboursables perçus pendant le trimestre.

Art. 591. Le bon produit le 26 du dernier mois de chaque trimestre est établi d'après le modèle n° 80. Il porte au verso les totaux des quantités de denrées perçues pendant les deux premiers mois et le relevé des bons du troisième. La valeur des quantités totales distribuées est décomptée, et le bon tient lieu de bon total trimestriel. Il sert à établir le bordereau particulier de l'officier d'administration gestionnaire ou de l'entrepreneur (art. 541, modèle n° 85).

Aussitôt après la vérification du bordereau des distributions, le sous-intendant militaire adresse le bon (modèle n° 80) à son collègue chargé de l'établissement de la revue de liquidation du corps que ce bon concerne. Ce dernier l'inscrit sur le registre des pièces d'imputation, il indique sur le talon le numéro d'enregistrement et la revue de liquidation sur laquelle le bon a été imputé, puis il renvoie ce talon au sous-intendant militaire chargé de la surveillance du magasin distributeur pour permettre de reporter cette indication sur le bordereau des distributions et de justifier ainsi du remboursement des denrées.

La libération des unités administratives envers le corps est établie à l'aide d'un état comparatif présentant, d'une part, leur crédit constaté par la feuille des journées et, d'autre part, leur débit, formé par l'imputation des sommes perçues pour prêt auxquelles il conviendra d'ajouter les sommes dues pour vivres remboursables.

La régularisation des fournitures remboursables est effectuée par les soins de l'administration centrale.

La valeur des vivres remboursables perçus par des détachements qui, en Algérie et en Tunisie, sont très éloignés du point où a lieu l'ordonnancement de la solde fait l'objet de versements au Trésor lorsque cette valeur n'a pu être déduite sur les états de solde du trimestre afférent aux perceptions.

### § 3. — *Distributions dont le remboursement est effectué par voie de virements administratifs.*

#### Etablissement des bons partiels et des bons totaux.

**Art. 532.** Les bons partiels produits pour les distributions dont le remboursement doit être poursuivi par l'administration centrale sont établis sur le modèle n° 78 (non décompté). Ils sont inscrits respectivement par les gestionnaires et les entrepreneurs, au fur et à mesure des distributions, sur un bon total (modèle n° 81) portant décompte de la valeur des denrées distribuées, d'après le taux de remboursement arrêté par le Ministre. Le bon total est établi en simple expédition, excepté pour les troupes de la marine, pour lesquelles deux expéditions (dont une sommaire) sont produites. L'expédition sommaire est mise à l'appui de la comptabilité des distributions ; l'expédition détaillée, accompagnée des bons partiels et d'un extrait décompté du bordereau général, est adressée directement au ministère de la marine par les soins du directeur de l'intendance.

Les bons partiels et les bons totaux sont signés et vérifiés comme les bons concernant les distributions faites à titre réglementaire (art. 499, 503 et 504).

Les bons totaux (modèle n° 76, art. 514) des militaires détenus ou conduits par la gendarmerie, appartenant à d'autres départements ministériels, sont décomptés.

Pour les distributions de paille de couchage et de baraquement, il est fait usage d'un état d'effectif (modèle n° 82).

Il est établi, pour la comptabilité-matières, une facture collective spéciale pour les distributions dont le remboursement est à poursuivre par l'administration centrale.

### § 4. — *Distributions dont le remboursement est effectué par voie de versements au Trésor.*

#### Etablissement des bons partiels et perception des denrées.

**Art. 533.** Les denrées sont délivrées sur la production de bons partiels (modèle n° 78) décomptés.

Le montant des bons est remis par les parties prenantes isolées (officiers sans troupe, assimilés ou toute autre partie prenante) au moment même de la distribution, dont la date est fixée par le commandement, à l'officier d'administration gestionnaire ou à l'entrepreneur qui délivre, en échange de l'argent qu'il reçoit, un reçu qui est extrait d'un registre à souche (modèle n° 83).

Ce registre doit être enfermé dans la caisse du distributeur avec les fonds dont il est responsable.

La valeur des denrées perçues par les officiers des corps de troupe est versée par les intéressés, au fur et à mesure de la production des bons, au trésorier, qui est chargé d'en remettre le montant au distributeur.

On procède de la même manière pour les distributions de denrées fourragères et de matières de chauffage et d'éclairage faites aux corps de troupe.

Dans les détachements, l'officier commandant opère comme il vient d'être dit pour le trésorier.

Le trésorier, l'officier payeur, ou l'officier commandant un détachement peut déléguer, sous sa responsabilité, un sous-officier pour verser dans la caisse du distributeur la valeur des denrées remboursables.

### Mode de remboursement lorsque le gestionnaire n'est pas officier.

Art. 534. Lorsque le gestionnaire n'est pas officier, les bons partiels ne sont pas décomptés, à l'exception de celui qui est établi pour la dernière période de chaque mois. Ce bon porte, au verso, la récapitulation décomptée des distributions faites pour le mois. Le montant du décompte est adressé par la partie prenante à l'officier d'administration gestionnaire dont relève l'annexe qui délivre un reçu (1).

Le directeur de l'intendance peut, lorsque les versements sont faibles, autoriser le gérant d'annexe à en recevoir le montant.

### Vérification trimestrielle des bons partiels. — Bon total.

Art. 535. Le dernier bon de chaque trimestre présente, au verso, la récapitulation des bons partiels du trimestre. Les quantités totales de denrées distribuées pendant le trimestre sont décomptées : le résultat obtenu est comparé au total des décomptes partiels et, s'il y a des rectifications à opérer, soit

(1) Dans les cas tout à fait exceptionnels où les parties prenantes ne pourraient se rendre sans nuire à leur propre service dans les bureaux de ce gestionnaire pour acquitter la valeur des denrées perçues à charge de remboursement, elles devront faire usage de mandats sur la poste à l'adresse de ce dernier ou de mandats sur le Trésor dans les places où réside un trésorier payeur général ou un receveur des finances.

en augmentation, soit en diminution, elles sont portées sur ce bon partiel. De cette manière, il y a concordance entre les versements et la valeur des denrées perçues pendant le trimestre. La récapitulation de ce bon partiel remplace le bon total et sert à établir le bordereau particulier (art. 541).

Si, ultérieurement au paiement du solde des fournitures d'un trimestre, des erreurs sont relevées, soit par le contrôle local, soit par le directeur de l'intendance, lors de l'établissement du bordereau général, soit par la vérification ministérielle, les parties prenantes restent responsables des sommes versées en moins. Celles versées en trop viennent en atténuation des versements à effectuer dans les trimestres subséquents d'un même exercice. Au quatrième trimestre, le trop versé final est remboursé à la partie prenante par le sous-intendant militaire ou le Ministre, si l'exercice est clos.

Dans le cas de départ, dans le courant d'un trimestre, d'un corps de troupe ou d'une partie prenante isolée, le dernier bon produit à l'officier gestionnaire ou à l'entrepreneur est établi comme le dernier bon d'un trimestre, c'est-à-dire qu'il porte récapitulation de toutes les perceptions faites depuis le premier jour du trimestre.

En cas de départ inopiné, le soin d'établir cette récapitulation incombe à l'officier gestionnaire ou à l'entrepreneur. Les sommes versées en moins font l'objet de versements complémentaires ; celles versées en plus sont restituées aux parties prenantes intéressées par mandat du sous-intendant militaire.

Versement au Trésor de la valeur des fournitures remboursables.

Art. 536. Du 5 au 10 du premier mois de chaque trimestre, les entrepreneurs, pour les denrées dont ils sont dépositaires, et les officiers d'administration gérants d'annexes envoient à l'officier d'administration gestionnaire dont ils relèvent le montant en mandats sur la poste ou en mandats sur le Trésor (dans les places où réside un trésorier-payeur général ou un receveur des finances) des denrées remboursables qu'ils ont distribuées pendant le trimestre précédent. Ils reçoivent, en échange, du gestionnaire, un reçu détaché du registre à souche mentionné à l'article 533.

Les entrepreneurs sont remboursés, sur leurs factures trimestrielles de fournitures à la ration, des avances qu'ils ont faites pour l'envoi au gestionnaire du montant des fournitures remboursables distribuées par eux, lorsque cet envoi a lieu par les soins de la poste.

Du 10 au 15 du premier mois de chaque trimestre, l'officier d'administration gestionnaire de la place principale effectue le versement au Trésor de la valeur des denrées distribuées pendant le trimestre précédent, soit par ses soins, soit par ceux des entrepreneurs et de ses gérants d'annexe.

A cet effet, le sous-intendant militaire chargé de la surveillance administrative de l'établissement adresse au gestionnaire un ordre de versement, après vérification préalable du registre à souche.

Une déclaration de versement demeure annexée au registre à souche précité, sur lequel on doit d'ailleurs mentionner la date et le numéro du récépissé délivré par l'agent du Trésor.

## SECTION III.
### DES CESSIONS.

#### Dispositions générales.

**Art. 537.** Sous l'autorisation du Ministre, les denrées et les matières du service des subsistances peuvent être distribuées ou cédées à titre onéreux à d'autres services de la guerre et à d'autres ministères.

Exceptionnellement, des cessions peuvent être faites à titre gratuit en vertu d'une décision spéciale.

#### Justification des cessions.

**Art. 538.** Les cessions faites par le service des subsistances militaires sont justifiées par des factures (modèle n° 84) portant décompte de la somme à rembourser. Ce décompte est établi d'après les prix fixés par le Ministre ou, à défaut, d'après les prix de la nomenclature. Les factures sont revêtues de la prise en charge du service réceptionnaire et mentionnent le mode de remboursement du matériel cédé.

Une copie de la facture de sortie est jointe au bordereau énumératif d'envoi des récépissés de versement au Trésor (modèle n° 326 de la nomenclature). Voir tableau des pièces périodiques (annexe n° 10) (1).

#### Mode de remboursement des cessions.

**Art. 539.** Le remboursement des cessions entre les divers services de la guerre s'opère au moyen d'états de changements d'imputation, par les soins de l'administration centrale.

Le remboursement des cessions faites par des services étrangers ou à des services étrangers a lieu par ordonnance de virement de comptes.

---

(1) Lorsque la cession est faite au service des subsistances, une copie de la facture d'entrée est mise à l'appui du bordereau trimestriel qui doit accompagner le rapport de liquidation.

Le remboursement des cessions faites à des corps de troupe ou à des parties prenantes isolées est effectué par voie de versements au Trésor.

Dispositions spéciales à l'Algérie et à la Tunisie.

Art. 540. Les cessions réciproques que se font les divers services de la guerre en Algérie et en Tunisie sont remboursées par voie de versements au Trésor.

Ces versements sont effectués, pour les cessions faites aux services des vivres, des fourrages et du chauffage, par les officiers d'administration gestionnaires des subsistances au moyen des avances qu'ils reçoivent au titre des frais d'exploitation.

Les cessions faites par le service des subsistances aux autres services sont l'objet de mandats de remboursement délivrés par les ordonnateurs secondaires (fonctionnaires de l'intendance, directeurs de l'artillerie, du service de santé, etc.) sur les fonds du service débiteur, et de récépissés de versement.

Les récépissés sont adressés au Ministre, qui en fait rétablir le montant au crédit du service livrancier.

SECTION IV.

BORDEREAUX DES DISTRIBUTIONS REMBOURSABLES ET DES CESSIONS.

———

Établissement des bordereaux particuliers des distributions et cessions remboursables.

Art. 541. Les bons totaux et les factures de cessions sont récapitulés par place dans des bordereaux particuliers (modèle n° 85) portant décompte des fournitures, dans l'ordre indiqué ci-après :

I. — DISTRIBUTIONS REMBOURSABLES.

1° Fournitures remboursées :
  Par voie d'imputation dans les revues de liquidation ;
  Par voie de versements au Trésor ;
2° Fournitures à rembourser par virements administratifs.

II. — CESSIONS.

1° Fournitures remboursées par voie de versements au Trésor ;
2° Fournitures à rembourser par virements administratifs.

Les bordereaux particuliers des officiers d'administration gestionnaires portent une récapitulation qui comprend les denrées de l'administration distribuées par la gestion directe et par l'entreprise, ainsi que l'importance des versements effectués au Trésor.

Pour les distributions de paille de couchage et de baraquement, les états d'effectifs sont compris sur des bordereaux spéciaux (modèle n° 86).

Les bordereaux sont vérifiés et arrêtés par les sous-intendants militaires comme les bordereaux des distributions des troupes en station (art. 506); ils sont adressés, en même temps que ceux-ci, au directeur de l'intendance.

### Établissement des bordereaux généraux des distributions.

Art. 542. Les bordereaux généraux (modèle n° 87) sont établis en une seule expédition par le directeur de l'intendance au moyen des bordereaux particuliers.

L'ordre adopté pour l'inscription des bordereaux particuliers sur les bordereaux généraux est le même que celui qui est suivi pour l'établissement des bordereaux particuliers.

Un extrait décompté du bordereau général des distributions remboursables et des cessions est adressé au ministère de la marine dans les conditions indiquées à l'article 532.

### Envoi au Ministre de la comptabilité des distributions.

Art. 543. Les bordereaux généraux (distributions réglementaires et remboursables) sont adressés au Ministre, accompagnés des bordereaux particuliers, avant la fin du deuxième mois qui suit le trimestre expiré.

Ce délai est augmenté d'un mois en ce qui concerne l'Algérie et la Tunisie.

## SECTION V.
### REGISTRE DES DISTRIBUTIONS.

#### Objet et division du registre des distributions.

Art. 544. Le registre des distributions (modèle n° 88) reçoit l'inscription des pièces sur la production desquelles les denrées ont été distribuées, au fur et à mesure que les opérations ont lieu.

Il est divisé en autant de parties que le comporte la classification des distributions.

Le registre est totalisé à la fin de chaque mois; les résultats de cet arrêté sont inscrits mensuellement à la main courante, et trimestriellement au registre-journal des sorties et au compte de gestion, après vérification de la concordance du registre avec les bordereaux particuliers de distribution.

Les inscriptions au journal et au compte de gestion sont appuyées de factures collectives de livraison reproduisant les mêmes quantités que le registre des distributions et les bordereaux particuliers.

## TITRE IX.

### DISPOSITIONS DIVERSES.

#### Réglementation relative aux manœuvres.

Art. 545. En manœuvres, les dispositions de l'instruction sur le service des subsistances en campagne sont applicables, sauf en ce qui concerne l'établissement des comptabilités-deniers et matières ainsi que la liquidation des dépenses qui s'effectuent par les soins des gestionnaires et des fonctionnaires de l'intendance selon les règles tracées pour le temps de paix par la présente instruction.

En outre, le remboursement de la valeur des denrées distribuées à titre onéreux pendant les manœuvres est effectué conformément aux dispositions des articles 526 et suivants de la présente instruction.

#### Abrogation des dispositions antérieures.

Art. 546. Toutes les dispositions antérieures à la présente instruction sur le service des subsistances militaires en temps de paix sont et demeurent abrogées.

Paris, le 14 juin 1900.

*Le Ministre de la guerre,*

Gal L. ANDRÉ.

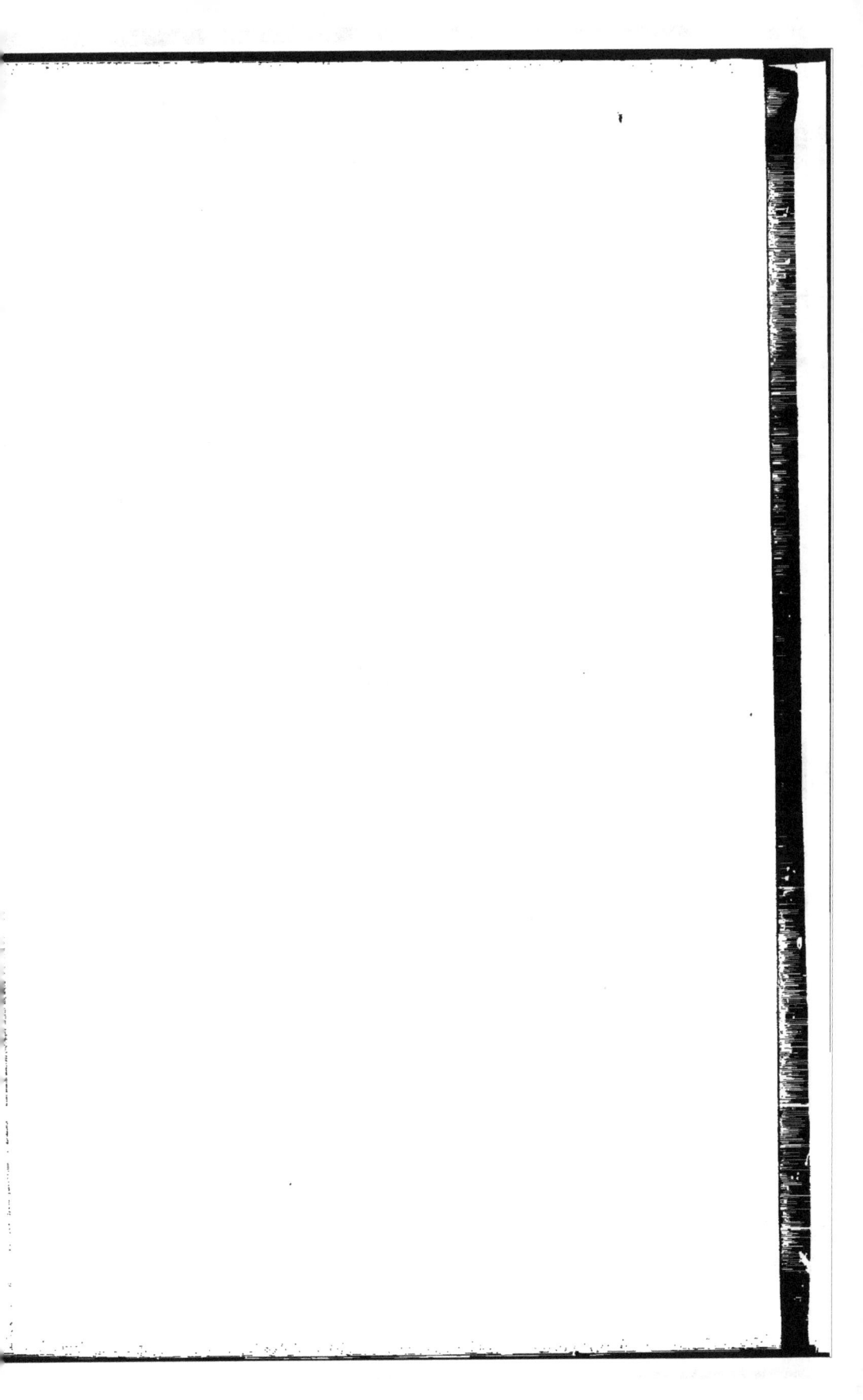

# ANNEXES

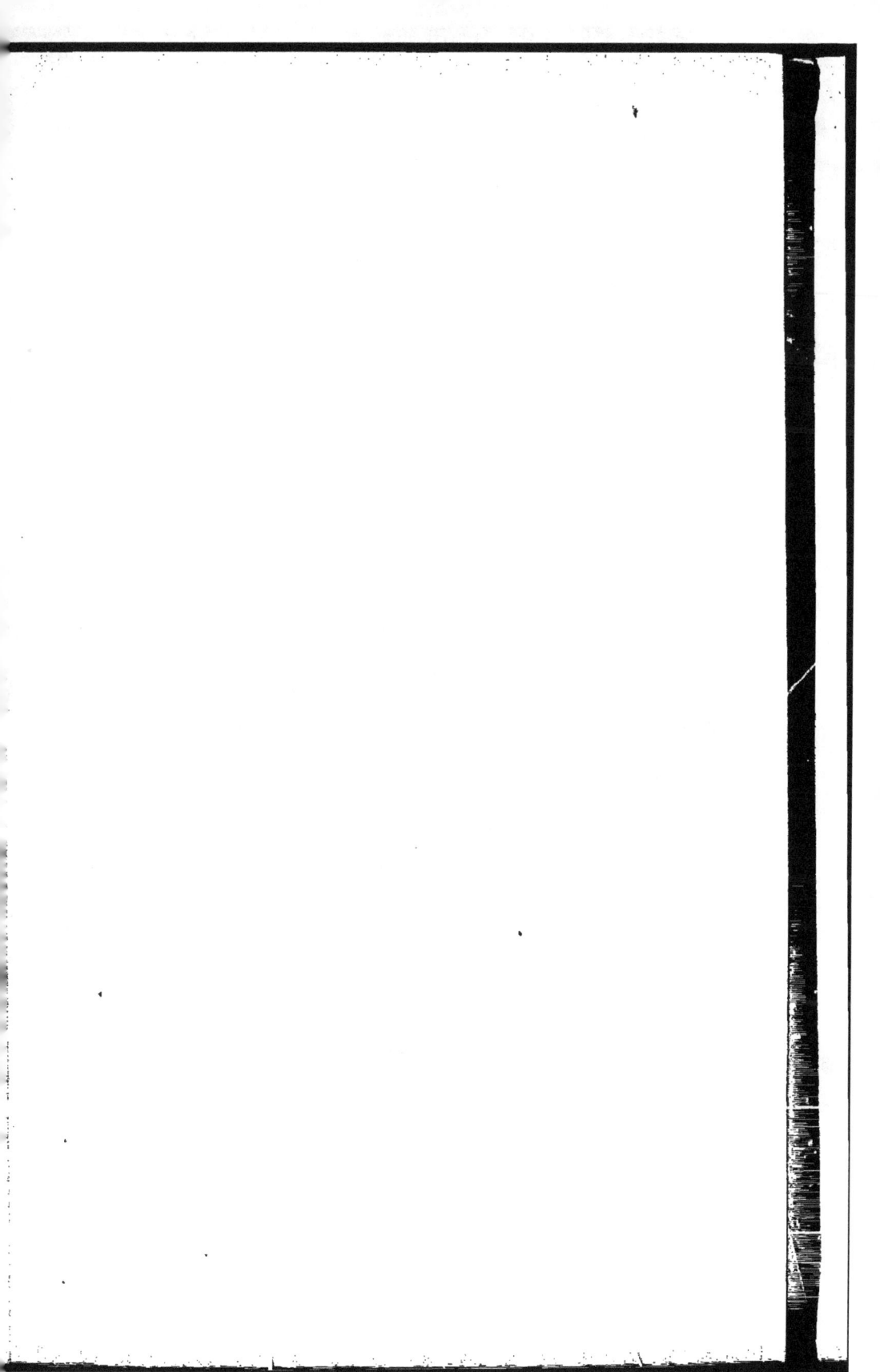

# TABLE SOMMAIRE DES ANNEXES

A L'INSTRUCTION SUR

## LE SERVICE DES SUBSISTANCES MILITAIRES EN TEMPS DE PAIX

———

———

## ANNEXE N° 1.

Instructions relatives à la marche à suivre pour la réalisation et la restitution des cautionnements des officiers d'administration gestionnaires, des entrepreneurs de fournitures à la ration et des fournisseurs du service des subsistances militaires.

### I. — Officiers d'administration gestionnaires.

#### Dispositions générales.

Le département de la guerre exige pour tout officier d'administration gestionnaire du service des subsistances militaires (vivres, fourrages, chauffage et éclairage) un cautionnement matériel.

Les cautionnements des officiers d'administration gestionnaires sont constitués, pour la totalité, soit en numéraire, soit en rentes sur l'État, soit en immeubles.

Ces cautionnements sont affectés à la garantie de la gestion des titulaires, quel que soit le lieu où ils exerceront ou auront exercé leurs fonctions. (Art. 1er du décret du 4 septembre 1874.)

A la réception de sa lettre de service, tout gestionnaire n'ayant pas encore fourni de cautionnement, ou dont le nouveau cautionnement est supérieur à l'ancien, doit faire connaître par la voie hiérarchique, au Ministre de la guerre (6e Direction, Bureau des Vivres), en quelles valeurs (soit numéraire, rentes sur l'État ou immeubles) il se propose de constituer ou de compléter son cautionnement.

Les cautionnements doivent être réalisés aux époques prescrites par le Ministre de la guerre, et les officiers d'administration gestionnaires qui n'auraient pas fourni leurs cautionnements à l'expiration des délais stipulés pourraient être poursuivis comme détenteurs de deniers publics. (Art. 49 du règlement du 15 novembre 1822 sur les cautionnements.)

#### § 1er. — *Réalisation des cautionnements.*

##### 1. — Numéraire.

Les cautionnements en numéraire doivent être versés pour le compte du Trésor public, savoir :

A Paris, dans la caisse centrale du Trésor public ;

Dans les départements, aux caisses des trésoriers-payeurs généraux et receveurs particuliers des finances ;

En Algérie et en Tunisie, aux caisses des trésoriers-payeurs et payeurs particuliers.

L'original du récépissé à talon qui constate le versement doit porter les nom et prénoms du titulaire, et être immédiatement adressé, par la voie hiérarchique, au Ministre de la guerre (5ᵉ Direction, Bureau des Vivres) qui le transmet à la Direction de la dette inscrite du Trésor public, pour être échangé contre un certificat d'inscription, sans indication de résidence, sur le livre des cautionnements. Ce certificat est ensuite envoyé au titulaire par les soins du Ministre de la guerre.

Si le cautionnement est fourni par un tiers, celui-ci peut obtenir le privilège de second ordre autorisé par les lois des 25 nivôse et 6 ventôse an XIII (1), en se conformant aux dispositions des décrets des 28 août 1808 (2) et 22 décem-

---

(1) Art. 1ᵉʳ. Les cautionnements fournis par les comptables sont affectés, par privilège, à la garantie des condamnations qui pourraient être prononcées contre eux par suite de l'exercice de leurs fonctions; par second privilège, au remboursement des fonds qui leur auraient été prêtés pour tout ou partie de leur cautionnement et, subsidiairement, au paiement, dans l'ordre ordinaire, des créances particulières qui seraient exigibles sur eux.

Art. 2. Les réclamants, aux termes de l'article précédent, seront admis à faire sur ces cautionnements des oppositions motivées, soit directement à la caisse d'amortissement, soit au greffe des tribunaux civils dans le ressort desquels les titulaires exercent leurs fonctions.

Art. 3. L'original des oppositions faites sur les cautionnements, soit à la caisse d'amortissement, soit au greffe des tribunaux civils, y restera déposé pendant vingt-quatre heures pour y être visé.

Art. 4. La déclaration au profit des prêteurs des fonds de cautionnement, faite à la caisse d'amortissement à l'époque de la prestation, tiendra lieu d'opposition pour leur assurer l'effet du privilège du second ordre aux termes de l'article 1ᵉʳ.

(2) Art. 1ᵉʳ. Les prêteurs de fonds pour cautionnement qui n'auraient pas fait remplir, à l'époque de la prestation, les formalités exigées par les articles 2, 3 et 4 de la loi du 25 nivôse an XIII pour s'assurer de la jouissance du privilège de second ordre, pourront l'acquérir à quelque époque que ce soit, en rapportant au bureau des oppositions établi à la caisse d'amortissement, en exécution de la susdite loi du 25 nivôse, la preuve de leur qualité et mainlevée des oppositions existantes sur le cautionnement, ou le certificat de non-opposition du tribunal civil de 1ʳᵉ instance.

Art. 2. Il sera délivré aux prêteurs de fonds inscrits sur les registres des oppositions et déclarations de la caisse d'amortissement, et sur leur demande, un certificat conforme au modèle E ci-annexé.

Art. 3. Les prêteurs de fonds ne pourront exercer le privilège de second ordre qu'en représentant le certificat mentionné en l'article précédent, à moins cependant que leur opposition ou la déclaration faite à leur profit ne soit consignée aux registres des oppositions et déclarations de la caisse d'amortissement; faute de quoi ils ne pourront exercer de recours contre la caisse d'amortissement que comme les créanciers ordinaires et en vertu des oppositions qu'ils auraient formées au greffe des tribunaux indiqués par la loi.

bre 1812 (1) pour l'établissement de la déclaration notariée qui constate sa qualité de bailleur de fonds, et pour l'inscription de cette déclaration au Trésor public. C'est auprès du Ministre des finances qu'ils doivent se pourvoir à cet effet.

Les intérêts fixés à 2 1/2 p. 100 par an (article 55 de la loi de finances du 13 avril 1898 (2) courent du jour du versement; ils sont payés annuellement par les soins du Ministre des finances, soit au Trésor public, soit au chef-lieu du département ou de l'arrondissement de la résidence des titulaires ou bailleurs de fonds et sur la présentation de leurs titres.

Lorsqu'un officier d'administration gestionnaire est déjà titulaire d'un cautionnement en numéraire et qu'il est appelé à un nouveau service dont le cautionnement est supérieur à celui de sa précédente gestion, il doit effectuer immédiatement le versement de ce complément dans l'une des caisses du Trésor public et adresser l'original du récépissé à talon qui constate le versement, ainsi que le certificat d'inscription sur le livre des cautionnements dont il est déjà titulaire, au Ministre de la guerre (5e Direction, Bureau des Vivres) qui transmet ces deux titres à la direction de la dette inscrite du Trésor public, pour être échangés contre un seul certificat d'inscription sur le livre des cautionnements au nom du titulaire et comprenant tous les versements effectués.

## II. — Rentes sur l'État.

Les cautionnements en rentes sont constitués au moyen

---

(1) Art. 1er. Les déclarations à faire à l'avenir par les titulaires de cautionnements en faveur de leurs bailleurs de fonds, pour leur faire acquérir le privilège de second ordre, seront conformes au modèle F ci-annexé, passées devant notaire et légalisées par le président du tribunal de l'arrondissement.

Art. 2. Dans le cas où le versement à la caisse d'amortissement serait antérieur de plus de huit jours à la date de ces déclarations, elles ne seront valables qu'autant qu'elles seront accompagnées du certificat de non-opposition, délivré par le greffier du tribunal du domicile des parties, dont il sera fait mention dans lesdites déclarations, lesquelles au surplus ne seront admissibles à la caisse d'amortissement, s'il y a des oppositions à cette caisse, que sous la réserve de ces oppositions.

Art. 3. Le droit d'enregistrement de ces déclarations est fixé à 1 franc.

Art. 4. Il n'est point dérogé par le présent décret à celui du 28 août 1808, portant « que les prêteurs de fonds ne pourront exercer le privilège de second ordre », qu'en représentant le certificat mentionné à l'article 2 de ce décret », à moins cependant que leur opposition ou la déclaration faite à leur profit ne soit consignée aux registres des oppositions et déclarations de la caisse d'amortissement; faute de quoi, ils ne pourront exercer de recours contre la caisse d'amortissement que comme les créanciers ordinaires et en vertu des oppositions qu'ils auraient formées au greffe des tribunaux indiqués par la loi.

(2) L'intérêt des cautionnements en numéraire est fixé à 2 1/2 p. 100 par an à partir du 1er avril 1898.

d'inscriptions nominatives directes des différents fonds de la dette publique (1).

La valeur des rentes à affecter à un cautionnement est calculée d'après le cours moyen officiel à la Bourse de Paris du jour de la nomination, sans toutefois que cette valeur puisse dépasser le pair.

Les inscriptions de rentes peuvent être fournies soit par le gestionnaire, soit par des tiers; il suffit qu'elles soient de libre disposition. Les rentes affectées à un cautionnement ne continuent pas moins à rester au nom du titulaire de la rente.

Les cautionnements sont réalisés dans les conditions déterminées par l'article 3 du décret du 2 juillet 1898 (2).

Il est remis aux intéressés des extraits d'inscriptions frappés des mentions indiquées par l'article 4 du décret précité (3).

L'officier d'administration gestionnaire qui a constitué le cautionnement reçoit un certificat de cautionnement visé au contrôle, relatant les fonds, séries, numéros et montant des diverses rentes affectées à son cautionnement.

### III. — Immeubles.

Le cautionnement immobilier consiste dans l'hypothèque qu'un officier d'administration gestionnaire, ou une tierce personne qui se rend sa caution, fournit sur un ou plusieurs immeubles, pour garantir les faits de la gestion qui lui est confiée.

Il se consomme par un acte notarié, en vertu duquel l'inscription hypothécaire est requise au profit de l'État sur les immeubles affectés par l'acte et qui y sont désignés.

Ne sont admis en cautionnement que les immeubles situés dans les divisions territoriales de l'intérieur et de l'Algérie et assurés contre l'incendie, s'il y a lieu; leur propriétaire est tenu, en même temps, de transporter à l'État, à titre de conservation du cautionnement, l'indemnité qui serait due en cas de sinistre.

Les immeubles offerts en cautionnement doivent être libres de tous privilèges et hypothèques et d'une valeur excédant d'un tiers le chiffre du cautionnement.

---

(1) Exception est faite pour les inscriptions pourvues de coupons créés par décret du 18 juin 1864.

(2) Art. 3... Le ou les propriétaires de rentes à affecter à un cautionnement font parvenir au Ministre des finances leurs extraits d'inscription accompagnés d'une déclaration d'affectation établie sur papier timbré. (Voir les modèles nos 1 et 2 ci-après.)

(3) Art. 4... Après vérification de la régularité et de la disponibilité du titre mention sera faite, tant sur le grand livre et sur son double, que sur les extraits d'inscriptions : 1° de l'affectation à un cautionnement; 2° du nom du fonctionnaire et de la fonction qui donne lieu à l'affectation.

La mention d'affectation suit la rente, en quelques mains qu'elle passe

Dans le département de la Seine, l'acte de cautionnement est reçu par le notaire du ministère de la guerre, qui donne au titulaire ou à sa caution tous les renseignements nécessaires à cet effet, requiert les inscriptions hypothécaires au profit de l'Etat, et transmet toutes les pièces au Ministre de la guerre (5e Direction, Bureau des Vivres).

Dans tous les autres départements cet acte est reçu par un notaire du choix du titulaire ou de sa caution, sur la présentation d'une copie de la dépêche ministérielle, donnant au gestionnaire l'autorisation de constituer en immeubles le cautionnement auquel il est assujetti. L'acte de cautionnement est dressé sur le vu des titres de propriété qui doivent remonter, au moins, à trente ans, quittances et pièces justificatives à l'appui; la grosse de cet acte est adressée ensuite avec les titres et pièces ci-dessus énoncés au préfet du département où sont situés les biens à hypothéquer, pour être soumis à l'examen du conseil de préfecture, conformément aux dispositions des articles 43 et 44 du règlement du 15 novembre 1822 (1), qui discute la validité tant de l'acte de cautionnement que des titres de propriété produits à l'appui; et dans le cas où les pièces n'offriraient pas les sûretés nécessaires, le propriétaire est requis par le préfet d'en fournir d'autres.

Lorsque l'acte de cautionnement a été examiné et reconnu valide par le conseil de préfecture, le préfet requiert, s'il y a lieu, la prise d'inscription hypothécaire au profit de l'Etat, puis il transmet au Ministre de la guerre (5e Direction, Bureau des Vivres), avec le procès-verbal de la délibération du conseil de préfecture, l'acte de cautionnement appuyé des diverses pièces qui lui ont été produites, ainsi que le bordereau de l'inscription prise et un certificat délivré postérieurement à la date de cette inscription constatant la situation hypothécaire de l'immeuble engagé.

Le cautionnement n'est définitivement constitué qu'après que le Ministre de la guerre en a prononcé l'acceptation définitive.

### § 2. — *Mutations.*

Lorsqu'un officier d'administration passe d'une gestion à

(1) Art. 43. Les actes de cautionnement passés dans les départements doivent être soumis à l'examen du conseil de préfecture : en conséquence, ils sont adressés avec les pièces, à la diligence du notaire ou de la caution, sous vingt-quatre heures, au préfet qui les soumet audit conseil dans le plus bref délai.

Art. 44. Le conseil de préfecture discute la validité tant de l'acte de cautionnement que des titres de propriété produits à l'appui; et, dans le cas où les pièces n'offriraient pas les sûretés nécessaires, la caution est requise par le préfet d'en fournir d'autres.

une autre, le cautionnement de la gestion précédente se trouve étendu de plein droit à la garantie du nouveau service.

Toutefois, si le cautionnement afférent à cette nouvelle gestion est supérieur à l'ancien, le titulaire est tenu de fournir le complément dans les délais fixés par sa lettre de service. La réalisation de ce complément de garantie sera effectuée soit en rentes, soit en numéraire, soit en immeubles, selon les indications données ci-dessus pour chaque nature de cautionnement.

Si le nouveau cautionnement est inférieur à l'ancien, le titulaire ne pourra obtenir la restitution de la portion formant excédent qu'après l'apurement définitif des comptes de gestion antérieurs.

Les cautions qui seraient dans l'intention de ne plus cautionner un officier d'administration gestionnaire doivent revendiquer le droit que leur accorde l'article 4 du décret du 4 septembre 1874 (1), auprès de l'administration centrale de la guerre (5ᵉ Direction, Bureau des Vivres); en outre les officiers d'administration gestionnaires qui auront éprouvé une interruption dans leurs fonctions seront tenus, lorsqu'ils seront pourvus d'une nouvelle gestion, de justifier que leur bailleur de fonds consent à continuer à leur servir de caution.

### § 3. — *Substitution de cautionnements.*

Les substitutions autorisées par l'article 5 du décret du 4 septembre 1874 (2) auront lieu dans les conditions suivantes :

Celles qui concernent les cautionnements en rentes ou en immeubles s'effectueront dans la forme ordinaire des réalisations en valeur de cette nature.

---

(1) Art. 4. Toute interruption dans les fonctions d'un gestionnaire, soit pour cause de mise en sous-ordre, soit par suite de mise en non-activité, sera considérée comme une cessation de fonctions et donnera au gestionnaire le droit de réclamer le cautionnement dont il est propriétaire, et, aux bailleurs de fonds, celui de ne plus continuer à cautionner le gestionnaire pour les nouvelles gestions auxquelles il pourrait être appelé ultérieurement.

Ce droit ne sortira son effet qu'autant qu'il aura été revendiqué par les cautions avant que le cautionné ait été appelé à une nouvelle gestion.

(2) Art. 5. Les officiers d'administration gestionnaires, dans le cours de leurs fonctions, pourront être admis à présenter de nouveaux cautionnements de même nature pour remplacer les anciens.

Toutefois ce remplacement ne pourra être opéré pour les cautionnements versés en numéraire, par des bailleurs de fonds, que par voie de subrogation dans l'effet du privilège.

En outre, les comptables qui peuvent remplacer par des rentes leur cautionnement versé en numéraire sont autorisés à demander que cette transformation soit effectuée par les soins du Trésor.

Cette transformation est effectuée dans les conditions indiquées au *Bulletin officiel*, partie réglementaire, 1ᵉ semestre 1900, pages 346 et suivantes.

Celles qui s'appliquent aux cautionnements en numéraire ne pourront avoir lieu que par voie de subrogation dans le privilège de second ordre conféré aux bailleurs de fonds.

### § 4. — *Mainlevée des cautionnements.*

La demande en restitution d'un cautionnement ou d'une portion de cautionnement doit toujours être adressée au Ministre de la guerre (5e Direction, Bureau des Vivres) par la voie hiérarchique.

La mainlevée du cautionnement n'est donnée par le Ministre de la guerre qu'autant que l'officier d'administration gestionnaire a été reconnu quitte et libéré de tous les actes de ses gestions et que la dernière est terminée depuis plus de six mois.

Toutefois, la vérification des comptes opérée dans les bureaux de l'administration centrale n'a pour effet que de libérer les deux tiers du cautionnement; le dernier tiers demeure en réserve au Trésor jusqu'à la délivrance du quitus définitif, laquelle est subordonnée à la déclaration de la Cour des comptes sur les comptabilités afférentes aux diverses années pendant lesquelles la gestion s'est effectuée.

### § 5. — *Restitution des cautionnements.*

#### I. — Numéraire.

Le remboursement des capitaux et des intérêts des cautionnements constitués en numéraire est effectué, d'après les ordres de payement du Ministre des finances, au Trésor public, à Paris, ou aux chefs-lieux des départements ou arrondissements où la dernière gestion s'est accomplie.

#### II. — Rentes sur l'État.

La mention spéciale d'affectation portée sur les titres de rentes de l'État constitutifs des cautionnements est levée par les soins du ministère des finances (Dette inscrite).

#### III. — Immeubles.

La radiation des inscriptions hypothécaires constitutives des cautionnements en immeubles s'opère en vertu d'un arrêté du préfet du département dans lequel se trouvent les immeubles hypothéqués mentionnant la décision par laquelle le Ministre de la guerre a donné mainlevée de ces inscriptions.

NOTA. Dans tous les cas, les titulaires sont tenus de représenter leurs titres et de fournir les pièces qui leur seraient réclamées par le département des finances ou par les préfets.

## II. — Entrepreneurs de fournitures a la ration. Fournisseurs exécutant un marché de livraison.

### § 1er. — *Dispositions communes aux cautionnements provisoires et aux cautionnements définitifs.*

#### Versement des cautionnements provisoires ou définitifs à la caisse des dépôts.

Les cautionnements exigés par les cahiers des charges, soit des soumissionnaires pour être admis aux adjudications, soit des adjudicataires pour répondre de leurs engagements, doivent être versés à la Caisse des dépôts et consignations, à Paris, entre les mains du caissier général, et, dans les départements, entre celles des préposés de la Caisse des dépôts, savoir : des trésoriers-payeurs généraux, des receveurs particuliers ou des percepteurs dans les chefs-lieux d'arrondissement dont les recettes particulières ont été provisoirement supprimées ; en Algérie entre les mains des trésoriers-payeurs et des payeurs particuliers. (Décret du 18 novembre 1882, article 7.)

#### Avis des adjudications donné à la caisse des dépôts.

Pour tous les marchés qui sont passés par adjudication, un exemplaire de l'affiche annonçant l'adjudication, qu'elle doive avoir lieu à Paris ou dans toute autre localité du territoire continental de la France, est adressé par le ministère de la guerre au directeur général de la Caisse des dépôts et consignations.

Un exemplaire de l'affiche est, en outre, adressé, lorsque l'adjudication est passée ailleurs qu'à Paris, au trésorier-payeur général du département ou au préposé de la Caisse (receveurs des finances ou percepteurs) résidant au chef-lieu de l'arrondissement dans lequel a lieu l'adjudication. Cet envoi est fait par le chef du service.

Si le cautionnement provisoire est déposé dans un arrondissement autre que celui où aura lieu l'adjudication, le soumissionnaire devra représenter au préposé de la Caisse un extrait du cahier des charges ou un exemplaire de l'affiche.

Dans le cas où les pièces susdites n'auraient pas été transmises ou ne seraient pas produites, les cautionnements provisoires pourraient être reçus, mais les indications relatives au cautionnement et à son objet ne seraient insérées qu'aux risques et périls des déposants et conformément à la déclaration par eux souscrite.

#### Détermination de l'importance des cautionnements.

Les cahiers des charges déterminent l'importance des garanties pécuniaires à produire par les soumissionnaires à titre de cautionnements provisoires et par les adjudicataires à titre de cautionnements définitifs. (Décret du 18 novembre 1882, art. 4.)

#### Nature des cautionnements.

Ces garanties pécuniaires peuvent consister, au choix des soumissionnaires et adjudicataires :

1° En numéraire ;

2° En rentes sur l'État et valeurs du Trésor au porteur ;

3° En rentes sur l'État nominatives (directes ou départementales) ou mixtes.

Les valeurs du Trésor, transmissibles par voie d'endossement, endossées en blanc, sont considérées comme valeurs au porteur.

Après la réalisation du cautionnement, aucun changement ne peut être apporté à sa composition, sauf le cas où les rentes et valeurs auraient donné lieu à un remboursement par le Trésor. La somme appelée au remboursement est alors encaissée par la Caisse des dépôts et consignations et demeure affectée au cautionnement jusqu'à due concurrence, à moins que le cautionnement ne soit reconstitué en valeurs semblables.

#### Mode de calcul de la valeur des rentes et titres afférents aux cautionnements.

La valeur en capital des rentes à affecter aux cautionnements est calculée, pour les cautionnements provisoires, au cours moyen du jour de la veille du dépôt ; pour les cautionnements définitifs, au cours moyen du jour de l'approbation de l'adjudication. Les bons du Trésor à l'échéance d'un an ou de moins d'un an sont acceptés pour le montant de leur valeur en capital et intérêts.

Les autres valeurs du Trésor, déposées pour cautionnements, sont calculées d'après le dernier cours publié au « Journal officiel ». (Décret du 18 novembre 1882, art. 6.)

#### Déclarations de consignations. Récépissés.

Le déposant souscrit une déclaration sur papier libre. Il lui est délivré un récépissé de versement timbré à 0 fr. 25. Ce récépissé forme titre envers la Caisse des dépôts et consignations à la charge par les parties versantes de le faire viser et séparer de son talon, à Paris, immédiatement par les agents du contrôle.

Dans les départements, le visa du contrôle n'est plus exigé ;

le récépissé, pour être libératoire et former titre envers la Caisse des dépôts, doit être détaché d'une formule à talon, (Loi du 24 décembre 1896, art. 11.)

### Affectation des rentes nominatives ou mixtes ou des titres au porteur.

Lorsque le cautionnement consiste en rente nominative ou mixte, le titulaire de l'inscription doit, indépendamment de la déclaration visée à l'article précédent, souscrire, sur papier timbré, un acte, fait en double original, contenant déclaration d'affectation de la rente et donnant à la Caisse des dépôts et consignations un pouvoir irrévocable de l'aliéner, s'il y a lieu. (Décret du 18 novembre 1882, art. 8, modèle n° 5.)

Un des originaux de l'acte est remis au déposant. Au cas où le titulaire de la rente ne peut signer lui-même l'acte d'affectation, il constitue un mandataire à cet effet au moyen d'une procuration conforme au modèle ci-annexé (modèle n° 3).

La procuration est donnée par acte notarié, si le titre représente une valeur de plus de 50 francs de rente; dans le cas contraire, la procuration peut être notariée en simple brevet ou même sous seing privé; la signature du mandant doit, dans ce dernier cas, être légalisée par le maire et le préfet ou le sous-préfet.

Si le cautionnement est en rentes ou en valeurs au porteur, la rédaction d'un acte d'affectation n'est pas nécessaire; il suffit que le déposant, dans la déclaration par lui souscrite, indique que le cautionnement pourra être saisi dans les conditions fixées au cahier des charges et autorise à cet effet la Caisse des dépôts et consignations à le réaliser le cas échéant.

Mention de cette partie de la déclaration est insérée au récépissé.

### Bailleurs de fonds. Privilège de second ordre.

Les tiers qui fournissent les fonds ou les valeurs d'un cautionnement font constater leurs droits dans les déclarations de consignation. Le récépissé remis au déposant désigne du reste le propriétaire des deniers ou valeurs déposés. Il n'est, en aucun cas, délivré de certificats de privilège de second ordre.

A défaut de mention dans la déclaration de consignation, les tiers qui ont fourni le cautionnement ne peuvent conserver leurs droits que si un acte contenant cession ou déclaration de propriété du numéraire ou des titres est signifié par voie extrajudiciaire au directeur général, lorsque le cautionnement a été consigné à Paris, ou au préposé de la Caisse qui a reçu le cautionnement.

## § 2. — *Règles particulières aux cautionnements provisoires.*

#### Remise à l'administration de la guerre des récépissés de cautionnements provisoires et de l'acte d'affectation.

Les concurrents aux adjudications joignent à leurs actes de soumission les récépissés qui leur ont été délivrés et, s'il y a lieu, un des doubles de l'acte d'affectation des rentes nominatives ou mixtes déposées en garantie.

#### Conservation des cautionnements provisoires.

Les cautionnements provisoires en numéraire ne produisent pas d'intérêts au profit des déposants. Quant à ceux qui sont constitués en rentes ou valeurs, la Caisse des dépôts et consignations ne se charge pas de l'encaissement de leurs arrérages ou intérêts.

#### Restitution des cautionnements provisoires.

Les cautionnements provisoires sont rendus aux soumissionnaires qui ne sont pas devenus adjudicataires sur la présentation qu'ils font, au lieu où le versement a été opéré, du récépissé de dépôt, portant une mention par laquelle le fonctionnaire chargé de l'adjudication fait connaître que le soumissionnaire n'a pas été déclaré adjudicataire.

A défaut de cette mention, la restitution ne peut être opérée qu'autant que la direction générale de la Caisse ou le comptable qui a reçu le cautionnement auront été avisés officiellement des résultats de l'adjudication.

La restitution des cautionnements en numéraire a lieu immédiatement après la présentation du récépissé; celle des titres et valeurs dans les quatre jours de cette présentation.

Si les titres et valeurs ne sont pas réclamés dans les vingt jours qui suivent l'adjudication définitive, ils font l'objet d'une consignation et, dans ce cas, le délai de restitution peut être porté à dix jours (délai de remboursement des consignations en valeurs).

#### Restitution des cautionnements provisoires lorsque l'adjudicataire constitue un cautionnement définitif distinct.

Si l'adjudicataire n'emploie pas le cautionnement provisoire à la constitution du cautionnement définitif, soit parce qu'il désire modifier la nature des garanties offertes, soit parce qu'il préfère changer le lieu du dépôt, soit enfin parce que le cautionnement définitif est fourni par un nouveau bailleur de fonds, le cautionnement provisoire ne peut être remboursé qu'après présentation du récépissé constatant la réalisation du cautionnement définitif.

### Attribution à l'État des cautionnements provi oires lorsque l'adjudicataire ne réalise pas son cautionnement définitif.

Les cautionnements provisoires des soumissionnaires qui, déclarés adjudicataires, n'ont pas réalisé leurs cautionnements définitifs dans les délais fixés par les cahiers des charges peuvent être acquis à l'État, sur les poursuites et diligences de l'agent judiciaire du Trésor public, lorsque le Ministre de la guerre a pris, à cet effet, une décision passée en force de chose jugée. (Décret du 18 novembre 1882, art. 11 et 12.)

### § 3. — *Règles particulières aux cautionnements définitifs.*

#### Constitution du cautionnement définitif. Conversion du cautionnement provisoire.

Les soumissionnaires déclarés adjudicataires peuvent constituer un cautionnement définitif distinct ou le réaliser par la conversion de leur cautionnement provisoire. Dans ce cas, si la garantie exigée à titre de cautionnement définitif est supérieure à celle qui formait le cautionnement provisoire, le complément nécessaire en numéraire ou en valeurs doit être versé pour permettre la délivrance d'un nouveau récépissé.

Si, au contraire, la garantie définitive est inférieure à celle de la soumission, la Caisse des dépôts rembourse la différence et s'en fait donner quittance avant de délivrer le récépissé définitif.

#### *A*) Cautionnements définitifs en numéraire.

#### Nécessité d'opérer sans retard la conversion du cautionnement provisoire en cautionnement définitif.

La Caisse des dépôts et consignations n'allouant d'intérêts qu'à partir du soixante et unième jour qui suit la réalisation du cautionnement définitif en numéraire, les adjudicataires ont avantage à opérer sans retard la conversion de leurs cautionnements provisoires en cautionnements définitifs.

Lorsqu'ils prennent ce parti, ils doivent souscrire une nouvelle déclaration de consignation et il leur est délivré un nouveau récépissé soumis au visa du contrôle.

Des déclarations de versement sont délivrées sur leur demande aux personnes qui constituent des cautionnements définitifs. Ces déclarations sont timbrées à 60 centimes; elles tiennent lieu de titre aux déposants dans les cas où l'administration de la guerre exige la remise du récépissé, et elles peuvent aussi servir à constater le payement des arrérages.

#### Intérêts des cautionnements.

La Caisse des dépôts alloue aux cautionnements définitifs

qui lui sont versés en numéraire les intérêts que, d'après la loi, elle doit servir aux sommes consignées.

Ces intérêts sont actuellement calculés à raison de 2 p. 100 par année, à compter du soixante et unième jour à partir de la date de la consignation, jusques et non compris celui du remboursement. (Lois du 28 nivôse an XIII, art. 2, et du 27 juillet 1893, art. 60.)

Les intérêts réglés au 31 décembre de l'année précédente sont payés chaque année aux titulaires ou bailleurs des fonds des cautionnements dans les dix jours qui suivent la réception par la direction générale ou ses préposés d'une demande y relative.

Aucune portion d'intérêts échue au cours de l'année ne peut être mise en payement qu'en cas de remboursement intégral du cautionnement.

Les intérêts des cautionnements tombant sous l'application de l'article 2277 du Code civil, aux termes duquel les intérêts et tout ce qui est payable par année se prescrivent par cinq ans, il n'est, en conséquence, tenu compte aux ayants droit que des intérêts dus pour les cinq dernières années échues au 31 décembre précédent et des intérêts afférents à l'année courante, s'il s'agit d'un remboursement intégral.

### b) Cautionnements définitifs en rentes ou valeurs.

#### Conversion du cautionnement provisoire en cautionnement définitif. Payement des arrérages. — Droit de garde.

Lorsque le cautionnement définitif est constitué au moyen de la conversion du cautionnement provisoire, l'adjudicataire doit souscrire une nouvelle déclaration de consignation et un acte d'affectation spécialement applicable à la garantie de l'exécution de l'adjudication.

La Caisse des dépôts encaisse aux échéances les arrérages des rentes et valeurs du Trésor déposées à titre de cautionnements définitifs. Elle les tient à la disposition des déposants ou de leurs bailleurs de fonds à partir du cinquième jour qui suit celui de l'échéance.

Les payements sont effectués sans demande préalable, sur la présentation de la déclaration de versement au dos de laquelle ils sont inscrits.

La Caisse des dépôts perçoit sur les valeurs consignées à titre de cautionnements définitifs d'adjudicataires un droit de garde dont la quotité est, pour chaque année, de 5 centimes p. 100 de la valeur du titre consigné.

La valeur servant à établir le droit est déterminée par le cours moyen coté à la Bourse de Paris la veille du jour du dépôt. Le montant du droit pour la première année est perçu au moment du dépôt; il est, à partir de la deuxième année, liquidé par trimestre et recouvré en déduction des arrérages;

il doit, dans ce cas, être toujours perçu par cinq centimes ou multiple de cinq centimes.

### c) Cautionnements réalisés en immeubles.

Formalités relatives aux cautionnements constitués en immeubles.

Les immeubles situés dans les divisions territoriales de l'intérieur et de l'Algérie peuvent être admis en cautionnement. Ils doivent être libres de tous privilèges et hypothèques, et d'une valeur excédant d'un tiers le chiffre du cautionnement.

Dans le département de la Seine, l'acte de cautionnement est reçu par le notaire du ministère de la guerre, qui donne aux titulaires ou à leurs cautions tous les renseignements qui leur sont nécessaires.

Dans tous les autres départements, cet acte est reçu par un notaire au choix du titulaire ou de sa caution, sur la présentation d'une copie de la dépêche ministérielle donnant à l'entrepreneur ou fournisseur l'autorisation de constituer en immeubles le cautionnement auquel il est assujetti. L'acte de cautionnement est dressé sur le vu des titres de propriété et de toutes pièces justificatives à l'appui, et la grosse de cet acte est adressée ensuite avec les titres et pièces ci-dessus énoncés au préfet du département où sont situés les biens, pour être soumis à l'examen du conseil de préfecture.

Le préfet requiert, s'il y a lieu, la prise d'inscription hypothécaire au profit de l'État; puis il transmet au Ministre de la guerre (5° Direction, Bureau des Vivres ou des Fourrages, selon que le cautionnement est afférent à l'un ou à l'autre de ces services) avec le procès-verbal de la délibération du conseil de préfecture, l'acte de cautionnement appuyé des diverses pièces qui lui ont été produites ainsi que le bordereau de l'inscription prise et un certificat délivré postérieurement à la date de cette inscription, constatant la situation hypothécaire de l'immeuble.

Le cautionnement n'est définitivement constitué qu'après que le Ministre en a prononcé l'acceptation.

### § 4. — Saisie. Remboursement des cautionnements définitifs.

Saisie des cautionnements définitifs.

L'application des cautionnements définitifs à l'extinction des débets, liquidés par le Ministre de la guerre, a lieu aux poursuites et diligences de l'agent judiciaire du Trésor public, en vertu d'une contrainte délivrée par le Ministre des finances. (Décret du 18 novembre 1882, art. 11.)

En cas de saisie de la totalité du cautionnement ou d'une

fraction telle que la moitié, le tiers, le quart, etc., les intérêts afférents à la fraction ou à l'intégralité saisie et dus à partir de la date de la décision attributive sont acquis au Trésor, les intérêts antérieurs restent dus au titulaire du cautionnement ou à son bailleur de fonds. (Décision du Ministre des finances des 17 septembre 1851 et 5 mai 1881.)

Il en est autrement dans le cas de saisie d'une somme fixe, prélevée sur le cautionnement, les intérêts de cette somme restent dus au propriétaire du cautionnement.

### Remboursement des cautionnements définitifs.

1° Autorisations de remboursements et justifications de qualités. — Les cautionnements définitifs ne peuvent être restitués en totalité ou en partie, qu'en vertu d'une mainlevée donnée par le Ministre (1).

Ces mainlevées sont envoyées directement à la direction générale de la Caisse des dépôts ou au comptable qui a reçu le cautionnement.

La personne au nom de laquelle les fonds ou les valeurs constituant le cautionnement ont été versés adresse à la direction générale ou au comptable qui a reçu le cautionnement une demande de retrait sur papier timbré et y joint le récépissé, et, s'il y a lieu, la déclaration au moyen de laquelle étaient touchés les arrérages du cautionnement.

Indépendamment des pièces ci-dessus indiquées, les demandeurs doivent fournir toutes les pièces nécessaires pour établir leurs qualités, telles qu'actes de société, certificats de propriété, mainlevées ou concours de créanciers ayant formé des oppositions régulières.

Les fonds ou les valeurs sont remis, si la mainlevée a d'ailleurs été transmise par qui de droit, dans les dix jours de la réception de la demande, avec pièces à l'appui s'il y a lieu, soit à la partie intéressée, soit à son fondé de pouvoirs. Les

---

(1) La mainlevée ne peut être donnée qu'autant que l'entrepreneur ou fournisseur a été reconnu quitte et libéré de toutes les obligations qui lui étaient imposées, et qu'il s'est écoulé six mois depuis la cessation de son service. (Décret du 12 décembre 1806).

Ce délai ne s'applique qu'aux entreprises de fournitures à la ration et aux fournitures de quantités indéterminées.

En ce qui concerne la mainlevée des cautionnements correspondant aux fournitures de pain de guerre, de conserve de viande, de potages aux haricots et conserves de tous genres pour lesquelles un délai de garantie est imposé aux fournisseurs, les demandes de cette nature ne devront être transmises par MM. les directeurs de l'intendance que lorsqu'ils se seront assurés, après entente au besoin avec leurs collègues des régions auxquelles la denrée aura été affectée, que les imputations faites aux fournisseurs pour avaries mises à leur charge ou pour tout autre motif ont été remboursées par eux soit par voie de versement au Trésor, soit par voie de remplacement en nature.

procurations peuvent être sous seing privé, mais elles doivent être revêtues de la légalisation de la signature du mandant par le maire, et de la signature du maire par le préfet ou le sous-préfet.

2° Lieu de remboursement. — La remise des fonds ou valeurs est effectuée en principe à la caisse à laquelle avait été reçu le cautionnement. Cependant, sur la demande expresse des ayants droit, cette remise peut être faite à une autre caisse, mais la demande et les pièces justificatives doivent toujours être adressées au lieu de versement du cautionnement.

### § 5. — *Changement d'application des cautionnements.*

Lorsqu'une fourniture ou entreprise est terminée et lorsque les comptes sont apurés, le cautionnement qui y était affecté, s'il n'a pas été restitué, soit en raison des délais de garantie stipulés au profit de l'État, soit pour tout autre motif, peut, sur l'autorisation expresse du Ministre, recevoir une nouvelle application, après toutefois que le délai de six mois, accordé par le décret du 12 décembre 1806 aux créanciers éventuels du service pour faire leurs actes conservatoires, sera expiré ou qu'il sera justifié que, dans l'exécution du marché ou de la fourniture, il n'y a eu aucune intervention de tiers.

Dans tous les cas, cette réaffectation ne peut être autorisée qu'en faveur des titulaires d'un marché expiré qui se rendront adjudicataires d'un service de même nature dans le même arrondissement.

Cette opération s'effectue :

*Pour les cautionnements en numéraire,* sur l'avis direct du Ministre adressé au consignataire et au moyen d'une nouvelle déclaration indiquant la nature, l'étendue et la durée du nouveau service que l'ancien cautionnement est destiné à garantir, et spécifiant que la somme consignée à titre de cautionnement du marché originaire est de plus affectée à celui du nouveau service.

La réaffectation est constatée par une copie de la déclaration ci-dessus mentionnée, certifiée par le consignataire, laquelle doit parvenir immédiatement, par la voie hiérarchique, au Ministre de la guerre.

Si le cautionnement appartient à un tiers bailleur de fonds, celui-ci doit intervenir dans la nouvelle déclaration.

Les intérêts ne recommencent à courir que le soixante et unième jour à partir de la date de la réaffectation.

*Pour les cautionnements en rentes,* au moyen d'un nouvel acte d'affectation passé avec la Caisse des dépôts et consignations ou son préposé;

*Pour les cautionnements en immeubles,* par un nouvel acte notarié passé comme il est dit plus haut, après autorisation du Ministre, et dans lequel l'entrepreneur ou fournisseur et sa caution, s'il y a lieu, doivent déclarer que les immeubles précédemment affectés n'ont pas diminué de valeur, et par une nouvelle inscription hypothécaire au profit de l'État. Cette dernière inscription n'est toutefois recevable qu'autant qu'elle est accompagnée d'un certificat du conservateur des hypothèques constatant qu'il n'a été pris aucune autre inscription postérieurement à celle qui constituait le précédent cautionnement.

De même que pour le cautionnement primitif, la réaffectation n'est définitive qu'après que le Ministre a prononcé son acceptation.

§ 6. — *Dispositions relatives aux cautionnements non libérés ou qui se rattachent à des entreprises ou marchés dont les comptes ne sont pas apurés.*

Quand un entrepreneur ou fournisseur est admis à réaliser tout ou partie de son cautionnement, au moyen du changement d'application ultérieur d'une garantie encore engagée, il doit, s'il s'agit de numéraire, produire immédiatement une déclaration sur papier timbré, certifiant qu'il est propriétaire du cautionnement qui garantit le marché en cours d'exécution ou l'entreprise dont les comptes ne sont pas apurés, et par laquelle il s'engage à le réaffecter à son nouveau service dès qu'il en sera requis.

Si la garantie appartient, en tout ou en partie, à un bailleur de fonds, celui-ci doit consentir au changement d'application par une déclaration dûment légalisée. Ce titre est adressé au Ministre en même temps que l'engagement de réaffectation souscrit par l'entrepreneur ou fournisseur.

Lorsque l'ancienne garantie est constituée en rentes sur l'État ou valeurs du Trésor, elle peut être affectée immédiatement et par extension au nouveau service, au moyen d'un nouvel acte passé avec le directeur général de la Caisse des dépôts et consignations ou les préposés de ladite Caisse.

Il en est de même des cautionnements en immeubles. Dans tous les cas, le nouveau cautionnement n'est définitivement constitué qu'après que la mainlevée de l'ancien a pu être donnée.

L'entrepreneur ou fournisseur doit, en outre, faire agréer par qui de droit une caution personnelle qui s'engage à répondre solidairement avec lui d'une somme égale au cautionnement fixé par le nouveau marché, jusqu'à ce que la précédente garantie puisse être affectée au nouveau service, ou jusqu'à ce que l'entrepreneur ait régulièrement constitué un autre cautionnement de même valeur; l'engagement de la caution est transmis au Ministre. Toutefois, si le nouveau cautionnement est supérieur à l'ancien, l'entrepreneur est tenu de verser immédiatement la différence.

Ne peuvent être acceptés comme cautions solidaires les titulaires d'un marché dont la période d'exécution ne serait pas terminée au moment où le cautionné entre en service. (Note ministérielle du 16 octobre 1874.)

Si la même caution s'engage pour la garantie de plusieurs marchés, il doit être établi un acte spécial pour chaque marché distinct.

### § 7. — *Caution personnelle.*

Le cautionnement personnel est celui par lequel un tiers se porte garant des obligations d'un entrepreneur sans l'affectation d'un gage.

Dans certains cas déterminés par les cahiers des charges, l'entrepreneur ou le fournisseur peut, sur sa demande et si le Ministre le juge convenable, être autorisé à remplacer le cautionnement matériel auquel il est assujetti, par une caution personnelle bonne et solvable. (Art. 4, § 5, du décret du 18 novembre 1882.)

Les cahiers des charges déterminent les conditions d'après lesquelles la caution personnelle est agréée.

### § 8. — *Cautionnements des acquéreurs d'issues et autres objets de matériel provenant des établissements du service des subsistances militaires.*

Pour sûreté et garantie de ses engagements, l'entrepreneur doit fournir, dans le délai de dix jours après la signature du marché, un cautionnement en numéraire ou en valeurs sur l'état français égal au dixième de la valeur présumée des livraisons à faire pendant le cours du marché, d'après les prix et l'importance approximative fixés au marché.

Ce cautionnement est réalisé au titre de la Caisse des dépôts et consignations, conformément aux dispositions du décret du 18 novembre 1882 sur les adjudications et marchés passés au nom de l'Etat.

L'entrepreneur peut être autorisé à remplacer le cautionnement en numéraire ou en rentes sur l'Etat par une affectation hypothécaire offrant des garanties suffisantes.

Il peut encore être admis à présenter une caution personnelle bonne et solvable, laquelle s'engage alors solidairement avec lui, pour l'exécution des clauses et conditions de son marché.

Dans tous les cas ci-dessus, autres que celui de la réalisation d'un cautionnement en numéraire, le receveur des domaines apprécie seul si les garanties sont suffisantes.

MM. les fonctionnaires de l'intendance militaire donnent les renseignements nécessaires pour la fixation du cautionnement en numéraire, en rentes sur l'Etat ou en immeubles, et sur la solvabilité des cautions solidaires personnelles. De même ils donnent leur consentement au retrait des cautionnements en ce qui concerne le service de la guerre. Ce consentement doit être formulé par écrit; il peut être adressé au receveur des domaines en même temps que l'état portant décompte des dernières livraisons effectuées en exécution du marché arrivé à son terme.

D'après l'avis exprimé comme il est dit ci-dessus, MM. les directeurs des domaines dans chaque département donnent la mainlevée définitive des cautionnements.

## MODÈLE N° 1.

**Modèle de déclaration à faire par un comptable ou un fonctionnaire titulaire d'une inscription de rente sur l'Etat pour l'affecter à un cautionnement. (Loi du 13 avril 1898, art. 56, décret du 2 juillet 1898, art. 3.)**

M.        (nom et prénoms) expose qu'en qualité de
        il est assujetti à un cautionnement de
qu'il entend réaliser en rente sur l'Etat (1) par application de la loi des finances du 13 avril 1898 (art. 56) et de l'article 3 du décret du 2 juillet 1898.

En conséquence, M.        déclare qu'il affecte volontairement audit cautionnement        inscription        de rente sur l'Etat        p. 100 ci-après désignée        lui appartenant savoir :

M.        consent en outre : Que        ce        rente reçoive        la mention de l'affectation audit cautionnement et qu'elle        réponde        jusqu'à concurrence de la somme de

de la responsabilité encourue à raison de ses fonctions, dans les conditions prévues au décret du 2 juillet 1898.

Fait à                , le

(2) (Signature.)

---

(1) Si le cautionnement en rente n'est constitué que pour partie par le comptable ou le fonctionnaire, le surplus de ce cautionnement devra faire l'objet de déclarations distinctes faites par les tiers dans la forme du modèle n° 2, attendu que le cautionnement ne peut consister simultanément en numéraire et en rente (art. 56 de la loi.)

(2) La signature du titulaire de la rente doit être légalisée par le maire ou par un notaire. Dans les départements autres que le département de la Seine, la signature du maire sera légalisée par le préfet ou le sous-préfet; celle du notaire par le président du tribunal civil.

NOTA. — Si la rente à affecter est la propriété d'une femme mariée non séparée de corps, elle ne pourra être engagée qu'avec l'autorisation du mari, et si le contrat de mariage ne contient aucune clause restrictive de la capacité de la femme. Il y aura lieu de communiquer, en conséquence, une expédition du contrat de mariage (qui sera rendue) ou l'acte civil de célébration du mariage qui indiquera qu'il n'a pas été fait de contrat.

## MODÈLE N° 2.

**Modèle de déclaration à faire par un tiers pour affecter une inscription de rente sur l'Etat à un cautionnement. (Loi du 18 avril 1898, art. 56. Décret du 2 juillet 1898, art. 3.)**

M.          (nom, prénoms et domicile du tiers) expose que M.          (le comptable) est assujetti en qualité de          à un cautionnement de          qu'il entend constituer en rentes sur l'Etat (1) par application des dispositions de l'article 56 de la loi de finances du 13 avril 1898 et de l'art. 3 du décret du 2 juillet 1898.

En conséquence, M.          le tiers          déclare qu'il affecte volontairement audit cautionnement, jusqu'à concurrence de la somme de          inscription de rente   p. 100 sur l'Etat ci-après désignée lui appartenant, savoir :

M.          (le tiers)          consent en outre, que   c rente   reçoive   la mention de l'affectation audit cautionnement, et qu'elle   réponde   jusqu'à concurrence de la somme de          de la responsabilité encourue par M.          (le comptable) à raison de ses fonctions dans les conditions prévues au décret du 2 juillet 1898.

Fait à          , le

(2) (Signature du tiers.)

(2) (Signature du comptable ou du fonctionnaire.)

---

(1) Si l'inscription affectée n'est pas suffisante pour garantir la totalité du cautionnement, le surplus de ce cautionnement devra faire l'objet de déclarations distinctes établies en la forme du présent modèle ou du modèle n° 1, si la rente garantissant le surplus est au nom du comptable, attendu que le cautionnement ne peut consister simultanément en numéraire et en rente (art. 56 de la loi).

(2) Les signatures doivent être légalisées par le maire ou par un notaire. Dans les départements autres que le département de la Seine, la signature du maire sera légalisée par le préfet ou le sous-préfet; celle du notaire par le président du tribunal civil.

Nota. — Si la rente à affecter est la propriété d'une femme mariée non séparée de corps, elle ne pourra être engagée qu'avec l'autorisation du mari, et si le contrat de mariage ne contient aucune clause restrictive de la capacité de la femme. Il y aura lieu de communiquer, en conséquence, une expédition du contrat de mariage (qui sera rendue) ou l'acte civil de célébration du mariage qui indiquera qu'il n'a pas été fait de contrat.

Quand l'inscription est au nom d'une société en commandite, ou en nom

## MODÈLE N° 3.

### Procuration pour cautionnement en rentes sur l'Etat des entrepreneurs ou fournisseurs.

Nom, prénoms et qualité du constituant ; sa demeure.

Nom, prénoms et qualité du mandataire ; sa demeure.

Pouvoir de, pour et au nom du constituant, opérer le dépôt à la Caisse des dépôts et consignations de toutes inscriptions de rentes sur le grand-livre de la dette publique de France, appartenant au constituant (ou telle inscription déterminée), en nantissement et garantie des engagements du constituant (ou de telle personne désignée) en qualité de (indiquer ici la nature de ces engagements), et affecter spécialement lesdites inscriptions au cautionnement dont le constituant (ou la personne désignée) est tenu en sadite qualité ; à cet effet, signer et passer avec la Caisse des dépôts et consignations l'acte d'affectation dans les termes formulés par ladite Caisse ; faire toute élection de domicile pour l'exécution de cet acte.

Donnant expressément au mandataire le pouvoir de conférer à la Caisse des dépôts et consignations le droit spécial et irrévocable, pendant toute la durée du cautionnement, de, pour et au nom du constituant, vendre, en cas de débet mis à sa charge, ou à la charge de la personne désignée, ou, s'il était reconnu reliquataire envers tous sous-traitants, sous-fournisseurs, agents ou préposés de l'entreprise, les inscriptions par lui affectées à la garantie desdits engagements, pour le prix à provenir de la vente être appliqué à couvrir le débet principal, intérêts et frais, et généralement faire tout ce qui pourra être nécessaire pour régulariser le cautionnement dont il s'agit ; aux effets ci-dessus, passer tous actes, élire tout

---

collectif, l'associé qui affecte la rente en cautionnement doit justifier de sa qualité et de ses pouvoirs en produisant un extrait de l'acte de société délivré, soit par le greffier du tribunal de commerce, soit par le notaire détenteur de l'acte de société. Si l'extrait est délivré par le notaire, cet officier ministériel constatera, en marge, la publication de l'acte de société.

Quand l'inscription est au nom d'une société anonyme, les intéressés doivent produire :

1° Un extrait des statuts ;

2° Un extrait de l'acte attestant le dépôt chez un notaire de la délibération de l'assemblée générale des actionnaires qui a constaté la formation définitive de la société ;

3° Un extrait de la délibération du conseil d'administration justificative de la qualité et de la capacité de la personne qui réalise le cautionnement.

domicile, et généralement faire et dire tout ce que les circonstances exigeront, promettant l'agréer.

Retirer de la Caisse des dépôts et consignations les bordereaux d'annuel représentatifs des inscriptions et servant à toucher les arrérages.

(Ajouter l'alinéa ci-après, suivant le désir du constituant).

Lors de la restitution dudit cautionnement, retirer de la Caisse des dépôts et consignations les inscriptions y affectées, en donner bonne et valable décharge à cette caisse et signer tous reçus à ce nécessaires.

---

NOTA. — Cet acte devra être fait double. Il sera sur papier libre. Chaque double devra être signé par le préposé de la caisse des dépôts et consignations et par le titulaire de l'inscription.

## MODÈLE N° 4.

### CAISSE DES DÉPOTS ET CONSIGNATIONS.

#### CAUTIONNEMENTS PROVISOIRES.

# ACTE

*de dépôt de cautionnement provisoire pour soumission de fournitures (ou) entreprises de fournitures au compte de l'État.*

Entre les soussignés,

Le directeur général de la Caisse des dépôts et consignations, agissant an nom de ladite Caisse, d'une part,

Et le sieur (nom, prénoms, qualités et demeure du titulaire de l'inscription) d'autre part,

A été convenu et arrêté ce qui suit :

M.                      , à la garantie de la soumission qu'il se propose de faire du marché de

au compte                      et dont l'adjudication doit avoir lieu le

Déclare par ces présentes qu'il affecte volontairement à titre de nantissement et de cautionnement

inscription de rente                      sur l'Etat lui appartenant
p. 100  de la somme de (en toutes lettres)
n°      série      jouissance du
figurant sur le grand-livre de la dette publique (ou sur le grand-livre du département de          ) dont 1  extrait
origin      a été remis avec le présent au trésorier-payeur général (ou au receveur particulier soussigné).

En conséquence, M.                      , dans le cas où il serait déclaré adjudicataire, consent :

Que ce inscription réponde jusqu'à concurrence de la somme de , montant du cautionnement fixé par le cahier des charges.

S'engageant à réaliser le présent cautionnement en cautionnement définitif dans le délai de
à partir de l'adjudication, terme fixé par le cahier des charges et à souscrire, à cet effet, conformément aux prescriptions de l'art. 8 du décret du 18 novembre 1882, une nouvelle déclaration d'affectation de la rente et à donner à la Caisse des dépôts et consignations un pouvoir irrévocable à l'effet d'aliéner ladite rente s'il y a lieu.

Fait double entre les parties, à Paris, le

Pour le Directeur général :
*Le Sous-Directeur,*

DÉPARTEMENT
d

NOTA. — Cet acte devra être fait double. Il sera fait sur papier libre. Chaque double devra être signé par le préposé à la caisse des dépôts et consignations et par le titulaire de l'inscription.

MODÈLE N° 5.

CAISSE DES DÉPOTS ET CONSIGNATIONS.

CAUTIONNEMENTS DÉFINITIFS.

## ACTE

*de dépôt de cautionnement de travaux, fournitures ou transports au compte de l'État.*

Entre les soussignés :
Le directeur général de la Caisse des dépôts et consignations, d'une part,
Et M. d'autre part ;
A été convenu ce qui suit :
M. a été déclaré adjudicataire des et a été assujetti en cette qualité à un cautionnement de réalisable en rentes sur l'Etat.

Pour ces motifs, M déclare par ces présentes qu' affecte volontairement à titre de nantissement et de cautionnement en garantie de l'exécution dudit marché inscription de rente sur l'Etat lui appartenant p. 100 de la somme de (en toutes lettres) nᵘ série jouissance du figurant sur le grand-livre de la dette publique, dont l'extrait original a été remis avec le présent.

En conséquence, M. consent :

1° Que ce inscription réponde jusqu'à concurrence de la somme de montant du présent cautionnement, de la bonne et complète exécution de tous engagements sus-désignés à partir de la date de la signature de marché jusque après la réception des par entrepris et le règlement définitif de tous les comptes y relatifs ;

2° Qu'elle soi grevée d'opposition de la part de la Caisse des dépôts et consignations pour en arrêter le transport ;

3° Que, dans le cas où, par suite soit d'inexécution ou de mauvaise exécution de engagements, soit d'une infraction quelconque aux clauses et conditions de marché serai reconnu débiteur et passible de la retenue de tout ou partie de cautionnement à titre de dommages-intérêts ou pour toute autre cause, toujours à raison de entreprise , ce inscription soi vendue en tout ou en partie, pour le prix à en provenir être versé en acquit et jusqu'à concurrence de la somme due en principal, intérêts et frais, entre les mains du caissier général de la Caisse des dépôts et consignations ;

Qu'à cet effet immédiatement après le règlement des comptes de fait d'office administrativement, tant en présence qu'en absence, et sans qu'il soit besoin d'aucun acte judiciaire ce inscription soi vendue en la forme ordinaire en vertu d'une décision de M. le Ministre des finances et que le transfert en soit fait et signé par le directeur général, et auquel, le cas échéant, le sieur donne, en tant que besoin, pouvoir spécial et irrévocable tant que durera le présent cautionnement.

Ce qui a été accepté par M. le directeur général.

Fait double entre les parties, à le mil neuf cent.

Pour le Directeur général,

*Le Sous-Directeur,*

# ANNEXE N° 2.

**Taux des cautionnements, des indemnités de responsabilité et des indemnités de frais de bureaux. — Règles d'allocation.**

| DÉSIGNATION des CLASSES. | MONTANT des CAUTIONNE-MENTS. | INDEMNITÉS de RESPONSA-BILITÉ. | INDEMNITÉ de FRAIS de bureau. | OBSERVATIONS. |
|---|---|---|---|---|
| | fr. c. | fr. c. | fr. c. | |
| Hors classe.... | 35.000 » | 2.800 » | 3.000 » | |
| 1re classe...... | 15.000 » | 1.200 » | 930 » | |
| 2e classe...... | 10.000 » | 800 » | 930 » | |
| 3e classe...... | 6.000 » | 480 » | 660 » | |
| 4e classe...... | 4.000 » | 320 » | 660 » | |
| 5e classe...... | 2.500 » | 200 » | 420 » | |
| 6e classe...... | 1.000 » | 80 » | 420 » | |

I. — Les indemnités pour frais de bureau des places de Lyon (vivres) et de Vincennes (ateliers de construction des services administratifs) sont respectivement fixées à :

1.800 francs (Lyon),
1.200 francs (Vincennes),

en raison des frais spéciaux qu'entraînent les ateliers d'ouvriers d'art.

II. — Une indemnité de frais de bureau de 300 francs est allouée aux officiers d'administration ci-après :

Officier d'administration chargé à Paris du service de l'éclairage et des eaux ;

Officier d'administration gestionnaire de l'usine alimentaire de Billancourt ;

Officier d'administration gestionnaire du matériel du laboratoire du Comité technique de l'intendance.

III. — Les officiers d'administration gérants d'annexe ou chargés d'une gestion mixte reçoivent une indemnité de frais de bureau fixée à 180 francs par an.

IV. — L'indemnité de responsabilité est acquise aux officiers d'administration gestionnaires à partir du jour de la prise de possession du service ; elle est due intégralement au titulaire de la gestion pendant son absence, la responsabilité continuant à lui incomber pendant ce temps.

V. — L'indemnité de frais de bureau est également allouée à dater du jour de l'entrée en fonctions, elle est perçue par mois et à terme échu; elle continue d'être acquise à l'officier d'administration gestionnaire qui s'absente, s'il assure les fournitures de bureau. Dans le cas contraire, elle est accordée soit au fondé de pouvoirs, soit au gestionnaire intérimaire.

VI. — Cette indemnité doit pourvoir aux dépenses ci-après, savoir :

#### OFFICIERS D'ADMINISTRATION GESTIONNAIRES.

Achat, entretien et renouvellement des objets mobiliers de bureau nécessaires à l'officier d'administration gestionnaire, aux officiers adjoints (1), aux gérants d'annexes, aux militaires ou employés civils de la place principale,

Dépenses pour fournitures de bureau (reliure, papier, encre, plumes, enveloppes, etc.), tenue et réfection des journaux de mobilisation.

Achat de tous les imprimés non compris dans la nomenclature générale des imprimés de la guerre,

Dépenses de chauffage et d'éclairage des bureaux de la place principale,

Frais de déplacement pour visites dans les annexes, les moulins et les forts, lorsque leur distance de la place principale ne donnera pas droit à l'indemnité de route,

#### OFFICIERS D'ADMINISTRATION DES GESTIONS MIXTES ET GÉRANTS D'ANNEXES.

Frais de chauffage, d'éclairage et de déplacement afférents à la gestion mixte ou à l'annexe.

VII. — Lorsqu'un officier d'administration gère, en même temps, le service des vivres et celui des fourrages, les fixations relatives aux cautionnements, indemnités de responsabilité et frais de bureau sont appliquées seulement au service dont la classe est la plus élevée; elles sont réduites de moitié pour l'autre service. Si les services gérés appartiennent à la même classe, c'est au service des vivres que s'appliquent le cautionnement exigible en entier et les indemnités de responsabilité et de frais de bureau.

---

(1) Les dépenses d'achat, d'entretien et de renouvellement des objets mobiliers de bureau dans les gestions mixtes sont supportées par les frais d'exploitation du service.

## OFFICIERS D'ADMINISTRATION CHARGÉS DE GESTION AUX MANŒUVRES.

Le taux de l'indemnité journalière de frais de bureau allouée aux officiers d'administration chargés d'une gestion aux manœuvres est fixé ainsi qu'il suit :

| | |
|---|---|
| Officiers d'administration gestionnaires des divisions d'infanterie, de la cavalerie et des stations-magasins........................ | 4 fr. |
| Officiers d'administration gestionnaires dans une brigade.......... | 3 — |

Des décisions spéciales statuent sur les indemnités à accorder dans les cas non prévus ci-dessus.

———

## ANNEXE N° 3.

***

**Dispositions relatives à l'instruction théorique et pratique du personnel militaire du service des subsistances.**

***

§ 1er. *Cours pour l'étude théorique et pratique du matériel de campagne du service des subsistances militaires à l'usage des sous-officiers et caporaux d'exploitation des sections de commis et ouvriers militaires d'administration.*

En vue de généraliser la connaissance et l'emploi du matériel de campagne du service des subsistances militaires nécessaires surtout aux cadres des sections actives ou territoriales de commis et ouvriers militaires d'administration, il est fait chaque année, à des époques déterminées, dans des centres d'instruction, des cours théoriques et pratiques auxquels sont successivement convoqués le plus grand nombre possible des sous-officiers et des caporaux desdites sections.

#### Centres et périodes d'instruction.

Art. 1er. Les centres d'instruction sont fixés ainsi qu'il suit :

Lille, pour les 1re, 2e et 3e sections ;
Vincennes, pour les 4e, 5e, 22e et 24e sections ;
Camp de Châlons, pour les 6e et 23e sections ;
Besançon, Belfort, pour la 7e section ;
Nantes, pour les 9e, 10e et 11e sections ;
Lyon, pour les 8e, 14e et 25e sections ;
Marseille, pour les 13e, 15e et 16e sections ;
Bordeaux, pour les 12e, 17e et 18e sections.

Dans chaque centre il y a trois périodes d'instruction, chacune d'elles de vingt jours consécutifs : la première commence le 1er mai ; la deuxième, le 1er juin, et la troisième, le 1er juillet. Toutefois, à Marseille et à Bordeaux, les périodes commencent respectivement les 1er mars, 1er mai et 1er juin.

Tous les ans, chaque directeur de l'intendance règle l'envoi au centre d'instruction qui lui est assigné, des sous-officiers et des caporaux d'exploitation, dans les conditions ci-après :

Ceux de l'armée active, de telle sorte que chacun d'eux ait

fait au moins une période (deux, s'il est possible) dans le cours du service actif ;

Ceux de la réserve de l'armée active ou de l'armée territoriale, à raison de la moitié environ des sous-officiers, et le tiers au moins des caporaux qui doivent être convoqués dans l'année.

Les gradés, ainsi nominativement désignés, sont répartis dans chaque période, autant que possible, par tiers.

Les gradés de la réserve de l'armée active désignés sont convoqués en temps utile au centre de leur section, et de là dirigés sur le centre d'instruction. En fin de période, ils rejoignent leur section où ils terminent leur période d'appel. Les gradés de la section territoriale sont convoqués directement au centre d'instruction, qui, directement aussi, les renvoie dans leurs foyers ; ils sont pris en subsistance par la section du corps d'armée où se fait l'instruction, et y sont habillés.

Les directeurs de l'intendance provoquent en temps utile les ordres du commandement pour les convocations, la mise en route et la mise en subsistance ; ils donnent les avis utiles à leur collègue du centre d'instruction.

### Programme de l'instruction.

Art. 2. Dans chaque centre et pendant chaque période, on initie le personnel, au point de vue théorique et pratique, aux matériels ci-après :

1° Four de construction. — Pièces accessoires. Tracé. Outils et matériaux nécessaires. Détails de la construction. Cuite et chauffage.

2° Fours portatifs Lespinasse (ancien et nouveau modèle). — Nomenclature. Tracé. Montage. Démontage. Emballage. Réparation. Chauffage.

3° Four démontable (Geneste et Herscher et Somasco). — Nomenclature. Montage. Chauffage. Chargement à dos de mulet.

4° Four à augets. — Comme ci-dessus.

5° Four métallique octogonal, système Godelle. — Nomenclature. Montage. Démontage. Emballage. Transport.

6° Four locomobile. — Principes de sa construction. Pièces de rechange et accessoires. Emploi. Entretien. Chauffage. Embarquement sur truc. Matériel d'embarquement.

7° Chariot-fournil. — Principe de sa construction. Description. Pièces de rechange et accessoires. Chargement. Fabrication des levains en cours de route.

8° Ustensiles d'armement de four. — Collections diverses. Nomenclature. Ustensiles pour débiter le bois de four (collection d').

9° Tentes diverses. — Tentes baraques (modèle 1882 et

1894). Tente à distribution. Tente Favret. Tente Cauvin. Tentes de brigadier. Description. Nomenclature. Emploi. Capacité. Déballage. Montage. Démontage. Remballage.

10° Étagères mobiles diverses. — Étagère modèle 1879. Étagère système Grasz. Nomenclature. Montage. Démontage. Emballage.

11° Boulangerie de campagne. — Nomenclature. Dispositif d'installation.

12° Boulangerie légère. — Nomenclature. Installation.

13° Presses à fourrages, système Whitmann. — Description. Fonctionnement.

14° Matériel de marche. — Matériel à l'usage du service des vivres-viandes.

15° Matériels dont l'adoption a été prononcée depuis la publication de la présente instruction.

L'officier instructeur soumet à l'approbatoin du directeur de l'intendance le programme détaillé de l'emploi du temps pour chaque période.

Les théories de construction ou de montage des fours sont complétées à chaque période par une séance de fabrication du pain dans chaque espèce de four.

Les gradés de toutes professions sont exercés à la connaissance de l'emploi de tous les matériels de campagne et à la construction ou au montage des fours, mais le chauffage des fours et la fabrication sont réservés aux gradés et ouvriers de profession.

#### Personnel d'instruction.

Art. 3. Le directeur de l'intendance de la région centre d'instruction désigne, sur l'ensemble du personnel sous ses ordres et d'après les aptitudes reconnues, un officier d'administration du service des subsistances militaires, qui est détaché s'il y a lieu, et qui, pour chaque période, est spécialement chargé de l'instruction, sous l'autorité de l'officier d'administration gestionnaire du service des vivres de la place.

Des ouvriers d'exploitation en nombre nécessaire sont adjoints au personnel d'instruction pour les manœuvres, les mouvements de matériel, les constructions de fours et fabrications.

#### Contrôles à tenir.

Art. 4. L'officier d'administration gestionnaire du service des vivres dans chaque centre d'instruction tient un contrôle des gradés ayant reçu l'instruction spéciale. Extrait de ce contrôle est envoyé après chaque période au commandant de chacune des sections intéressées par l'intermédiaire des directeurs de l'intendance.

L'inspecteur général, chargé de l'inspection générale, soit du service centre d'instruction, soit d'une section, se fait produire les contrôles, les tableaux d'emploi du temps ou, selon le cas, les extraits du contrôle.

Enfin, il y a intérêt à ce que les officiers d'administration de l'armée active et surtout ceux du cadre auxiliaire assistent eux aussi, en aussi grand nombre que possible, aux séances pratiques.

Dans cet ordre d'idées, la convocation d'une partie des officiers du cadre auxiliaire peut utilement coïncider avec les périodes d'exercices. Ces officiers sont, dans ce cas, convoqués dans les conditions ci-dessus visées pour les hommes de la réserve ou de l'armée territoriale.

§ 2. *Fonctionnement de l'Ecole de mécaniciens et de chauffeurs-conducteurs de machines, instituée à la manutention militaire de Paris, pour les militaires des sections de commis et ouvriers d'administration.*

### But de l'école.

Art. 1ᵉʳ. L'Ecole de mécaniciens et de chauffeurs-conducteurs de machines, instituée à la manutention militaire du quai de Billy, à Paris, a pour but de confirmer les aptitudes des jeunes gens de ces professions fournis par les contingents annuels et incorporés directement dans les sections de commis et ouvriers militaires d'administration, et de mettre ces militaires en état d'exécuter convenablement leur service dans les places du territoire où ils seront ensuite employés.

Chaque année, 25 militaires environ des sections d'infirmiers sont admis à suivre les cours pendant 40 jours, du 8 avril au 18 mai.

Pendant leur séjour à ladite Ecole, les militaires des sections d'infirmiers sont soumis à toutes les règles édictées pour les ouvriers des sections d'administration.

### Organisation de l'école.

Art. 2. La direction de l'instruction à donner aux ouvriers mécaniciens et chauffeurs-conducteurs de machine est confiée à l'ingénieur technique des services administratifs de la guerre, sous la direction supérieure du sous-intendant militaire de 1ʳᵉ classe, chargé du service des subsistances militaires à Paris.

Pendant leur présence à l'Ecole, ces ouvriers sont mis en subsistance à la 22ᵉ section de commis et ouvriers militaires d'administration ; ils sont logés à la caserne Saint-Pierre avec le détachement de Billy et placés sous l'autorité de l'officier d'administration principal commandant le détachement.

Art. 3. Les ouvriers mécaniciens et chauffeurs-conducteurs de machines prévus à l'effectif des troupes d'administration et répartis entre les diverses sections, font, avant leur arrivée à l'École, un premier séjour de trois mois dans ces sections pendant lequel ils reçoivent l'instruction militaire indispensable.

Le renouvellement de ces ouvriers ayant lieu chaque année par tiers, c'est un effectif approximatif de 80 hommes qui, chaque année, doivent être envoyés à l'Ecole des mécaniciens et chauffeurs.

### Périodes d'instruction.

Art. 4. Les ouvriers mécaniciens et chauffeurs-conducteurs de machines sont envoyés à l'Ecole par les soins de la section de commis et ouvriers militaires d'administration à laquelle ils appartiennent, à des époques différentes ci-après indiquées, suivant leur profession.

A cet effet, et après vérification de l'aptitude professionnelle, ils sont répartis par les sections en deux divisions :

La première, comprenant les ouvriers d'art (mécaniciens ajusteurs, tourneurs, monteurs, limeurs, perceurs, forgerons, électriciens, etc.);

La seconde, comprenant les chauffeurs et les conducteurs de machines (à vapeur, à gaz, hydrauliques, électriques, etc.).

La durée totale des cours est de 100 jours effectifs.

Pour la première division, les cours ont une durée de trente-cinq jours; ils commencent le 1er mars, et finissent le 4 avril inclus;

Pour la seconde division, les cours ont une durée de soixante-cinq jours; ils commencent le 8 avril et finissent le 11 juin inclus.

Les élèves de chaque division doivent être rendus à la manutention militaire du quai de Billy au plus tard le matin du jour précédant la date d'ouverture du cours et seront renvoyés dans leurs sections le lendemain de la date de clôture.

### Programme de l'instruction.

Art. 5. L'instruction est à la fois théorique et pratique; les élèves sont surtout initiés à la connaissance des machines et appareils divers employés dans les services administratifs, à leur conduite, à leur entretien, et à leur réparation au besoin.

La progression de l'instruction a lieu de la manière suivante :

Pour la première division.

1° Machines à vapeur. — Nomenclature sommaire, nettoyage, démontage et montage.

2° Transmissions. — Éléments d'une transmission, démontage et montage des diverses pièces et des courroies. Entretien et graissage. Réparations.

3° Pétrisseuses mécaniques. — A pain, à biscuit, à double fin. Nomenclature, entretien, nettoyage, démontage, et montage des diverses pièces. Changement des calottes-graissage, cas de chômage.

4° Biscuiteries mécaniques. — Accessoires, nomenclature, entretien, nettoyage, démontage et montage des diverses pièces, réglage du laminoir et du couteau, cas de chômage.

5° Moulins à vapeur. — Nomenclature, principaux mécanismes, entretien, graissage, démontage et montage.

6° Presses à fourrages. — Nomenclature, entretien, graissage, démontage et montage, marche d'une opération, précautions à prendre, cas de chômage.

7° Éclairage électrique. — Notions, entretien, nettoyage des dynamos, montage des appareils de sûreté, des fils conducteurs et des lampes; entretien, démontage et réparations.

8° Travaux d'atelier. — Réparations courantes aux appareils précédents, clavetages, bagues, brasures, soudures, rodages, etc. (exercices pratiqués).

Pour la seconde division.

1° Chaudières à vapeur. — Nomenclature, divers types de chaudières; appareils de sûreté, de contrôle et d'alimentation; épreuves, conduites des feux, de l'alimentation et de la pression, incrustation, précautions contre les accidents et explosions, tuyauteries, entretien, nettoyage, démontage et montage des pièces, cas de chômage, devoirs du chauffeur.

2° Machines à vapeur. — Nomenclature, détente, condensation, conduite, entretien, nettoyage, graissage, démontage et montage; cas de chômage, garnitures, joints, mastic, huiles, matériaux divers, leur emploi, devoir du conducteur.

3° Transmissions. — Nomenclature, entretien, nettoyage et graissage. Installations.

4° Éclairage électrique. — Nomenclature, conduite, entretien, réglage et nettoyage des dynamos et des appareils de distribution, précautions à prendre pour la mise en route et l'arrêt, remplacement des lampes, coupe-circuit, etc.

5° Étuves à désinfection. — Nomenclature, entretien et nettoyage, appareils accessoires, conduite d'une opération.

6° Moteurs à gaz. — Divers types; nomenclature, conduite,

entretien, démontage et montage des pièces, graissage ; re-
commandations spéciales.

7° Réparations courantes de petit entretien des appareils
précédents (exercices pratiques).

Pour l'étude des presses à fourrages ainsi que des moteurs
à gaz et électriques, les élèves seront conduits aux parcs à
fourrages de la Rapée-Bercy et de Vincennes et au magasin
général d'habillement du quai d'Orsay.

Pendant la période d'instruction et à la fin de chaque
cours, les élèves sont soumis à des interrogations individuelles portant sur les matières des programmes précédents.

### Dispositions spéciales.

Art. 6. Après chaque période d'instruction, des feuilles
de notes relatant le degré de connaissances de chaque militaire, et mentionnant ses aptitudes spéciales, sont établies
par l'ingénieur technique des services administratifs de la
guerre, directeur de l'instruction.

Ces feuilles, revêtues de l'avis du sous-intendant militaire
de 1re classe ayant la direction supérieure de l'Ecole, sont
adressées par la voie hiérarchique aux directeurs de l'intendance des régions auxquelles appartiennent les sections d'affectation des ouvriers.

Ces feuilles servent, après la rentrée des ouvriers dans les
sections, à établir entre eux un choix raisonné basé, d'une
part, sur leurs aptitudes professionnelles et leur degré d'instruction et, d'autre part, sur les nécessaires en personnel,
sur la nature et l'importance des appareils à conduire et à entretenir et des travaux d'atelier à exécuter dans chacun des
établissements administratifs entre lesquels les ouvriers appartenant à une même section doivent être répartis.

Ultérieurement, les feuilles de notes servent à l'inscription
sur les livrets matricule et individuel des hommes de troupe
d'administration des renseignements à porter sous la rubrique : Instructions, stages et emplois spéciaux.

## ANNEXE No 4.

### Primes de travail et gratifications allouées aux ouvriers militaires d'administration.

#### I. — PRIMES DE TRAVAIL ET GRATIFICATIONS.

Les primes de travail ont été supprimées à partir du 1er janvier 1896; mais, à titre transitoire, les primes et les gratifications prévues par les tarifs ci-après continuent à être allouées, dans les conditions précédemment arrêtées et jusqu'à leur admission à la retraite :

1º Aux militaires rengagés ou commissionnés antérieurement aux ordres donnés pour la suppression des primes ;

2º Aux militaires commissionnés après la notification des ordres de suppression, mais dont le rengagement est antérieur à cette notification.

Les sous-officiers promus à l'emploi d'adjudant n'ont pas droit aux primes de travail et aux gratifications accordées aux sergents rengagés ou commissionnés.

| | PRIME DE TRAVAIL par journée de 10 heures. | | MAXIMUM de la gratifications mensuelle (1). |
|---|---|---|---|
| | Jour. | Nuit. | |
| 1º *Sous-officiers rengagés ou commissionnés antérieurement au 1er janvier 1885.* (Tarif du 23 septembre 1874.) | | | |
| Sous-officier employé à la fabrication du pain et du biscuit et aux travaux d'art (2) | 1 fr. 10 | | 15 fr. 00 |
| — employé aux travaux de magasin | 1 fr. 00 | | 12 fr. 00 |
| — concierge | 1 fr. 00 | | 15 fr 00 |

(1) Les gratifications sont décomptées mensuellement. Leur montant ne doit pas dépasser *la moitié du maximum* correspondant aux journées de dix heures consacrées aux travaux pour lesquels elles peuvent être accordées.

Les concierges peuvent recevoir le maximum de la gratification lorsqu'ils n'ont donné lieu à aucune plainte.

(2) Les mécaniciens et chauffeurs employés dans les moulins à vapeur de l'administration reçoivent, en outre, lorsque leur manière de servir est pleinement satisfaisante, une gratification extraordinaire fixée comme il suit, par journée de travail :

Mécanicien........................................... 0 fr. 35
Chauffeur............................................ 0 fr. 25

|  | PRIME DE TRAVAIL par journée de 10 heures. | | MAXIMUM de la gratification mensuelle (1). |
|---|---|---|---|
|  | Jour. | Nuit. |  |
| 2° *Sous-officiers rengagés ou commissionnés du 1er janvier 1885 au 31 mars 1888.* (Tarifs des 5 février 1885 et 3 juillet 1886.) | | | |
| 1re catégorie (2)............................ | 0 fr. 35 | 0 fr. 55 | » |
| 2e catégorie (3)............................. | 0 fr. 70 | 1 fr. 00 | » |
| 3° *Sous-officiers rengagés ou commissionnés du 1er avril 1888 au 31 mars 1891.* (Tarif du 29 février 1888.) | | | |
| 1re catégorie (2)............................ | » | 0 fr. 50 | » |
| 2e catégorie (3)............................. | 0 fr. 50 | 0 fr. 70 | » |

| | TAUX DE LA PRIME PAR JOURNÉE DE 10 HEURES (1). | | | | | |
|---|---|---|---|---|---|---|
| | 1re catégorie (2) | | 2e catégorie (3) | | 3e catégorie (4) | |
| | de jour. | de nuit (5). | de jour. | de nuit (5). | de jour | de nuit (5). |
| 4° *Sous-officiers rengagés ou commissionnés du 1er avril 1891 au jour de la notification de la décision ministérielle du 22 janvier 1896 portant suppression des primes.* (Tarif du 12 mars 1891.) | | | | | | |
| Sergents.................. | » | 0 fr. 50 | 0 fr. 50 | 0 fr. 70 | 0 fr. 30 | 0 fr. 50 |

(1) Toute heure de travail commencée est comptée comme une heure entière, et, dans le décompte de la somme à payer, *toute fraction de centime est comptée comme un centime.* Le travail à la tâche est supprimé.

(2) Blanchiment des bâtiments, blanchissage des sacs, des vêtements de travail, bottelage, triage, fauage des fourrages, conduite et entretien des bestiaux, oribiage et pelletage des grains, farines, etc. Désinfection, nettoyage des locaux, du matériel. Emballage et expédition des denrées ou du matériel. Manœuvres de conservation et d'entretien des denrées ou du matériel. Manutention, classement et arrimage des denrées ou du matériel. Outillage des fûts de liquides, de salaisons, etc. Peinture des boîtes de conserves. Pressage du foin, de la paille, etc. Réception et distribution des denrées ou du matériel. Réparations des caisses à biscuit et des effets de travail. Servants de four et aides des ouvriers de profession.

(3) Bouchers. Boulangers. Chauffeurs. Concierges (en activité de service). Conducteurs de machines à vapeur, de machines-outils. Conducteurs de moutures. Dessinateurs. Emmeuleurs. Forgerons. Lithographes. Meuniers. Rhabilleurs.

(4) *Ouvriers en bois* (Charpentiers, charrous, ébénistes, layetiers, menuisiers, tonneliers). *Ouvriers en cuir, en toile* (bourreliers, cordonniers, selliers, voiliers). *Ouvriers en fer* (Chaudronniers-tôliers, étameurs, ferblantiers, mécaniciens, ajusteurs, serruriers, taillandiers). *Ouvriers de diverses professions* (cordiers, fumistes, maçons, peintres).

(5) Est considéré comme travail de nuit le travail fait de 6 heures du soir au réveil.

## II. — GRATIFICATIONS MENSUELLES AUX OUVRIERS
### LES PLUS MÉRITANTS.

Peuvent participer à des gratifications, dont le taux maximum est fixé ainsi qu'il suit, pour une période mensuelle :

Sous-officiers. . . . . . . . . . . . . . . . . 6 francs.
Caporaux. . . . . . . . . . . . . . . . . . . . 4 fr. 50.
Soldats. . . . . . . . . . . . . . . . . . . . . 3 francs.

les ouvriers militaires d'administration employés aux travaux ci-après :

### 1re CATÉGORIE. — *Travaux de jour ou de nuit.*

Bouchers.

Boulangers : brigadiers principaux, brigadiers de four, pétrisseurs et, en outre, en ce qui concerne la fabrication du pain de guerre, ouvrier occupé au laminoir; ouvrier qui présente les planchettes au couteau.

Chauffeurs.

Concierge (en activité de service).

Conducteurs : de machines à vapeur, de machines-outils, de moutures.

Dessinateurs.

Emmouleurs.

Lithographes.

Meuniers.

Rhabilleurs.

Ouvriers en bois : charpentiers, charrons, ébénistes, layetiers, menuisiers, tonneliers.

Ouvriers en cuir et en toile : bourreliers, cordonniers, selliers, voiliers.

Ouvriers en fer : chaudronniers-tôliers, étameurs, ferblantiers, forgerons, mécaniciens-ajusteurs, serruriers, taillandiers.

Ouvriers de diverses professions : cordiers, fumistes, maçons, peintres.

### 2e CATÉGORIE. — *Travaux de nuit.*

Blanchiment des bâtiments.

Blanchissage des sacs, des vêtements de travail.

Bottelage, triage, fanage des fourrages.

Conduite et entretien des bestiaux.

Criblage et pelletage des grains, farines, etc.

Désinfection, nettoyage des locaux, du matériel.

Emballage et expédition des denrées ou du matériel.

Manœuvres de conservation et d'entretien des denrées ou du matériel.

Manutention, classement et arrimage des denrées ou du matériel.

Ouillage des fûts de liquides, de salaisons, etc.

Peinture des boîtes de conserves.

Pressage du foin, de la paille, etc.

Réception et distribution des denrées ou du matériel.

Réparation des caisses à biscuit et des effets de travail.

Servants de four et personnel employé à la fabrication du pain de guerre, autre que celui qui est énuméré dans la première catégorie, aides des ouvriers de profession.

Les gratifications ne doivent pas avoir le caractère d'une prime réduite uniforme dans chaque grade; elles ne sont allouées que comme marque de satisfaction.

Les dépenses doivent se renfermer dans les limites des crédits accordés à chaque établissement et des fixations du tarif ci-dessus. Exception peut être faite, après autorisation spéciale, en cas de travaux prolongés de nuit ou entraînant une fatigue exceptionnelle.

# ANNEXE N° 5.

### Tarifs des allocations en nature.

## SOMMAIRE.

### § 1er — *Vivres.*

### § 2. — *Service des fourrages.*

### § 3. — *Service du chauffage et de l'éclairage.*

### § 4. — Tableau indiquant l'ordre dans lequel les troupes et autres

## § 1er. — Service des vivres.

1° *Tarif des rations de vivres. (Temps de paix.)*

| DÉSIGNATION DES DENRÉES ou LIQUIDES. | TAUX de la RATION | DÉSIGNATION DES DENRÉES ou LIQUIDES. | TAUX de la RATION. |
|---|---|---|---|
| | kil. | | kil. |
| Pain ordinaire. (de repas....... | 0,750 | Graisse de bœuf.......... | 0,040 |
| (de soupe ...... | 0,250 | Sel ............... | 0,016 |
| Pain biscuité. (de repas.... | 0,700 | Sucre (1)........... | 0,021 |
| (de soupe ..... | 0,250 | Café torréfié (1)...... | 0,016 |
| Pain de guerre. (pour le repas... | 0,550 | Viande fraîche....... | 0,300 |
| (pour la soupe... | 0,185 | Conserves de viande...... | 0,200 |
| Riz.................. | 0,030 | Porc salé .............. | 0,240 |
| Légumes secs............ | 0,060 | | litres. |
| Conserves de légumes...... | 0,030 | Vin................. | 0,25 |
| Potages condensés........ | » | Eau- (ration ordinaire. | 0,0625 |
| Graisse de saindoux...... | 0,030 | de-vie. (ration hygiénique° | 0,03125 |

(1) Pour les troupes disposant de percolateurs ou de cafetières François Vaillant, le taux de la ration entière de sucre et de café est seulement de 10 grammes pour chaque denrée.

NOTA. — Des instructions ministérielles spéciales déterminent le taux des rations applicable aux potages condensés.

2° *Tarif des rations de vivres et des suppléments de rations. (Temps de guerre.)*

A) Tarif des rations.

| DÉSIGNATION des DENRÉES ET LIQUIDES. | TAUX DE LA RATION. | | |
|---|---|---|---|
| | CAMP de manœuvres. | RATION forte de campagne. | RATION normale de campagne. |
| Pain....................... | 0,750 | 0,750 | 0,750 |
| ou pain de guerre ou biscuit........ | 0,550 | 0,600 (1) | 0,600 |
| ou pain biscuité.................. | 0,700 | 0,700 | 0,700 |
| Riz....................... | 0,030 | 0,100 | 0,060 |
| ou légumes secs............ | 0,060 | 0,100 | 0,060 |
| Sel....................... | 0,016 | 0,020 | 0,020 |
| Sucre..................... | 0,021 | 0,031 (2) | 0,021 |

(1) 3 galettes en moyenne pour le biscuit et 12 pour le pain de guerre.
(2) Pour mémoire; le sucre et le café entrent dans les approvisionnements de la réserve de guerre au taux de 0,021 et 0,016.

| DÉSIGNATION des DENRÉES ET LIQUIDES. | TAUX DE LA RATION. | | |
|---|---|---|---|
| | CAMPS de manœuvres. | RATION forte de campagne. | RATION normale de campagne. |
| Café torréfié (1)...................... | 0,016 | 0,024 | 0,016 |
| Viande fraîche....................... | 0,300 | 0,500 | 0,400 |
| ou porc salé........................ | 0,240 | 0,300 | 0,240 |
| ou conserves de viande.............. | 0,200 | 0,250 | 0,200 |
| Graisse de Saindoux................. | » | 0,030 | 0,030 |
| ou graisse de bœuf................. | » | 0,040 | 0,040 |
| Potage condensé (conserve de purée de légumes) (2)..................... | » | 0,040 | 0,040 |
| Vin (3)............................ | 0ˡ,25ᶜ | 0ˡ,25ᶜ | 0ˡ,25 |
| Eau-de-vie (3)...................... | 0,0625 | 0,0625 | 0,0625 |

(1) 0 kilog. 015 quand le café est en tablettes; 0 kilog. 019 de café vert peuvent être distribués en remplacement de café torréfié.

(2) Le jour où il est consommé des conserves de viande.

(3) A titre exceptionnel. La ration simple de liquide de 0ˡ,25 de vin, 0ˡ,50 de bière, 0ˡ,0625 d'eau-de-vie est accordée de droit à tout homme de troupe bivouaqué.

B) Tarif des suppléments de rations.

Les suppléments de rations le plus habituellement susceptibles d'être alloués sont :

La ration de liquides ou un tiers de ration de pain (250 gr.) ou un cinquième de ration de viande (100 grammes).

On peut aussi, dans certains cas, allouer une fraction déterminée, 1/2, 1/3, 1/4 de la ration forte ou normale.

Ces suppléments peuvent, d'ailleurs, être remplacés par tous autres aliments équivalents existant sur les lieux.

L'ordre qui accorde des suppléments de rations doit préciser les corps, fractions de corps, détachements ou services auxquels le supplément s'applique. Les ordres concernant le changement de rations, ainsi que les allocations extraordinaires, sont toujours notifiés par le commandement aux fonctionnaires de l'intendance, qui en tiennent enregistrement avec mention des corps ou fractions auxquels les allocations s'appliquent.

Dans la période active, il sera assez rare que les ordinaires puissent se procurer le pain de soupe que l'administration ne pourra pas davantage assurer; la composition de la ration forte, en ce qui regarde les autres vivres, a été calculée dans cette prévision.

### 3° *Tarif des substitutions.*

| | RATION forte (0 kilog. 500). | RATION normale (0 kilog. 400). |
|---|---|---|
| *On peut remplacer la ration de viande de bœuf par :* | | |
| Veau, mouton, porc, lapin, volaille, cheval, poissons frais.............................. | 500 | 400 |
| Boudin, œufs, fromage mou.................... | 375 | 300 |
| Morue salée.................................... | 300 | 250 |
| Porc fumé et porc salé....................... | 300 | 240 |
| Cervelas, viande fumée, viande d'Amérique ou d'Australie fumée ou marinée et salée, thon mariné, hareng salé, sardines salées.......... | 250 | 200 |
| Fromage de Gruyère ou de Hollande, Chester, Neufchâtel, Roquefort, parmesan.......... | 250 | 200 |
| Saucisse ou saucisson fumé, caviar, hareng fumé........................................... | 200 | 150 |
| Sardines à l'huile............................. | 150 | 100 |
| Morue sèche, poudre de viande............... | 125 | 100 |
| Lait de vache.................................. | 3ˡ | 2ˡ 1/2 |

| | RATION forte (100 gr.). | RATION normale (50 gr.). |
|---|---|---|
| *On peut remplacer la ration de légumes secs ou de riz par :* | | |
| Pommes de terre................................ | 750 | 450 |
| Navets, carottes, choux....................... | 1.000 | 600 |
| Choucroute..................................... | 600 | 360 |
| Navets confits.................................. | 600 | 360 |
| Semoule, orge perlé............................ | 100 | 60 |
| Châtaignes ordinaires ou décortiquées......... | 150 | 90 |
| Conserves de légumes (Julienne, choux, épinards, carottes, navets)............................... | 120 | 70 |
| Conserves de légumes en boîtes (haricots, flageolets, petits pois).................................... | 120 | 70 |
| Fruits secs..................................... | 200 | 120 |
| Farine de froment.............................. | 100 | 60 |
| Pâtes d'Italie (nouilles, macaroni, vermicelle, etc.). | 100 | 60 |
| Farine de maïs................................. | 100 | 60 |
| Farines de haricots, lentilles, pois............ | 90 | 50 |
| Fromage de Gruyère ou de Hollande.......... | 70 | 40 |
| Fromage mou................................... | 110 | 60 |

La ration réglementaire de café peut être remplacée par 5 grammes de thé, et la ration de graisse de saindoux par 40 grammes de graisse de bœuf.

On peut remplacer 250 grammes de pain ou 200 grammes de pain de guerre ou de biscuit par :

| | |
|---|---|
| Farine de froment, de maïs, de riz, de légumes............ | 0 k. 180 |
| Pâtes d'Italie, semoules................................ | 0 k. 180 |
| Pommes de terre........................................ | 1 k. 300 |

#### 4° Nombre de rations de vivres allouées d'après le grade.

(Décision présidentielle du 16 mai 1894.)

| | |
|---|---|
| Officiers généraux et assimilés................ | 4 rations. |
| Officiers supérieurs et assimilés.............. | 3 — |
| Capitaines et assimilés....................... | 2 — |
| Lieutenants, sous-lieutenants et assimilés....... | 1 ration et demie. |
| Hommes de troupe, quel que soit le grade...... | 1 — |
| Personnels non désignés au présent tarif........ | 1 — |

NOTA. — Les agents mobilisés des divers services (trésorerie, postes et télégraphes, douanes et forêts) ont droit au nombre de rations de vivres prévues pour les officiers et hommes de troupe suivant la correspondance de grade.

## § 2. — Service des fourrages.

*Tarif en vigueur des rations de fourrages à l'intérieur, en Algérie,*
*en Tunisie et aux armées.*

### NOTES.

Sont autorisés à faire usage, à leur choix, en temps de paix, du tarif du 12 octobre 1887 ou de celui du 10 octobre 1881 :

1° Les régiments de dragons, de chasseurs et de hussards;

2° Les régiments d'artillerie (sauf pour les batteries attachées aux divisions de cavalerie);

3° Les bataillons d'artillerie à pied :

4° Les régiments du génie (pour les chevaux des compagnies de sapeurs-conducteurs, mais d'après le taux de la ration des chevaux de l'artillerie);

5° Les escadrons du train des équipages militaires;

6° Les officiers sans troupe;

7° Les officiers des régiments du génie.

8° Les officiers brevetés.

9° Les lieutenants-colonels de toutes armes accomplissant un stage dans une arme autre que la leur.

En campagne, seul le tarif du 12 octobre 1887 est appliqué.

En manœuvres, les parties prenantes pour lesquelles les tarifs du 12 octobre 1887 et du 10 octobre 1881 sont facultatifs percevront la ration de guerre pour le cas de manœuvres, prévue au tarif adopté.

## TARIF A (DU 12 OCTOBRE 1887).

*Tarif des rations de fourrages*    *à*

| DÉSIGNATION DES PARTIES PRENANTES. (I) | PIED DE PAIX ET DE RASSEMBLEMENT. | | | | | | CAMPS DE MANŒUVRES | | | | | | RATION | | EN M... |
|---|---|---|---|---|---|---|---|---|---|---|---|---|---|---|---|
| | Ration des animaux appartenant aux divers états majors, aux parties prenantes isolées et aux corps de troupe. | | | Ration des animaux pendant leur séjour dans les dépôts de remonte, y compris les chevaux des officiers détachés en remonte. | | | Animaux baraqués. | | | Animaux bivouaqués (II) | | | | | Farine d'orge. |
| | Foin. | Paille. | Avoine. | Foin. | Paille. | Avoine. | Foin. | Paille. | Avoine. | Foin. | Paille. | Avoine. | Foin. | Orge. | |
| **1re CLASSE.** | | | | | | | | | | | | | | | |
| Cuirassiers.................... | 3.50 | 4.00 | 5.25 | 3.00 | 4.00 | 5.00 | 3.50 | 4.00 | 5.25 | 4.50 | » | 5.75 | 3.50 | 2.50 | 1.50 |
| Batterie d'artillerie attachées aux divisions de cavalerie......... | 3.50 | 4.00 | 5.25 | 3.00 | 4.00 | 5.00 | 3.50 | 4.00 | 5.25 | 4.50 | » | 5.75 | 3.50 | 2.50 | 1.50 |
| Officiers généraux. — Chevaux de carrière. (Ecoles)............. | 2.75 | 3.75 | 5.25 | 3.00 | 4.00 | 5.00 | 2.75 | 3.75 | 5.25 | 3.75 | » | 5.75 | 3.50 | 2.50 | 1.50 |
| **2e CLASSE.** | | | | | | | | | | | | | | | |
| Artillerie de campagne et à pied. Dragons. — Chevaux de manège (Ecoles). — Chevaux des écuyers et des instructeurs (Ecoles). — Train des équipages militaires. — | 2.50 | 3.50 | 5.25 | 3.00 | 4.00 | 4.50 | 2.50 | 3.50 | 5.25 | 3.50 | » | 5.50 | 3.00 | 2.00 | 1.50 |
| Officiers du service d'état-major et officiers brevetés. — Officiers employés à l'administration centrale en vertu d'une lettre de service. — Gendarmerie et garde républicaine. | 2.50 | 3.50 | 5.00 | 3.00 | 4.00 | 4.50 | 2.50 | 3.50 | 5.00 | 3.50 | » | 5.50 | 3.00 | 2.00 | 1.50 |
| **3e CLASSE.** | | | | | | | | | | | | | | | |
| Compagnies de sapeurs-conducteurs du génie. ................ Chasseurs, hussards. — Officiers du cadre des Ecoles (autres que les officiers instructeurs et les écuyers). — Officiers d'infanterie et du génie. — Officiers employés dans le service de la remonte. — Chevaux de trait des équipages de l'infanterie. — Officiers des états-majors particuliers de l'artillerie et du génie. — | 2.50 | 3.50 | 4.75 | 3.00 | 4.00 | 4.00 | 2.50 | 3.50 | 4.75 | 3.50 | » | 5.25 | 2.50 | 1.75 | 1.50 |
| Officiers du corps de santé (en dehors des corps de troupe). — Vétérin. (en dehors des corps de troupe). — Fonction. de l'intend. et officiers d'administration. — Aumôniers. — Fonctionnaires et agents de la télégraphie militaire, du Trésor et des postes. — Transports auxiliaires. — Imprimerie nationale. | 2.50 | 3.50 | 4.50 | 3.00 | 4.00 | 4.00 | 2.50 | 3.50 | 4.50 | 3.50 | » | 5.00 | 2.50 | 1.75 | 1.50 |
| **4e CLASSE.** | | | | | | | | | | | | | | | |
| Mulets de toutes provenances...... | 2.50 | 3.50 | 4.00 | 2.50 | 3.50 | 4.00 | 2.50 | 3.50 | 4.00 | 3.50 | » | 4.50 | 2.50 | 1.75 | 1.50 |

*à l'intérieur et aux armées.*

| N | EN MER. | | | RATION DE ROUTE. par terre. (III) | | | RATION de chemin de fer (pour 24 heures) aussi bien en temps de paix qu'en temps de guerre. | | RATION DE GUERRE. (IV) | | | CHEVAUX AU VERT. (V) | | | OBSERVATIONS. |
|---|---|---|---|---|---|---|---|---|---|---|---|---|---|---|---|
| | Farine d'orge. | Son. | lit.l Eau. | Foin. | Paille. | Avoine. | Foin. | Avoine. | Foin. | Paille. | Avoine. | Foin | Paille | Avoine. | |
| 0 | 1.50 | 0.5 | 10 | 4.50 | » | 5.75 | 5.00 | 2.00 | 3.50 | 2.25 | 5.75 | 50 | 2.50 | 3.00 | |
| 0 | 1.50 | 0.5 | 10 | 4.50 | » | 5.75 | 5.00 | 2.00 | 3.50 | 2.25 | 5.75 | 50 | 2.50 | 3.00 | |
| 0 | 1.50 | 0.5 | 10 | 3.75 | » | 5.75 | 5.00 | 2.00 | 2.75 | 2.00 | 5.75 | 50 | 2.50 | 3.00 | |
| 0 | 1.50 | 0.5 | 10 | 3.50 | » | 5.75 | 5.00 | 2.00 | 2.50 | 2.00 | 5.75 | 45 | 2.50 | 2.50 | |
| 0 | 1.50 | 0.5 | 10 | 3.50 | » | 5.50 | 5.00 | 2.00 | 2.50 | 2.00 | 5.50 | 45 | 2.30 | 2.50 | |
| 75 | 1.50 | 0.5 | 10 | 3.50 | » | 5.25 | 5.00 | 2.00 | 2.50 | 2.00 | 5.25 | 40 | 2.50 | 2.00 | |
| 75 | 1.50 | 0.5 | 10 | 3.50 | » | 5.00 | 5.00 | 2.00 | 2.50 | 2.00 | 5.00 | 40 | 2.50 | 2.00 | |
| 75 | 1.50 | 0.5 | 10 | 3.50 | » | 4.50 | 5.00 | 2.00 | 2.50 | 2.00 | 4.50 | 40 | 2.50 | 2.00 | |

OBSERVATIONS.

(1) Lorsque les officiers sans troupe non brevetés, fonctionnaires ou employés militaires, placés dans la 3e classe se trouveront dans des conditions qui justifient une ration supérieure, MM. les gouverneurs militaires de Paris et de Lyon, les généraux commandant les corps d'armée, le général commandant la division d'occupation de Tunisie et les généraux commandant l'École supérieure de guerre, l'École de cavalerie de Saumur, l'École d'application de l'artillerie et du génie et l'École spéciale militaire de Saint-Cyr, pourront leur accorder exceptionnellement et pour le temps qu'ils fixeront, la ration de 2e classe.

Pour tenir compte des fatigues spéciales que peuvent avoir à supporter, dans certaines circonstances, les chevaux de manège, ceux des écuyers et des instructeurs et autres officiers du cadre dans les écoles militaires, les autorités militaires visées ci-dessus auront la faculté d'accorder, quand ils le jugeront nécessaire et pour la durée qu'ils détermineront, un supplément journalier de 250 grammes d'avoine à la ration fixée par le présent tarif.

(II) RATIONS DANS LES CAMPS DE MANŒUVRES.

Lorsque les animaux doivent bivouaquer pendant un certain temps sur le même point, il peut y avoir avantage à remplacer 1 kilogramme de foin ou 500 grammes d'avoine par 2 kilogrammes de paille pour la litière. S'il y a lieu, la substitution est demandée au Ministre.

(III) RATIONS DE ROUTE.

S'il y est autorisé par le chef de corps, l'officier qui précède les colonnes a le droit, pour tout ou partie de l'effectif, suivant les circonstances, de réclamer le remplacement au plus pour chaque ration de 1 kilogramme de foin ou de 500 grammes d'avoine par 2 kilogrammes de paille. La substitution ne peut porter sur les deux denrées à la fois dans le même gîte.

(IV) RATION DE GUERRE.

Le taux et la composition indiqués au présent tarif serviront de base aux prévisions pour la formation des approvisionnements de réserve et des moyens de transport; mais elles n'ont rien d'absolu. Pour le service en campagne, les rations varient nécessairement selon la nature et l'importance des ressources des contrées où les armées opèrent

(V) CHEVAUX AU VERT.

Ces allocations sont exclusives de toutes autres. La paille est fournie gratuitement par l'entrepreneur.

# TARIF B (DU 10 OCTOBRE 1881).

---

## FACULTATIF

(Voir la note insérée en tête du tarif A du 12 octobre 1887.)

| DÉSIGNATION DES PARTIES PRENANTES. | PIED DE PAIX et de RASSEMBLEMENT. Ration des animaux appartenant aux divers états-majors, aux parties prenantes isolées et aux corps de troupe | | | CAMPS DE MANŒUVRES. (1). Animaux baraqués. | | | Animaux bivouaqués. | | | RATION | | Farine |
|---|---|---|---|---|---|---|---|---|---|---|---|---|
| | Foin. | Paille. | Avoine. | Foin. | Paille. | Avoine. | Foin. | Paille. | Avoine. | Foin. | Orge. | |
| État-major général. — Officiers d'état-major, — Officiers employés à l'administration centrale en vertu d'une lettre de service. — Intendance. — États-majors particuliers de l'artillerie et du génie. — Cavalerie de réserve. — Trains d'artillerie, du génie, des équipages militaires, des équipages régimentaires, du Trésor, des Postes, de l'Imprimerie nationale et des transports auxiliaires.......... | 4 | 4 | 5.05 | 4 | 4 | 5.05 | 5 | » | 5.55 | 3.50 | 2.50 | 1. |
| Gendarmerie, officiers et vétérinaires hors cadres des dépôts de remonte............... | 4 | 4 | 4.55 | 4 | 4 | 5.05 | 5 | » | 5.55 | 3.50 | 2.50 | 1. |
| Artillerie, chevaux de selle et de trait des régiments (officiers et troupe) ; chevaux des officiers des trains............ | 4 | 4 | 4.85 | 4 | 4 | 4.85 | 5 | » | 5.35 | 3.50 | 2.50 | 1. |
| Cavalerie de ligne ; chevaux des officiers des régiments du génie, des officiers d'infanterie (lorsque les chevaux de ces derniers ne proviennent pas de la cavalerie légère), des officiers de santé et d'administration........ | 3 | 4 | 4.55 | 3 | 4 | 4.55 | 4 | » | 5.05 | 3 | 2 | 1. |
| Cavalerie légère ; chevaux des officiers d'infanterie (lorsque ces chevaux proviennent de la cavalerie légère)............... | 3 | 4 | 4 | 3 | 4 | 4 | 4 | » | 4.50 | 2.50 | 1.75 | 1. |
| Chevaux de race arabe et de race espagnole, quelle que soit l'arme à laquelle ils sont attachés............... | 2.5 | 4 | 4 | 2.5 | 4 | 4 | 3 | » | 4.75 | 2.50 | 1.75 | 1. |
| Mulets, quelle que soit l'arme à laquelle ils sont attachés............... | 3 | 4 | 3.75 | 3 | 4 | 3.75 | 4 | » | 4.25 | 2.50 | 1.75 | 1. |

| EN MER. | | | RATION DE ROUTE par terre. (II) | | | RATION de chemin de fer (pour 24 heures) aussi bien en temps de paix qu'en temps de guerre. | | RATION DE GUERRE, pour le cas de manœuvre. | | | CHEVAUX AU VERT. (III) | | | OBSERVATIONS. |
|---|---|---|---|---|---|---|---|---|---|---|---|---|---|---|
| Farine d'orge. | Son. | Eau. | Foin. | Paille. | Avoine. | Foin. | Avoine. | Foin. | Paille. | Avoine. | Foin. | Paille. | Avoine. | |
| 1.50 | 0.50 | 16 | 5 | · | 5.55 | 5 | 2 | 4 | 2 | 5.60 | 50 | 2.50 | 3 | |
| 1.50 | 0.50 | 16 | 5 | · | 5.55 | 5 | 2 | 4 | 2 | 5.60 | 50 | 2.50 | 3 | |
| 1.50 | 0.50 | 16 | 5 | · | 5.55 | 5 | 2 | 4 | 2 | 5.60 | 50 | 2.50 | 3 | |
| 1.50 | 0.50 | 15 | 4 | · | 5.05 | 5 | 2 | 4 | 2 | 4.80 | 45 | 2.50 | 2.5 | |
| 1.50 | 0.50 | 15 | 4 | · | 4.50 | 5 | 2 | 3 | 2 | 4.75 | 40 | 2.50 | 2 | |
| 1.50 | 0.50 | 15 | 3 | · | 4.75 | 5 | 2 | 3 | 2 | 4.50 | 40 | 2.50 | 2 | |
| 1.30 | 0.50 | 15 | 4 | · | 4.25 | 3 | 2 | 3 | 2 | 4.50 | 40 | 2.50 | 2 | |

**(I) RATIONS DANS LES CAMPS DE MANŒUVRES**

Lorsque les animaux doivent bivouaquer pendant un certain temps sur le même point, il peut y avoir avantage à remplacer 1 kilogramme de foin ou 500 grammes d'avoine par 2 kilogrammes de paille pour la litière. S'il y a lieu, la substitution est demandée au Ministre.

**(II) RATION DE ROUTE.**

S'il y est autorisé par le chef de corps, l'officier qui précède les colonnes a le droit, pour tout ou partie de l'effectif, suivant les circonstances, de réclamer le remplacement au plus pour chaque ration de 1 kilogramme de foin ou de 500 grammes d'avoine par 2 kilogrammes de paille. La substitution ne peut porter sur les deux denrées à la fois dans le même gîte.

**(III) CHEVAUX AU VERT.**

Ces allocations sont exclusives de toutes autres. La paille est fournie gratuitement par l'entrepreneur.

# TARIF

## DES RATIONS DE FOURRAGES

### A L'INTÉRIEUR,
### EN ALGÉRIE ET EN TUNISIE ET AUX ARMÉES.

———————

**Décision du 4 août 1894.**

———————

SPÉCIAL AUX 1er, 9e ET 18e CORPS D'ARMÉE.

| DÉSIGNATION DES PARTIES PRENANTES. | RATION du pied de paix. | | RATION DE GUERRE pour le CAS DE MANŒUVRE. | Avoine (A). | |
|---|---|---|---|---|---|
| | Foin. | Avoine. | Foin. | Ration minima. | Ration normale. |
| | k. gr. | k. gr. | k. gr. | k. gr. | k. gr. |
| **INTÉRIEUR.** | | | | | |
| Cuirassiers, y compris les équipages régimentaires........ | | | | | |
| Batteries d'artillerie attachées aux divisions de cavalerie... | 4 » | 5.900 | 4 » | 5.900 | 6.650 |
| Officiers généraux........ | | | | | |
| Chevaux de carrière des écoles........ | | | | | |
| Artillerie montée........ | | | | | |
| Compagnies de sapeurs-conducteurs du génie........ | 3.850 | 5.600 | 3.850 | 5.760 | 6.450 |
| Train des équipages militaires........ | | | | | |
| Dragons, y compris les équipages régimentaires........ | | | | | |
| Chevaux de manège........ | 3.500 | 5.200 | 3.500 | 5.500 | 6.150 |
| — des écuyers et des instructeurs dans les écoles... | | | | | |
| Officiers employés dans le service de l'état-major........ | 3.500 | 5.200 | 4 » | 5.900 | 6.650 |
| — brevetés employés dans les corps ou services autres que celui d'état-major........ | | | | | |
| — détachés à l'administration centrale de la guerre... | 3.500 | 5.200 | 3.500 | 5.500 | 6.150 |
| Bataillons d'artillerie à pied........ | | | | | |
| Chasseurs. } Hussards. } y compris les équipages régimentaires........ | | | | | |
| Gendarmerie........ | 3 » | 4.700 | 3 » | 5 » | 5.850 |
| Garde républicaine........ | | | | | |
| Fonctionnaires de l'intendance........ | | | | | |
| Officiers de l'état-major particulier de l'artillerie........ | 3 » | 4.700 | 3.500 | 5.500 | 6.150 |
| — du génie........ | | | | | |
| Officiers d'infanterie........ | | | | | |
| Chevaux de trait des équipages régimentaires de l'infanterie........ | | | | | |
| Officiers du génie........ | | | | | |
| — du service des remontes........ | | | | | |
| — du corps de santé (en dehors des corps de troupe).. | | | | | |
| Vétérinaires (en dehors des corps de troupe)........ | 3 » | 4.700 | 3 » | 5 » | 5.850 |
| Officiers du cadre des écoles (sauf les écuyers et les instructeurs)........ | | | | | |
| — d'administration........ | | | | | |
| Aumôniers........ | | | | | |
| Fonctionnaires et agents de la télégraphie militaire, du Trésor et des Postes........ | | | | | |
| Transports auxiliaires........ | | | | | |
| Imprimerie nationale........ | | | | | |
| Mulets de toute provenance........ | 3.400 | 4.900 | 3.400 | 4.900 | 5.800 |
| **ALGÉRIE ET TUNISIE.** | | Orge. | | Orge. | Orge. |
| Chevaux de toutes armes et de toute provenance (excepté les chevaux de race française) (b)........ | 3 » | 4 » | 3 » | 4.500 | 4.500 |
| Mulets de toute provenance........ | | | | | |
| Chevaux de race française, ne reçoivent rations qu'à l'intérieur. | | | | | |

| CHEVAUX CONSERVÉS DANS LES DÉPÔTS DE REMONTE. | | | | | CHEVAUX au vert (b). | | RATIONS de chemins de fer ou en mer. (c) | | OBSERVATIONS. |
|---|---|---|---|---|---|---|---|---|---|
| Foin. | Avoine. | | | | Foin. | Avoine | Foin. | Avoine | |
| | 1er mois. | 2e mois | 3e mois | 4e mois | | | | | |
| k. gr. | k. gr. | k. gr. | k. gr. | k. gr. | k. gr. | k. gr. | k. gr. | k. gr. | |
| 4 » | 3 » | 4 » | 5 » | 5.900 | 50 » | 3 » | 5 » | 2 » | |
| 3.850 | 3 » | 4 » | 4.800 | 5.600 | 45 » | 2.500 | 5 » | 2 » | |
| 3.500 | 3 » | 3.750 | 4.500 | 5.200 | 45 » | 2.500 | 5 » | 2 » | |
| 3 » | 3 » | 3.750 | 4.250 | 4.700 | 40 » | 2 » | 5 » | 2 » | |
| 3.400 | 3 » | 3.750 | 4.250 | 4.900 | 40 » | 2 » | 5 » | 2 » | |
| | Orge. | Orge. | Orge. | Orge. | | Orge. | | Orge. | |
| 3 » | 3 » | 3.250 | 3.750 | 4 » | 40 » | 2 » | 5 » | 2 » | |

**OBSERVATIONS.**

*Litière.*

Les rations du pied de paix et de chemin de fer et celles pour les chevaux dans les dépôts de remonte se complètent par l'allocation d'une indemnité dite de litière au moyen de laquelle les corps de troupe et les officiers sans troupe se procurent les matières nécessaires pour le couchage des chevaux (paillon de froment, d'orge, de seigle, d'avoine, tourbe, ajonc, bruyère, fougère, feuilles de bois, etc., etc., à l'exclusion du foin.

Les officiers sans troupe ont la faculté lorsqu'ils entretiennent eux-mêmes leurs chevaux de percevoir à leur choix, soit l'indemnité de litière, soit 2 kilog. 500 de paille par cheval et par jour. Dans le cas de mise en subsistance dans un corps de troupe, l'indemnité de litière est toujours allouée ; elle est perçue par le corps.

L'indemnité de litière est fixée comme il suit :

Intérieur, 0 fr. 15 par cheval et par jour ;

Algérie et Tunisie, 0 fr. 12 par cheval et par jour.

Sur le pied de guerre, pendant les marches où sont bivouacs, les allocations pour la litière ne sont pas perçues. Il en est de même pour les journées en mer.

(A) *Ration de guerre.*

Le taux de la ration normale d'avoine indiqué au présent tarif sera porté, par un ordre du commandement, partout où les ressources locales permettront de se procurer sur place les quantités nécessaires chaque fois qu'on sera obligé de faire vivre les chevaux exclusivement sur l'avoine des trains et des convois, la ration minima sera seulement perçue.

Pour le service en campagne, le tarif du 12 octobre 1887 sera seul appliqué, jusqu'à l'adoption définitive du présent tarif.

(B) *Chevaux au vert.*

La ration comporte, en outre, 2 kilog. 500 de paille pour la litière qui sont fournis gratuitement par l'entrepreneur.

Ces allocations sont exclusives de toutes autres.

(C) *Ration de chemin de fer et en mer.*

Les substitutions ne sont pas autorisées.

(D) *Étalons en Algérie et en Tunisie.*

Les étalons reçoivent un supplément de 1 kilog. d'avoine par jour.

2° *Tarif des allocations de paille de litière et de bottillons pour le transport des troupes en chemin de fer.*

| ARMES. | PAILLE de litière (allocation par chevaux). | BOTTILLONS de selle. (1) | BOTTILLONS de truc (2) (allocations 2 par truc). | OBSERVATIONS. |
|---|---|---|---|---|
| | kil. | kil. | kil. | |
| Infanterie et génie | 2,500 | 7,500 (1) | 12 | |
| Cavalerie........ | 2,500 | 7,500 (1) | 12,500 | |
| Artillerie et train des équipages.. | 2,500 | 7,500 (1) | 12 | |

(1) Allocations :
Infanterie, génie, artillerie, train des équipages : 1 bottillon pour 4 selles.
Cavalerie : 1 bottillon pour 4 selles.
Cuirassiers et gendarmes : 1 bottillon pour 3 selles.

Dimensions :

Longueur.................................................. 1m.30
Tour...................................................... 1m.25
3 liens.

(2) Longueur............................................... 0m.80
Tour...................................................... 1m.25
3 liens.

3° *Tarif des allocations de paille de litière et de bottillons pour exercices d'embarquement en chemin de fer.*

§ 1er. *Exercices préparatoires.*

**Troupes de toutes armes.**

Il est alloué pour l'ensemble des exercices préparatoires :
4 bottillons de 1m,80 par groupe de 20 chevaux, tant pour la litière que pour les selles, le nombre des chevaux excédant le plus grand multiple de 20 ne donnant droit à aucune augmentation ;
16 bottillons de 0m,80 par régiment d'infanterie ou de cavalerie, batterie d'artillerie et compagnie du train ;
8 bottillons de 0m,80 par bataillon isolé ou par bataillon du génie ;
Les corps de l'armée territoriale ont droit annuellement au quart de ces allocations.

§ 2. *Exercices d'ensemble.*

**Cavalerie, infanterie et génie.**

1 bottillon de 1m,80 par séance et par groupe de 20 chevaux, tant pour la litière que pour les selles, le nombre de chevaux excédant le plus grand multiple de 20 ne donnant droit à aucune augmentation ;
4 bottillons de 0m,80 par séance et par régiment d'infanterie ou de cavalerie, pour l'embarquement du matériel ;
2 bottillons par bataillon isolé et par bataillon du génie pour le matériel.

|              |                                                                                                                                                                                                                  |
|--------------|------------------------------------------------------------------------------------------------------------------------------------------------------------------------------------------------------------------|
| Artillerie.  | 1 bottillon de 1ᵐ,30 par séance et par groupe de 20 chevaux pour la litière et pour les selles, le nombre de chevaux excédant le plus grand multiple de 20 ne donnant droit à aucune augmentation ;              |
|              | 4 bottillons de 0ᵐ,80 par séance et par batterie de campagne, de montagne ou de forteresse, ou par compagnie de pontonniers complète, pour l'embarquement du matériel                                           |
| Train des équipages. | 1 bottillon de 1ᵐ,30 par séance et par groupe de 20 chevaux, pour la litière et les selles, dans les mêmes conditions que pour l'artillerie.                                                           |
|              | 9 bottillons de 0ᵐ,80 par séance, pour l'embarquement du matériel complet d'une compagnie.                                                                                                                      |

### 4° Tarif des rations de fourrages et d'eau potable à bord des navires de commerce (1).

| DÉSIGNATION des RATIONS. | FOIN. | ORGE ou avoine. | FA-RINE d'orge | SON. | EAU. | OBSERVA-TIONS. |
|---|---|---|---|---|---|---|
|  | kil. | kil. | kil. | kil. | litres. |  |
| Chevaux d'état-major, cavalerie de réserve, chevaux de carrière et des écoles.......... | 3,500 | 2,500 | 1,500 | 0,500 | 16 (2) | |
| Service d'état-major et état-major particulier de l'artillerie (à l'exception des services sédentaires), cavalerie de ligne, artillerie de campagne, pontonniers, etc............ | 3,500 | 2,000 | 1,500 | 0,500 | 15 | |
| Service d'état-major et état-major particulier de l'artillerie (services sédentaires), intendance, état-major particulier et officiers du génie, des équipages militaires, du trésor, des postes, de l'intendance et des transports auxiliaires; chevaux de trait des équipages régimentaires (à l'exception de ceux de la cavalerie qui reçoivent la ration de leur arme), gendarmerie, cavalerie légère, chevaux des officiers d'infanterie, officiers du cadre des écoles, etc., autres que les officiers instructeurs et écuyers, etc.............. | 2,500 | 1,750 | 1,500 | 0,500 | 15 | |
| Mulets de toutes provenances. | 2,500 | 1,750 | 1,500 | 0,500 | 15 | |

(1) La nourriture des chevaux et mulets transportés de France en Algérie et en Corse et vice versa est à la charge des concessionnaires du service des transports de l'État; les animaux reçoivent les allocations déterminées par le marché.

(2) Toutefois, la quantité d'eau sera portée à 20 litres, lorsque les chaleurs seront très fortes.

## 5° *Tarif des substitutions de fourrages.*

### a) Substitutions normales.

Bases d'après lesquelles s'opèrent les substitutions.

1° Grains en remplacement de l'avoine :

| | |
|---|---|
| Maïs ............................... | Poids pour poids. |
| Orge ............................... | — |
| Seigle. ............................... | |
| Blé ............................... | 2/3 du poids. |
| Fèveroles, fèves, pois............... | 3/5 — |

A l'exception du blé et des légumineuses qui ne doivent jamais entrer que pour une fraction des 2/3 pour le blé et des 3/5 pour les légumineuses, tous les autres grains, le maïs, l'orge et le seigle peuvent être totalement substitués à l'avoine, dans les cas où on est dans la nécessité de les faire distribuer vu l'insuffisance ou le manque absolu de l'avoine.

Il est bien entendu que plusieurs grains peuvent simultanément entrer dans la ration en remplacement de l'avoine.

Le remplacement des grains par le fourrage n'est admis que dans le cas d'absolue nécessité, quand on ne peut pas faire autrement, et dans les proportions indiquées plus loin.

2° Fourrages en remplacement du foin :

| | |
|---|---|
| Sainfoin ......... .................. | Poids pour poids. |
| Luzerne ............. ............... | — |

En cas de nécessité absolue :

| | |
|---|---|
| Paille (froment, avoine, orge, seigle)........................... | Double du poids du foin. |
| Avoine ou grains............... | Moitié — |

3° Denrées pour les chevaux soumis à un régime spécial (infirmerie, etc.) :

| | |
|---|---|
| Son ..................... | Moitié en sus de l'avoine. |
| Farine d'orge............ | 8/10 du poids de l'avoine. |
| Carottes ou panais..... | 6 fois le poids de l'avoine. |
| Fourrages verts......... | 4 kilogr. pour un kilogr. de foin sec. |

Les substitutions doivent être établies conformément aux tarifs ci-dessus, et de telle sorte que le montant en argent de la ration normale à laquelle a droit la partie prenante ne soit pas dépassé.

Aucune substitution occasionnant un excédent de dépense pour l'État ne pourra être effectuée sans autorisation préalable du Ministre.

### b) Substitutions de denrées similaires.

Les denrées mentionnées ci-après ne peuvent pas remplacer, d'une manière absolue, celles qui entrent dans la composition normale des rations, mais il convient de prévoir le cas où on est dans la nécessité de les faire distribuer, vu l'insuffisance ou le manque absolu des denrées habituelles. Sous cette réserve, la commission d'hygiène hippique recommande :

1° Comme pouvant remplacer l'avoine, les grains suivants : l'orge, le seigle, le blé, le maïs, le sarrasin, les vesces, les fèveroles ; quoique la valeur nutritive de ces grains ne soit pas tout à fait la même, ils peuvent se substituer à l'avoine, poids pour poids, et entrer pour 1/4 dans la ration. Les vesces, constituant un grain dangereux, ne devront être données que très exceptionnellement, en petites quantités, 1/4 ou 1/5 et pendant quelques jours seulement.

2° Comme pouvant être substitués au foin : le trèfle, la spergule, les vesces, le millet, le trèfle incarnat. La valeur nutritive de ces divers fourrages étant à peu près la même et assez rapprochée de celle du foin, ils pourraient se substituer à cette denrée également poids pour poids dans la proportion du tiers.

La commission signale encore, parmi les denrées agricoles susceptibles d'être employées dans l'alimentation, les gerbes non battues et les carottes.

Les gerbes des céréales (blé, seigle, orge, avoine) dans la proportion de 12 à 15 kilogrammes selon l'arme, équivalent à une ration complète d'hiver.

Les carottes peuvent être admises d'après les bases suivantes : 6 kilogrammes de carottes pour 1 kilogramme d'avoine ; 3 kilogrammes de carottes pour 1 kilogramme de foin ; 2 kilogrammes pour 1 kilogramme de paille. Toutefois, cette dernière substitution ne devra pas dépasser 3 kilogrammes de la denrée fourragère par cheval et par jour.

## 6° Nombre de rations de fourrages à allouer aux officiers de tous grades.

### (Dispositions concernant le temps de paix et le temps de guerre.)

| DÉSIGNATION DES GRADES ET EMPLOIS. | | Pied de paix. | Algérie et Tunisie. | Pied de guerre. | OBSERVATIONS. |
|---|---|---|---|---|---|
| **ÉTATS-MAJORS.** | | | | | Les fixations du pied de guerre du présent tarif ont été déterminées en prenant pour bases les indications des tableaux d'effectifs de guerre. Il doit, en effet, être admis en principe que, en temps de guerre, le droit aux rations de fourrages existe pour tous les chevaux dont les officiers sont effectivement pourvus dans la limite du nombre prévu par lesdits tableaux d'après le grade, l'arme ou le service. |
| État-major général. | Maréchal de France.......... | 8 | 10 | 16 | Comme conséquence, pour toutes les positions particulières qui n'ont pas pu être prévues dans le présent tarif ou qui viendraient à se produire ultérieurement, le droit aux rations de fourrages sera déterminé par les tableaux d'effectifs de guerre. |
| | Général de division commandant un groupe d'armées.......... | 7 | 7 | 10 | |
| | Général de division.......... | 6 | 6 | 6 | Les rations de fourrages ne sont dues que pour le nombre de chevaux dont les officiers de tous grades sont effectivement possesseurs dans la limite de leurs droits respectifs. |
| | Général de brigade.......... | 4 | 4 | 4 | Le Ministre de la guerre a droit à 10 chevaux. |
| Service d'état-major. | Colonel et lieutenant-colonel...... | 3 | 3 | 3 | Le gouverneur militaire de Paris a droit à 12 chevaux. |
| | Chef d'escadron.......... | 2 | 2 | 3 | Le gouverneur militaire de Lyon a droit à 10 chevaux. |
| | Capitaine (†).......... | 2 | 2 | 3 | Les officiers attachés à la personne de M. le Président de la République que peuvent avoir un cheval en sus du nombre fixé par le présent tarif pour les officiers de leur grade. |
| | Lieutenant (†).......... | 2 | 2 | 2 | |
| Officiers d'ordonnance. | Capitaines des corps de troupe ou armes à cheval...... | 2 | 2 | 2 | Les officiers généraux du cadre de réserve et en retraite, les colonels en retraite, pourvus dès le temps de paix d'une lettre de service les affectant à un commandement actif en campagne, ont droit en temps de paix à une ration de fourrages. |
| | Capitaines des corps de troupe ou armes à pied...... | 1 | 1 | 2 | |
| | Lieutenant et sous-lieutenant de toutes armes.... | 1 | 1 | 2 | Les capitaines, lieutenants et sous-lieutenants de toutes armes détachés à l'état-major particulier du Ministre ont droit à deux rations de fourrages sur le pied de paix. |
| Intendance militaire. | Intendant général.......... | 4 | 6 | 6 | Les officiers en retraite employés dans les Écoles militaires et les autres établissements militaires, à l'exception des commandants des Écoles militaires préparatoires de la cavalerie, de l'artillerie et du génie, n'ont pas droit aux rations de fourrages; il en est de même pour les officiers comptables des Écoles militaires et des établissements de remonte. |
| | Intendant militaire.......... | 3 | 4 | 4 | |
| | Sous-intendant militaire de 1re et 2e classe.......... | 2 | 2 | 3 | |
| | Sous-intendant militaire de 3e classe | 1 | 2 | 2 | |
| | Adjoint à l'intendance.......... | 1 | 1 | 2 | |
| | Attachés à l'intendance.......... | » | 1 | 2 | |

| | | | |
|---|---|---|---|
| **Etat-major particulier de l'artillerie.** | Colonel............ | 3 | 3 | 3 |
| | Lieutenant-colonel............ | 3 | 3 | 3 |
| | Chef d'escadron............ | 2 | 2 | 2 |
| | Capitaine (2)............ | 1 | 1 | 2 (1) |
| | Garde principal ou garde............ | » | 1 | 1 (3) |
| **Etat-major particulier du génie.** | Colonel............ | 3 | 3 | 3 (4) |
| | Lieutenant-colonel............ | 2 | 2 | 3 (4) |
| | Chef de bataillon............ | 2 | 2 | 3 |
| | Capitaine............ | 1 | 1 | 2 (5) |
| | Lieutenant............ | 1 | 1 | 2 (5) |
| | Adjoint principal ou adjoint............ | » | 1 | 1 (3) |
| **CORPS DE TROUPE.** | | | | |
| **Colonel ou lieutenant-colonel** | d'infanterie............ | 2 | 2 | 2 |
| | de cavalerie............ | 3 | 3 | 3 |
| | d'artillerie { Colonel............ | 3 | 3 | 3 |
| | du génie { Lieutenant-colonel............ | 3 | 3 | 3 |
| | du train des équipages............ | 2 | 2 | 2 |
| **Chef de bataillon ou d'escadron** | d'infanterie breveté............ | 2 | 2 | 2 |
| | d'infanterie............ | 1 | 1 | 2 |
| | de cavalerie............ | 2 | 2 | 2 |
| | d'artillerie............ | 2 | 2 | 2 |
| | du génie breveté............ | 2 | 2 | 2 |
| | du génie............ | 1 | 1 | 2 |
| | du train des équipages............ | 2 | 2 | 2 |
| **Major** | de toutes armes breveté............ | 2 | 2 | 2 |
| | de cavalerie............ | 2 | 2 | 2 |
| | d'artillerie............ | 2 | 2 | 2 |
| | des autres armes............ | 1 | 1 | 1 |

(1) Les capitaines des armes à pied et les lieutenants de toutes armes stagiaires d'état-major ont droit à une ration de fourrages en temps de paix, mais en Algérie et en Tunisie ces officiers pourront recevoir une 2e ration : quant aux capitaines de cavalerie et d'artillerie stagiaires, ils conservent leurs deux rations comme dans leur arme, soit à l'intérieur, soit en Algérie et en Tunisie.

(2) Ont droit à deux chevaux, sur le pied de paix, les capitaines d'artillerie détachés des corps de troupe ou appartenant à l'état-major particulier et remplissant les fonctions d'aide de camp du Ministre de la guerre ; — employés à l'École d'application et dans les commissions d'expériences — instructeurs à l'École des sous-officiers de l'artillerie et du génie et adjoints aux directeurs de Vincennes et de Versailles.

(3) Les gardes d'artillerie et les adjoints du génie en Algérie n'ont pas droit à une ration de fourrages en temps de paix. Ils ont droit à une ration en temps de guerre, sauf les exceptions prévues aux tableaux d'effectifs de guerre.

(4) Les officiers supérieurs de l'état-major particulier du génie employés dans les places fortes où l'on exécute des travaux de défense peuvent avoir, pendant la durée des travaux, un cheval en sus du nombre indiqué ci-contre.

(5) Les capitaines et lieutenants du génie également attachés aux places fortes où l'on exécute des travaux de défense peuvent avoir, en temps de paix, une deuxième monture.

| DÉSIGNATION DES GRADES ET EMPLOIS. | Pied de paix. | Algérie et Tunisie. | Pied de guerre. | OBSERVATIONS. |
|---|---|---|---|---|
| **Capitaine** d'infanterie (1) | 1 | 1 | 1 | (1) Dmnis à la remonte, à titre gratuit, des capitaines d'infanterie en temps de paix. (Décision présidentielle du 11 mars 1898, intervenue pour l'application de la loi du 4 mars 1897): |
| du génie | 1 | 1 | 1 | « Les capitaines d'infanterie commandants de compagnie et adjudants-majors sont montés. |
| de cavalerie | 1 | 1 | 1 | « En outre, ont droit à une monture, les capitaines d'infanterie appartenant à l'une des catégories suivantes : |
| des régiments d'artillerie | 2 | 2 | 2 | « 1° Détachés au ministère de la guerre; |
| des bataillons d'artillerie à pied | 2 | 2 | 2 | « 2° Brevetés, sauf ceux qui remplissent des fonctions dont les titulaires ne sont jamais montés (capitaines-majors et officiers comptables, capitaines détachés dans le service du recrutement); |
| d'une compagnie d'ouvriers d'artillerie | » | » | 1 | « 3° Appartenant au cadre permanent des écoles de tir; |
| d'une compagnie de sapeurs-conducteurs | 1 | 1 | 1 | « 4° Instructeurs commandants de compagnie à l'École militaire d'infanterie. |
| d'une compagnie du train des équipages | 2 | 2 | 2 | « Lorsque la loi du 4 mars 1897 aura reçu son application complète, tout capitaine placé au cadre complémentaire par mutation ou par promotion n'aura droit à une monture que s'il appartient à l'une des quatre catégories indiquées ci-dessus. |
| major d'un bataillon d'artillerie à pied | 1 | 1 | 1 | « Par mesure transitoire, les capitaines d'infanterie, actuellement montés, contrairement aux dispositions qui précèdent et à celles qui suivent conserveront leurs chevaux, jusqu'au moment où elles leur deviendraient applicables. |
| major du train des équipages | 1 | 1 | 1 | « Dans les corps qui n'ont constitué aucune unité de leur quatrième bataillon, les quatre capitaines les plus anciens du cadre complémentaire seront montés. |
| **d'infanterie.** Adjoint au chef de corps | 1 | » | 1 | « Dans les corps où le quatrième bataillon est en partie constitué, le nombre maximum des capitaines du quatrième bataillon et du cadre complémentaire montés sera de quatre, et de cinq dans le cas contraire, si l'emploi d'adjudant-major n'est pas créé. |
| Adjoint au chef de bataillon | 1 | » | 1 | |
| Officier payeur ou officier des détails | » | » | 1 | |
| Officier d'approvisionnement | » | » | 1 | « Les officiers appartenant aux quatre catégories indiquées ci-dessus auront droit à la remonte, en dehors des capitaines du quatrième bataillon et du cadre complémentaire. » |
| Commandant une compagnie en cas de mobilisation | » | 1 | 1 | |
| Âgé de 50 ans | » | » | 1 | Les lieutenants et sous-lieutenants des batteries de montagne en Algérie et en Tunisie ont droit à deux montures. |
| Faisant fonctions d'adjudant-major dans les régiments de zouaves | » | 1 | 1 | Les lieutenants et sous-lieutenants du génie instructeurs à l'École des sous-officiers de l'artillerie et du génie ont droit à un cheval. |

| | | | |
|---|---|---|---|
| Lieutenant et s.-lieutenant | de cavalerie | 2 | 1 | 1 |
| | d'artillerie | 1 | 1 | 1 |
| | d'une compagnie d'ouvriers d'artillerie | » | 1 | » |
| | d'une compagnie de sapeurs-conducteurs du génie | 1 | 1 | 1 |
| | d'une compagnie de sapeurs-mineurs du génie | 1 | 1 | » |
| | d'une compagnie d'ouvriers du chemin de fer | 1 | 1 | » |
| | du train des équipages militaires | 1 | 1 | 1 |
| | adjoint { dans la cavalerie | » | » | » |
| | { dans l'artillerie | 1 | » | 1 |
| | aux officiers comptables | 1 | » | » |

SERVICE DE SANTÉ.

| | | | |
|---|---|---|---|
| Médecin inspecteur général | | 4 | 4 | » |
| Médecin et pharmacien inspecteur | | 3 | 3 | 1 |
| Médecin et pharmacien principal | | 2 | 2 | 2 |
| Médecin-major de 1re classe | du service hospitalier | 1 | 1 | 1 |
| | des régiments { d'infanterie | 2 | 2 | 2 |
| | { d'artillerie | 2 | 2 | 1 |
| | { du génie | 2 | 2 | » |
| | de formation de campagne | 2 | 1 | » |
| Médecin-major de 2e classe | des régiments { d'infanterie | 2 | 1 | 1 |
| | { de cavalerie | 2 | 1 | 1 |
| | { d'artillerie | 2 | 1 | 1 |
| | { du génie | 2 | 1 | 1 |
| | des escadrons du train des équipages militaires | 2 | 1 | 1 |
| | des écoles | 1 | 1 | » |
| | de formation de campagne | 1 | » | » |
| Médecin aide-major | des régiments { d'infanterie | 1 | 1 | 1 |
| | { de cavalerie | 1 | 1 | 1 |
| | { d'artillerie | 1 | 1 | 1 |
| | { du génie | 1 | 1 | 1 |

Les lieutenants et sous-lieutenants du génie détachés avec leur troupe, pour les travaux de défense peuvent, par décision spéciale, recevoir un cheval en temps de paix.

Les lieutenants et sous-lieutenants, trésorier, officier d'habillement des bataillons d'artillerie à pied ou du train des équipages, n'ont pas droit aux rations de fourrage, quelle que soit la position.

| DÉSIGNATION DES GRADES ET EMPLOIS. | Pied de guerre. | Alerte ou Tunisie. | Pied de paix. | OBSERVATIONS. |
|---|---|---|---|---|
| Médecin aide-major (Suite.) { des escadrons du train des équipages... | 1 | 1 | 1 | |
| des écoles... | 1 | » | 1 | |
| des diverses formations de campagne... | 1 | » | » | |
| Pharmacien-major attaché aux directions du service de santé... | 1 | 1 | » | |
| **SERVICES ADMINISTRATIFS.** | | | | |
| Officier d'administration principal du service des subsistances militaires... | 2 | 2 | » | Sauf les exceptions prévues aux tableaux d'effectifs de guerre. |
| Officier d'administration des autres grades du service des subsistances militaires... | 1 | 1 | » | |
| Officier d'administration attaché à la direction du service de santé d'un corps d'armée mobilisé... | 1 | » | » | |
| Officier d'administration du service de santé faisant fonction d'officier d'approvisionnement dans les ambulances... | 1 | 1 | 1 | |
| **SERVICE VÉTÉRINAIRE.** | | | | |
| Vétérinaire { principal de 1er ou de 2e classe... | 2 | 2 | 1 | |
| en 1er ou en 2e... | 1 | 1 | 1 | |
| Aide-vétérinaire... | 1 | 1 | 1 | |
| **TRÉSORERIE ET POSTES.** | | | | |
| Payeur général... | » | » | » | Sauf les exceptions prévues aux tableaux d'effectifs de guerre. |
| Payeur principal et payeur particulier... | » | » | » | |
| Payeur adjoint... | 1 | 1 | » | |

| | | | |
|---|---|---|---|
| **TÉLÉGRAPHIE MILITAIRE.** | | | | Pendant les périodes d'exercices en temps de paix à l'intérieur, en Algérie et en Tunisie, les fonctionnaires de la télégraphie militaire désignés ci-contre ont droit à une ration de fourrages s'ils sont pourvus d'une monture. |
| Directeur de télégraphie militaire........... | | | |
| Sous-directeur de télégraphie militaire...... | | | |
| Chef de section............................. | | | |
| Sous-chef de section........................ | | | |
| Chef de poste............................... | | | |
| **CERCLES ET BUREAUX ARABES.** | | | | Les officiers employés comme stagiaires dans les cercles et bureaux arabes n'ont droit qu'à une ration de fourrage. |
| Chef de bataillon ou d'escadron............. | | | |
| Capitaine, lieutenant, sous-lieutenant de toutes armes................................. | | | |
| **DOUANES ET FORÊTS (1).** | | | |
| **INTERPRÈTES MILITAIRES.** | | | | Les interprètes et les interprètes auxiliaires remplissant leurs fonctions près des conseils de guerre n'ont pas droit aux rations de fourrages. |
| Interprète principal........................ | | | |
| Interprète et interprète auxiliaire......... | | | |
| **AUMÔNIER.** | | | |
| Aumônier militaire.......................... | | | |
| **SERVICE DE LA REMONTE.** | | | |
| Colonel ou lieutenant-colonel commandant de circonscription de remonte et directeur des établissements hippiques en Algérie........ | | | |
| Chef d'escadron commandant un dépôt de remonte. | | | |
| **SERVICE DE LA JUSTICE MILITAIRE (2).** | | | |

(1) Les officiers de douaniers employés à l'activité ou en cas de mobilisation ont droit, s'ils sont pourvus de montures, aux rations de fourrages prévues pour les officiers des grades correspondants dans l'infanterie.

Il en est de même des officiers de chasseurs forestiers dans les mêmes conditions.

Toutefois, en ce qui concerne le dernier personnel employé en Algérie, les divers agents peuvent utiliser pour leur service du temps de guerre les montures dont ils font usage en temps de paix; ils ont droit, dans ce cas, aux allocations de fourrages réglementaires.

(2) Ces personnels ne doivent, en Algérie et en Tunisie, être mis en possession d'une monture et, par suite, recevoir la ration de fourrage en temps de paix que lorsque le commandement a reconnu la nécessité de les pourvoir d'un cheval en raison des besoins du service.

L'officier commandant l'atelier de travaux publics à Bougie a droit à un cheval.

| DÉSIGNATION DES GRADES ET EMPLOIS. | Pied de paix. | Algérie et Tunisie. | Pied de guerre. | OBSERVATIONS. |
|---|---|---|---|---|
| **RÉSERVE DE L'ARMÉE ACTIVE.** | | | | |
| Officiers de tous grades et de toutes armes...... | (1) | (1) | (1) | (1) Les officiers de réserve ont droit, quand ils amènent des chevaux en cas d'appel à l'activité ou de convocation pour des manœuvres, exercices ou revues, au nombre de rations déterminées pour les officiers de même grade et de même arme de l'armée active sur le pied de paix, et, en cas de mobilisation, au nombre de rations déterminé pour ces mêmes officiers sur le pied de guerre. |
| **ARMÉE TERRITORIALE.** | | | | |
| Officiers de tous grades et de toutes armes...... | (2) | (2) | (2) | (2) Les officiers de l'armée territoriale ont droit également, en cas de mobilisation, au nombre de rations déterminé pour les officiers de leur grade et de leur arme sur le pied de guerre. En cas d'appel ou de convocation, ils reçoivent les rations de fourrages jusqu'à concurrence du nombre de chevaux qu'ils sont autorisés à amener d'après les instructions spéciales sur les convocations de l'armée territoriale. |
| **GENDARMERIE.** | | | | |
| Garde républicaine de Paris. — Colonel........ | 3 | » | 3 | |
| Lieutenant-colonel d'infanterie... | 2 | » | 2 | |
| Lieutenant-colonel de cavalerie... | 2 | » | 2 | |
| Chef de bataillon d'infanterie... | 2 | » | 2 | |
| Chef d'escadron de cavalerie... | 1 | » | 2 | |
| Capitaine........ | 2 | » | 1 | |
| Lieutenant et sous-lieutenant... | 1 | » | 1 | |
| Légions de gendarmerie. — Colonel et lieutenant-colonel... | 2 | 2 | 2 | |
| Chef d'escadron........ | 1 | 2 | 2 | |
| Capitaine........ | 1 | 2 | 2 | |
| Lieutenant et sous-lieutenant... | » | 2 | 2 | |
| Capitaine commandant d'arrondissement en Algérie... | » | 2 | » | |
| Lieutenant ou sous-lieutenant commandant d'arrondissement en Algérie... | » | 2 | » | |

PRÉVÔTÉS.

| | | | |
|---|---|---|---|
| Général, grand prévôt d'une armée | 4 | | |
| Colonel, grand prévôt d'une armée | 3 | | |
| Lieutenant-colonel ou chef d'escadron, prévôt de corps d'armée | | | |
| Capitaine de gendarmerie, vaguemestre | 3 | | |
| Capitaine, prévôt d'étapes | 3 | | |
| Capitaine, trésorier greffier | 2 | | |
| Capitaine ou lieutenant faisant fonctions de prévôt de division | 1 | | |
| Lieutenant ou sous-lieutenant adjoint | 2 | | |
| Lieutenant ou sous-lieutenant de la force publique des divisions de cavalerie | 1 | | |

## 7° Tarif des rations de paille de couchage à allouer aux troupes dans toutes les positions.

| PARTIES PRENANTES. | QUANTITÉS DE PAILLE DE COUCHAGE ALLOUÉES. | OBSERVATIONS. |
|---|---|---|
| 1° Hommes campés ou baraqués ne recevant pas de demi-fournitures auxiliaires. | 5 kilogrammes de paille longue ou 7 kilos de paille courte par homme, | Renouvelable tous les quinze jours. Dans ce cas, la paille est mise en commun sur le sol, sous la tente ou sur le lit de camp, dans la baraque. |
| 2° Réservistes casernés, baraqués ou campés et couchés sur des fournitures auxiliaires. | 10 kilos pour la paillasse et 2 kilos pour le traversin. | La quotité de cette ration est nécessaire pour permettre de garnir suffisamment la paillasse et le traversin. Cette paillasse doit servir pendant toute la durée de l'appel. |
| 3° Hommes de l'armée territoriale casernés, baraqués ou campés et couchés sur des demi fournitures auxiliaires. | 10 kilos pour la paillasse et 2 kilos pour le traversin. | Cette paille est renouvelée après chaque série d'appel, soit après un laps de temps de treize jours. |
| 4° Hommes de l'armée active casernés, baraqués ou campés et couchés sur des fournitures auxiliaires. | 10 kilos pour la paillasse et 2 kilos pour le traversin. | La paille est renouvelée à l'expiration de chaque mois ou à chaque changement de position. |
| 5° Hommes couchés sur fournitures auxiliaires placées sur des châlits. | 14 kilos pour la paillasse et 2 kilos pour le traversin. | |
| 6° Troupes bivouaquées. | Une demi-ration, soit 2 kilos et demi. | |
| 7° Troupes de passage logées chez l'habitant pendant trois jours. | ....................... | Ces troupes ont droit pendant trois nuits : au logement chez l'habitant, au combustible, aux ustensiles de cuisine pour la cuisson des aliments, enfin à la chandelle. Au delà de ce terme, l'habitant continue à fournir ces prestations, mais il a droit alors à l'indemnité stipulée par le décret du 2 août 1877. |
| 8° Troupes de passage cantonnées chez l'habitant pendant trois jours ou pendant moins de trois jours. | A titre tout à fait exceptionnel : 5 kilos de paille courte ou 2 kil. 500 de paille longue. | L'habitant ne reçoit aucune indemnité pour ces trois jours, mais aucune prestation ne peut lui être imposée ni en combustible ni en ustensiles de cuisine. Dans ce cas, les commandants de corps d'armée peuvent accorder des distributions quotidiennes de paille de couchage comportant une ration ou une demi-ration, mais seulement à titre tout à fait exceptionnel, lorsqu'ils en reconnaissent la nécessité absolue, eu égard à la situation du cantonnement, à la saison et à l'état des troupes. La comptabilité des distributions extraordinaires doit toujours être appuyée des ordres en vertu desquels elles ont lieu. |
| 9° Troupes cantonnées sur un même point pendant plus de trois jours. | 5 kilos par homme en paille longue ou 7 kilos en paille courte dépiquée sous le pied des chevaux. | |

DISPOSITIONS SPÉCIALES A L'ALGÉRIE ET A LA TUNISIE.

Troupes marchant et devant coucher dans le même lieu sous la tente

- Plus de huit nuits.... Une ration complète de 5 kilogrammes de paille longue ou 7 kilogrammes de paille courte par homme.
- De trois à huit nuits, une demi-ration.
- Une nuit ou deux, aucune allocation.

Du 1er octobre au 1er avril (en Algérie), les troupes en marche qui doivent coucher une nuit ou deux sous la tente, et qui ne pourront être logées ou cantonnées chez l'habitant, recevront une demi-ration de paille de couchage.

Hommes couchant dans les dépôts isolés,
- Plus de huit nuits, une ration complète.
- Huit nuits et moins de huit nuits, une demi-ration.

## § 3. — Service du chauffage et de l'éclairage.

### 1º *Dispositions générales.*

Les tarifs des allocations sont ceux faisant suite au règlement sur le service du chauffage et de l'éclairage dans les corps de troupe.

Ces tarifs seraient appliqués, le cas échéant, si le service était assuré par les soins de l'intendance militaire.

### 2º *Nombre des rations de chauffage allouées d'après le grade.*

| GRADES. | NOMBRE DE RATIONS PAR JOUR ET PAR GRADE. | | | OBSERVATIONS. |
|---|---|---|---|---|
| | Cuisson des aliments. | Préparation du café. | Chauffage d'hiver. | |
| Généraux de division, de brigade et assimilés.............. | 8 | » | 8 | Les agents mobilisés des divers services (trésorerie, postes et télégraphes, douanes et forêts) ont droit au nombre de rations de chauffage prévues pour les officiers et hommes de troupe, suivant la correspondance de grade. |
| Officiers supérieurs et assimilés.. | 6 | » | 6 | |
| Capitaines et assimilés........ | 4 | » | 4 | |
| Lieutenants ou sous-lieutenants et assimilés ............... | 3 | » | 3 | |
| Employés militaires sous-officiers. | 2 | » | 1 1/2 | |
| Sous-officiers de troupe.......... | 2 | 1 | 1 1/2 | |
| Hommes de troupe............ | 1 | 1 | 1 | |
| Personnels non désignés au présent tarif............... | 1 | » | 1 | |

**§ 4.** — **Tableau indiquant l'ordre dans lequel les troupes et autres parties prenantes doivent être inscrites sur les bordereaux particuliers des officiers d'administration gestionnaires et des entrepreneurs.**

État-major général.
Personnel de l'administration centrale.
Service d'état-major.
Contrôle de l'administration de l'armée.
État-major particulier de l'artillerie.
Service des poudres et salpêtres.
État-major particulier du génie.
Corps de l'intendance militaire.
Corps de santé militaire.
Aumôniers.
Personnel de la justice militaire.
Personnel du recrutement.
Personnel de la remonte.
Vétérinaires militaires.
Officiers d'administration du service de l'intendance.
Officiers d'administration du service des hôpitaux militaires.
Interprètes militaires.
Personnel du service des chemins de fer.
Personnel du service télégraphique.
Personnel du service de la trésorerie et des postes.

Régiments d'infanterie.
Régiments de zouaves.
Régiments de tirailleurs algériens.
Régiments étrangers.
Bataillons de chasseurs à pied.
Bataillons d'infanterie légère d'Afrique.
Compagnies de pionniers et fusiliers de discipline.
Régiments de cavalerie.
Régiments de chasseurs d'Afrique.
Régiments de spahis.
Compagnies de cavaliers de remonte.
Régiments d'artillerie.
Bataillons d'artillerie à pied.
Compagnies d'ouvriers d'artillerie.
Compagnies d'artificiers.
Régiments du génie.
Escadrons du train des équipages militaires.
Sections de secrétaires d'état-major et du recrutement.
Sections de commis et ouvriers militaires d'administration.
Sections d'infirmiers militaires.
Gendarmerie départementale.
Gendarmerie d'Afrique.
Légion de la garde républicaine.
Régiments de sapeurs-pompiers.
Prisons militaires.
Pénitenciers militaires.
Ateliers de travaux publics.

# ANNEXE N° 6.

**1° Principes généraux concernant les distributions.**
**2° Vérification des poids et mesures.**
**3° Notice sur les instruments légaux de pesage, sur leur emploi et leur vérification.**

## I. Prescriptions générales concernant les distributions, d'après les décrets du 20 octobre 1892 portant règlement sur le service intérieur des corps de troupe.

### 1° Infanterie. — Chapitre LVI. *Distributions.*

Articles 377, 378, 380, 381, 382, 383, 384, 385, 386.

### 2° Cavalerie. — Chapitre LVII. *Distributions.*

Articles 369, 370, 371, 372, 373, 374, 375, 376, 377, 378.

### 3° Artillerie et train des équipages. — Chapitre LXVII. *Distributions.*

Articles 396, 397, 398, 399, 400, 401, 402, 403, 404.

## II. Vérification des poids et mesures.

### Vérification annuelle.

Les instruments de pesage et de mesurage employés dans les établissements du service sont soumis annuellement à l'examen des vérificateurs des poids et mesures; ils sont poinçonnés de la lettre de vérification de l'année.

Les résultats de la vérification sont consignés dans un procès-verbal dressé par le sous-intendant. L'acte indique le classement des instruments.

Les objets à réparer sont immédiatement envoyés à l'ajustage; ceux hors de service sont remis au domaine.

### Vérification inopinée.

Le sous-intendant peut effectuer ou provoquer à l'improviste des vérifications supplémentaires toutes les fois qu'il le juge utile dans l'intérêt du service.

En ce cas, des frais de déplacement peuvent être alloués au vérificateur; ces frais sont fixés par le directeur de l'intendance, qui se concerte, à cet effet, avec l'autorité civile.

### Poids spéciaux pour le pesage des pâtes.

Des poids en cuivre de 1.750, de 1.446 grammes ou autres

servent au pesage des pâtons destinés à produire deux rations
de pain au taux réglementaire. Ces poids, dont la forme diffère de celle des poids légaux, ne sont pas soumis au poinçon-
nage ; néanmoins ils sont présentés, à titre officieux, au contrôle du vérificateur.

Les procès-verbaux indiquent que cette formalité a été
remplie.

**Destination à donner aux procès-verbaux de vérification. — Centralisation
des résultats.**

Les procès-verbaux de vérification sont transmis au directeur de l'intendance qui les centralise et adresse au Ministre
un état récapitulatif présentant, par branche de service, les
résultats des vérifications et les observations que ces résultats
peuvent provoquer.

### III. Notice sur les instruments légaux de pesage, sur leur emploi et sur leur vérification.

La présente notice indique les dispositions à prendre pour
l'emploi des instruments légaux de pesage et pour leur vérification, d'après les prescriptions du ministère du commerce
et de l'industrie.

#### 1° *Instruments légaux de pesage.*

Les instruments légaux de pesage comprennent les catégories suivantes (1) :

*a*) Balances de magasin (toute balance dont la longueur du
fléau dépasse $0^m,65$, les balances-pendules, les balances Ro-
berval et autres analogues lorsque leur force est supérieure
à 25 kilogrammes quelle que soit d'ailleurs la longueur de
leurs leviers).

*b*) Balances de comptoir.

*c*) Ponts à bascule de 5.000 kilogrammes et au-dessus, avec
ou sans poids additionnels.

*d*) Bascules au $1/10^e$ de 100 à 200 kilogrammes de portée.

*e*) Balances-bascules au $1/10^e$ ou au $1/100^e$, d'une portée supérieure à 200 kilogrammes.

*f*) Romaines simples à curseur, à un ou à deux côtés
gradués.

*g*) Romaines liées aux leviers d'une bascule, avec ou sans
poids additionnels, d'une portée de 50 à 200 kilogrammes
au maximum.

*h*) Les mêmes, d'une portée de 200 à 5.000 kilogrammes.

---

(1) Décret du 26 février 1873 ; circulaire ministérielle du 18 décembre 1894.

## 2o *Dispositions réglementaires relatives à la construction des instruments de pesage.*

Les instruments de pesage énumérés ci-dessus doivent remplir les conditions suivantes (1) :

Les balances à bras égaux désignées sous le nom de balances de magasin ou de comptoir doivent être solidement établies ; leurs fléaux doivent être plus larges qu'épais, principalement au centre occupé par les couteaux ou pivots qui les traversent perpendiculairement et dont les arêtes doivent former une ligne droite ; les points extrêmes de suspension doivent être placés à égale distance de ces couteaux ; les fléaux ne doivent pas vaciller dans les chapes.

Les balances doivent être oscillantes et leur sensibilité égale à 1/2000° d'une portée, c'est-à-dire qu'une balance chargée de 25 kilogrammes doit parcourir la course entière avec une surcharge de 12 gr. 5, et qu'une autre chargée de 50 kilogrammes doit tomber à fond avec 25 grammes de surcharge.

Les balances-bascules, romaines-bascules, ponts-bascules doivent être oscillants et établis de manière à donner, quel que soit le poids dont on charge le tablier, le rapport exact de 1 à 10, ou de 1 à 100 suivant lequel sont construits les bras de levier.

Ces instruments doivent être solidement construits. La force minima des romaines-bascules est de 50 kilogrammes, celle des bascules au 1/10 est de 100 kilogrammes (2).

L'indication de la force de chaque balance-bascule doit être gravée et exprimée en kilogrammes sur le fléau-chef ou principal (3).

L'indication de la portée des romaines-bascules et des ponts-bascules doit être gravée en creux ou produite en relief, dans l'opération de la fonte, sur le plat poli d'une des faces latérales du fléau extérieur de l'appareil (4).

Le degré de sensibilité de ces instruments (balances-bascules, romaines-bascules, ponts-bascules) doit être de un millième au moins du poids d'une portée, c'est-à-dire que la sensibilité d'une balance-bascule ou d'une romaine-bascule chargée :

De 1.000 kilogrammes doit être de 1 kilogramme.

    2.000           —            2       —

    3.000           —            3       —

(1) Ordonnances du 16 juin 1839.
(2) Décision ministérielle du 7 octobre 1889.
(3) Décision ministérielle du 14 juillet 1857.
(4) Circulaire ministérielle du 3 août 1892.

et ainsi de suite; autrement dit un poids additionnel de
1, 2 ou 3 kilogrammes, selon le cas, doit faire parcourir toute
la course de l'index.

De même la sensibilité d'un pont à bascule chargé :

De 20.000 kilogrammes doit être de 20 kilogrammes.

    30.000          —       30

et ainsi de suite (1).

En principe, le seul instrument de pesage qui jouisse
d'une tolérance pour justesse ou exactitude, c'est la romaine
simple; tous les autres doivent donner exactement le poids
étalon dont on s'est servi pour l'épreuve.

Ce principe est rigoureusement appliqué à la première
vérification, mais dans les vérifications annuelles ou accidentelles, on le laisse fléchir un peu et l'on admet une fraction de justesse qui ne dépasse jamais la moitié de la fraction de sensibilité.

Quand un appareil fonctionne normalement, il peut aussi
exister, par tolérance, une petite différence entre les poids
réels et les poids lus ou relevés sur l'instrument; mais cette
différence peut être en plus ou moins et sa valeur maxima
reste la même, que le poids total de la charge à évaluer soit
déterminé par une seule pesée ou par une série de pesées
successives.

Ainsi, une fourragère du poids vide de 1.140 kilogrammes chargée de 1.000 kilogrammes de foin et placés sur un
pont-bascule de 10.000 kilogrammes doit accuser 2.140 kilogrammes avec une tolérance de 1 kilogr. 070 en plus ou
en moins. Cette tolérance sera la même, que la pesée ait lieu
en bloc ou par fractions; elle porte à la fois sur le poids de
la voiture et sur le poids du chargement.

Aucun document réglementaire ne fixe le nombre de
fléaux que peuvent comporter les instruments de forte
portée; les fabricants sont donc entièrement libres d'employer selon le cas trois et même quatre fléaux, sous la réserve, toutefois, que ces fléaux seront gradués suivant l'ordre
de lecture des différentes parties d'un nombre du système
décimal, c'est-à-dire que dans le cas où le bras principal est
divisé de 10 en 10 ou de 100 en 100 ou de 1.000 en 1.000,
le bras divisionnaire doit l'être de 1 à 10 ou de 1 à 100 ou
de 1 à 1.000, de manière à supprimer tout effort de mémoire
dans l'addition des nombres et à éviter les fraudes ou les
erreurs de lecture (1).

Aucun document réglementaire ne détermine non plus
les rapports qui doivent exister entre les bras des leviers
inférieurs: les instruments doivent être construits de ma-

---

(1) Circulaire ministérielle du 3 août 1832.

nière que le produit des rapports de tous les bras de levier
soit égal à 1/10°, ou à 1/100°, ou à 1/1.000°, avec ou sans
poids additionnels, étant entendu que le degré de sensibilité sera toujours du millième du poids de la portée, comme
il est expliqué ci-dessus.

### 3° Dispositions réglementaires relatives à la vérification des instruments de pesage.

Tout instrument de pesage nouvellement acheté, neuf ou
d'occasion, doit être immédiatement présenté au bureau du
vérificateur de la circonscription pour y être essayé et mar-
qué du poinçon de l'année (1).

Dans cette vérification la charge employée doit être assez
rapprochée de la portée totale et, en tous cas, ne pas être
inférieure à la moitié de cette portée.

Les instruments de pesage sont ensuite visités périodiquement et au moins une fois chaque année par le vérificateur de la circonscription. Cette obligation atteint les
constructeurs aussi bien que les industriels ou autres chefs
d'exploitation qui possèdent des instruments de cette nature
et en font usage.

Lorsque les instruments sont présentés dans un état dé-
fectueux mais réparable, il est enjoint au détenteur de les
envoyer immédiatement au balancier ou à l'ajusteur de son
choix. Les instruments ne peuvent être remis en usage,
après leur réparation, que lorsqu'ils ont été soumis au contrôle du vérificateur par l'ajusteur qui les a réparés et qu'ils
ont reçu l'empreinte du poinçon de l'année.

Les vérifications annuelles ou éventuelles des instruments
de pesage dont se servent les établissements publics doivent
être effectuées gratuitement par les agents de l'administration des poids et mesures.

Pour assurer les opérations du vérificateur et les simpli-
fier autant que possible, les détenteurs de ponts à bascules
doivent tenir à la disposition des agents 100 kilogrammes
de poids lorsqu'il s'agit de ponts établis sur des leviers dont
le rapport est de 1 à 100 et 1.000 kilogrammes pour les appareils construits suivant la proportion de 1 à 1.000. Les
détenteurs doivent également fournir la main-d'œuvre pour
les manipulations à effectuer ainsi qu'une quantité suffisante de matières pondéreuses pour charger les instruments
jusqu'à leur portée maxima.

En outre des vérifications opérées par les agents de l'administration des poids et mesures, les délégués du Ministre,
les fonctionnaires de l'intendance ou leurs suppléants, les

(1) Ordonnance de police du 20 décembre 1892.

membres des commissions de vérification du service des subsistances militaires, ont toute latitude pour vérifier les instruments de pesage employés pour les distributions aux troupes.

Ils procèdent pour cette vérification conformément aux indications données ci-après et se font assister, s'ils le jugent utile, de personnes idoines telles que constructeurs, balanciers, vérificateurs de poids et mesures.

### 4° Emploi et vérification des instruments de pesage.

Dispositions générales. — On ne peut établir aucune règle pratique à adopter de préférence au sujet du mode d'emploi des instruments de pesage (pesée unique ou pesées successives), car l'expérience démontre que tel appareil qui présente la sensibilité maxima sous une charge de 1.000 kilogrammes, 2.000 kilogrammes, 3.000 kilogrammes étalonnés, devient sensible à moins de 5 kilogrammes et même à moins de 2 kilogrammes, lorsque la charge atteint 12.000 kilogrammes, 14.000 kilogrammes, 15.000 kilogrammes, tandis que tel autre qui accuse des pesées exactes sous l'action de 1.000 kilogrammes, 2.000 kilogrammes, 3.000 kilogrammes et 4.000 kilogrammes de poids étalonnés, donne des différences sensibles lorsque la charge se rapproche de la portée maxima.

Pour que la sensibilité soit constante et indépendante de la charge, il faudrait que la rectilignité du couteau fût absolue et que la flexion des leviers fût nulle à toute charge, ce qui est impossible dans la pratique.

Il y a lieu de tenir compte, dans chaque cas particulier, de l'ancienneté de l'appareil, de l'état de fatigue de ses leviers, de leur degré de flexion sous les fortes charges, de l'importance de l'écart entre la charge et la portée maxima de l'instrument, etc. C'est par une série d'expériences, faites avec des poids étalonnés ou par la connaissance de l'appareil acquise à la longue, que l'on peut se rendre compte de la charge qui convient, de manière à atténuer, dans la mesure du possible, les différences en plus ou en moins entre la pesée et le poids réel.

La vérification d'un instrument de pesage a pour but de constater sa bonne condition de fabrication et de s'assurer de son bon fonctionnement quant à la justesse et à la sensibilité.

Le premier soin est de reconnaître l'existence des marques du fabricant, de l'indication de la portée, de l'empreinte des poinçons du vérificateur qui doivent être apparentes et conformes aux dispositions réglementaires.

On s'assure ensuite de la justesse au moyen de charges dont le poids est connu et de poids étalonnés, en procédant à des expériences de pesées d'une importance égale, inférieure à la moitié de la portée et enfin très près de la portée maxima.

La vérification de la sensibilité de tout appareil de pesage est ensuite exécutée très simplement et très rapidement en plaçant sur le tablier, une fois l'équilibre établi avec une charge quelconque, un poids additionnel exactement égal ou très rapproché du millième (ou de deux millièmes, pour les balances de magasin) de cette charge et, en constatant si, sous l'influence de cette surcharge, l'index de l'appareil parcourt toute sa course.

### Balance petite à colonne de la portée de 20 kilogrammes. — Balance à légumes de la portée de 15 kilogrammes. — Balance de Roberval.

Ces instruments et notamment la balance dite à légumes servent aux distributions de riz, légumes secs, sucre, café et sel. Le plateau cylindrique de cette dernière a une contenance de :

Riz, 17 kilogrammes; légumes secs, 15 kilogr. 600; sucre, 13 kilogr. 600; café vert, 12 kilogr. 500; café torréfié ou moulu, 6 kilogr. 500; sel, 17 kilogrammes.

Ces instruments sont justes : 1° lorsque, les plateaux étant vides et l'équilibre ayant été rompu, l'aiguille revient se fixer à zéro après quelques oscillations; 2° lorsque, ayant placé un poids quelconque dans un des plateaux et ayant établi l'équilibre en mettant de la grenaille de plomb ou du sable dans l'autre plateau, l'aiguille revient encore à zéro, si l'on transporte dans le plateau de droite la charge qui était dans le plateau de gauche et dans le plateau de gauche celle qui était dans le plateau de droite.

Ils ont la sensibilité voulue lorsque l'aiguille abandonne le zéro sous l'action d'un poids additionnel égal au $2/1.000^e$ de la charge, placé dans l'un ou l'autre plateau et, si elle parcourt le trait réglementaire qui est égal au $1/10$ de la longueur du fléau.

### Balance grande à bras égaux de la portée de 200 kilogrammes.

Cet instrument sert pour les pesages ordinaires (distributions de pain, biscuit, avoine, denrées diverses).

La balance est juste : 1° lorsque le fléau, après avoir oscillé avec facilité, se tient en équilibre stable dans une parfaite horizontalité et que l'aiguille ne penche d'aucun côté; 2° lorsque cet équilibre se maintient si l'on suspend au bras du fléau, deux poids égaux bien ajustés; 3° lorsqu'il en est de même à la suite de pesées justes, faites à plusieurs degrés et au maximum de la portée, en changeant de plateau l'objet pesé et les poids; 4° lorsque le fléau accuse la sensibilité légale de deux millièmes, c'est-à-dire de 30 grammes par 100 kilogrammes.

La hauteur des plateaux au-dessus du sol doit être au minimum de 0$^m$,120 ; les couteaux et coussinets doivent être dans un état parfait d'entretien et de propreté (1).

Romaines. — Quel que soit le genre de romaine, l'instrument doit avoir à son point de suspension une très grande mobilité, c'est-à-dire que l'arête du couteau doit être assez fine pour que les mouvements de la tige soient bien libres ; l'aiguille ne doit pas frotter dans la chape ; la tige doit être assez forte pour ne pas fléchir sous le poids dont elle est chargée ; les divisions doivent être égales entre elles.

L'instrument est juste : 1° lorsque, le curseur étant à zéro, la tige est parfaitement horizontale et l'aiguille bien verticale en face de la chape du crochet de suspension de l'appareil ; 2° lorsque le curseur, placé à une division quelconque, fait équilibre après plusieurs oscillations, à un poids étalonné de la valeur indiquée par cette division, on s'en assure, en répétant les expériences sur les grandes et les plus petites portées.

Ces appareils offrent moins d'exactitude que les autres instruments de pesage, parce que leur sensibilité n'est exigible qu'au 1/500. Ils ont l'avantage d'être très portatifs et de ne pas exiger de séries de poids ; mais, par contre, leur fonctionnement n'est pas sans présenter quelques difficultés et, parfois, sans laisser un peu d'incertitude dans les résultats. Dans l'armée, leur emploi n'est autorisé qu'en temps de guerre.

Balances-bascules. — Les balances bascules construites au 1/10 ont généralement des portées de 100 à 500 kilogrammes, mais on en rencontre assez fréquemment ayant des portées de 3.000 kilogrammes ; quant aux balances-bascules au 1/100 on n'en construit pas dans les portées inférieures, les plus faibles appelées « pesostères » sont au moins de 1.000 kilogrammes.

Ces appareils doivent être placés sur un sol bien horizontal et de manière qu'aucun obstacle ou corps étranger ne gêne le jeu des leviers. Ils servent pour les pesages ordinaires.

Pour vérifier la justesse d'une bascule ordinaire, on descend l'arrêt, et, si les deux index ne se mettent pas en parfaite coïncidence, on fait la tare soit avec de petits plombs déposés dans la cuvette d'ajustement, soit avec la boule régulateur si l'appareil en comporte.

Cela fait, si l'appareil est au 1/10, c'est-à-dire si le rap-

---

(1) Une ordonnance préfectorale du 20 décembre 1892 a fixé, pour le département de la Seine, à 18 centimètres le trait des balances de magasin.

port du contrepoids à la charge est 10, un kilogramme sur le petit plateau doit faire équilibre à 10 kilogrammes sur le tablier, 5 kilogrammes font équilibre à 50 kilogrammes, etc.

Dans les bascules à curseur, on met le poids du curseur sur le cran zéro du fléau, on descend l'arrêt, et on rétablit, s'il y a lieu, la coïncidence des index comme il est dit ci-dessus. Cela fait, le poids du curseur placé à une division quelconque doit faire équilibre au poids réel indiqué par cette division et placé sur le tablier.

En outre, si l'appareil est au 1/100 et comporte un plateau de poids additionnels, un poids quelconque placé sur le tablier doit être tenu en équilibre par le centième de ce poids mis sur le petit plateau et de même, le tablier étant chargé de 100 kilogrammes et en équilibre par le poids du curseur sur la division 100 du fléau, tout poids additionnel de 100, 200, 300 kilogrammes placé sur le tablier doit être contrebalancé par 1, 2, 3 kilogrammes mis sur le petit plateau.

Dans ces appareils, il est nécessaire, après chaque pesée et avant de décharger le tablier, d'immobiliser le fléau au moyen de son arrêt ; si on néglige cette précaution, le mécanisme éprouve des secousses qui le détériorent promptement et en altèrent la justesse et la sensibilité.

Ponts-bascules. — Les ponts bascules servent à déterminer le poids de gros chargements tels que voitures vides ou chargées, etc.

Pour vérifier ces instruments, on commence par s'assurer que les principales coches de la petite romaine sont exactes. À cet effet, le curseur des unités étant placé sur la coche 1.000, on promène les poids étalonnés sur les quatre angles du tablier pour constater que l'équilibre est bien indépendant de la place occupée par la charge ; on ramène ensuite le curseur des unités à zéro et l'on place le curseur des centaines, puis celui des mille, sur les coches voulues pour s'assurer que tous les curseurs sont bien solidaires.

Dans une vérification première on contrôle une à une toutes les coches des leviers ; dans une vérification annuelle ou éventuelle on se contente d'en vérifier quelques-unes, principalement celles qui correspondent aux portées maxima et minima.

On peut ainsi s'assurer à la fois du degré de justesse et de sensibilité en procédant de la manière suivante : une charge quelconque étant placée sur le tablier et l'équilibre établi, on ajoute sur ce tablier 100 ou 1.000 kilogrammes de poids étalonnés, suivant qu'il s'agit d'une bascule romaine unique avec poids au centième ou d'une bascule à romaines multiples avec curseurs. La balance est juste et sensible si l'équilibre est exactement rétabli : dans le premier cas, en ajoutant 1 kilogramme sur le plateau de la romaine ; dans le second cas, en avançant d'une division le curseur des mille, ou de dix divisions le curseur des centaines, ou ce dernier de neuf divisions et celui des unités à fin de course. Dans le cas contraire, on rétablit l'équilibre avec des poids ou avec les curseurs et la différence constatée entre le poids réel et la pesée lue doit être inférieure au millième de la charge, au plus, y compris les poids étalonnés placés sur le tablier.

Balance Guillaumin à double romaine. — Il est fait usage

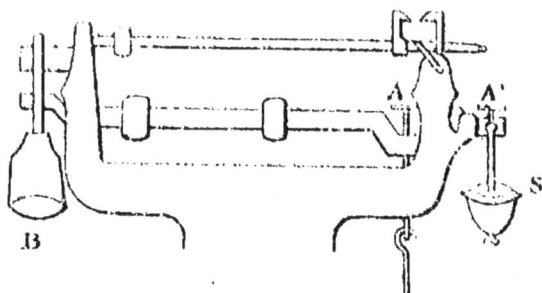

dans plusieurs établissements de ponts-bascules Guillaumin à doubles romaines.

Ces appareils comportent : une romaine supérieure avec un curseur marquant les mille, et une romaine inférieure avec deux curseurs marquant les centaines et les unités. Ils présentent, en outre, un plateau contrôleur B, deux plates-formes A et A' et une coupole de tare S, permettant la vérification dans toutes les parties et sur toutes les divisions du fléau.

La vérification s'exécute, soit en chargeant le tablier avec des poids étalonnés, comme pour les ponts-bascules ordinaires, soit en procédant comme il suit :

1° Ramener les curseurs à zéro et tarer rigoureusement l'appareil, à l'aide de la coupole de tare ;

2° Placer 1 kilogramme sur chacune des plates-formes A et A' et constater l'équilibre, répéter l'opération avec 2 kilogrammes, 3 kilogrammes, etc.;

3° Suspendre 10 kilogrammes à la coupole de tare et équilibrer avec 1 kilogramme en B dans le plateau contrôleur ;

4° Placer 10 kilogrammes dans le plateau contrôleur, équilibrer en changeant la coupole de tare à laquelle on aura suspendu un récipient quelconque ; enlever les 10 kilogrammes du plateau contrôleur, placer le récipient et sa charge sur le pont et constater qu'il y a équilibre en mettant 1 kilogramme à la coupole de tare ;

5° Éprouver les encoches des graduations en équilibrant

l'appareil avec autant de grammes placés dans le plateau contrôleur, que les curseurs indiquent de kilogrammes sur les romaines.

La permanence de l'équilibre pendant ces différentes opérations, est une preuve de la justesse de l'appareil.

---

5° *Instruction pour la vérification rapide des ponts à bascule au moment des pesées faites pour les distributions.*

### § 1ᵉʳ. — Avant les pesées.

S'assurer, en premier lieu, que la bascule est bien réglée. A cet effet :

1° Ramener les curseurs à la coche zéro ;

2° Vérifier la tare à vide, c'est-à-dire s'assurer que la bascule est parfaitement en équilibre et, pour cela, obtenir que les deux index se placent exactement en face l'un de l'autre, ou bien ajouter dans la coupole de tare quelques grenailles de plomb ou petits cailloux, ou en enlever s'il y a lieu ; remarquer si la romaine oscille librement, lentement et longtemps.

Une fois cette vérification faite, bien surveiller que l'on ne touche plus à la coupole de tare, car le moindre objet qui y serait ajouté ou en serait retiré peut produire des erreurs de pesée de plusieurs kilogrammes.

La pluie, la chaleur et le vent pouvant avoir une action sur le tablier du pont à bascule, il est bon de répéter, plusieurs fois par jour, l'opération du réglage.

3° S'assurer que la tringle de puissance est bien à sa place dans les couteaux supérieurs et inférieurs, et qu'elle tire verticalement. Si elle était placée à droite ou à gauche des couteaux, il en résulterait des erreurs dans les pesées ;

4° Vérifier la justesse de la bascule, soit avec des poids connus que l'on promène sur les différentes parties du tablier, soit en faisant placer quelques hommes, alternativement sur chacun des angles ; la romaine doit indiquer toujours le même poids.

La sensibilité de l'appareil est très rapidement reconnue en plaçant sur le tablier, une fois l'équilibre établi avec la charge ci-dessus, un poids additionnel égal ou très rapproché du millième de cette charge ; sous l'influence de ce nouveau poids, l'index doit parcourir toute sa course et la romaine doit indiquer exactement la valeur de cette surcharge.

5° S'assurer que le plomb des poids, employés comme poids additionnels, est bien intact, qu'il porte la marque de vérification annuelle, et aussi que les poids sont bien propres.

## § 2. — Pendant les pesées.

S'assurer que dans les pesées, les couteaux des curseurs sont bien arrêtés dans les coches des divisions de la romaine, qu'ils ne sont pas placés au delà des divisions extrêmes (zéro et portée maximum).

Surveiller que rien ne soit ajouté ou retiré de la coupole de tare ; qu'aucune pièce ne soit enlevée au curseur ou à la boule de tare.

Constater qu'à charge, comme à vide, la romaine oscille librement, lentement et longtemps.

Empêcher que personne ne se tienne autour et sur le tablier pendant la pesée ; une action quelconque sur le tablier amènerait une erreur de pesée appréciable.

Vérifier à vide et à charge si les tabliers ne sont pas gênés dans leur oscillation. Un bon moyen de vérification consiste à faire venir la voiture, alternativement, dans les deux sens de la bascule ; dans les deux cas, le poids accusé doit être le même.

Il convient de remarquer que lorsque le pont ne travaille pas, on cale ordinairement le tablier, pour en arrêter les oscillations, en plaçant deux coins en bois aux extrémités opposées (en a et en b). Ces cales ne doivent pas être enlevées

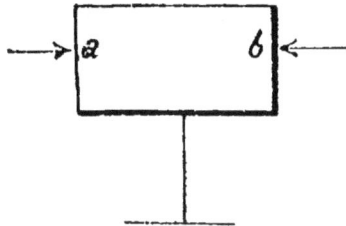

avant l'arrivée du véhicule sur le tablier, mais il est important de s'assurer qu'elles sont retirées pendant l'opération de la pesée.

Pour le pesage des voitures attelées, le mieux est, pour éviter des contestations, de dételer toujours les chevaux et de peser la voiture seule.

Faire enlever du tablier de la bascule, si cela est nécessaire, la boue, les graviers ou résidus amenés par les roues des voitures.

L'officier ou le sous-officier de distribution qui assurera la justesse du pont-bascule à son arrivée doit rester auprès du peseur pendant le cours des opérations et surveiller le fonctionnement de l'appareil ; la coupole de tare ne doit pas être quittée des yeux, et le gradé de distribution ne doit s'absenter sous aucun prétexte du local où se trouve l'appareil, depuis le moment de la pesée de la première voiture jusqu'au passage de la dernière voiture pleine. Un sous-officier se trouvera en permanence au dehors, près du tablier, lors de la pesée des voitures vides et pleines, de manière à s'assurer que les dispositions indiquées ci-dessus sont bien exécutées. On insiste, d'une manière toute spéciale, sur ces divers points.

---

## Appareils démonstratifs des ponts à bascule.
### (Système L. Paupier, Ingénieur constructeur.)

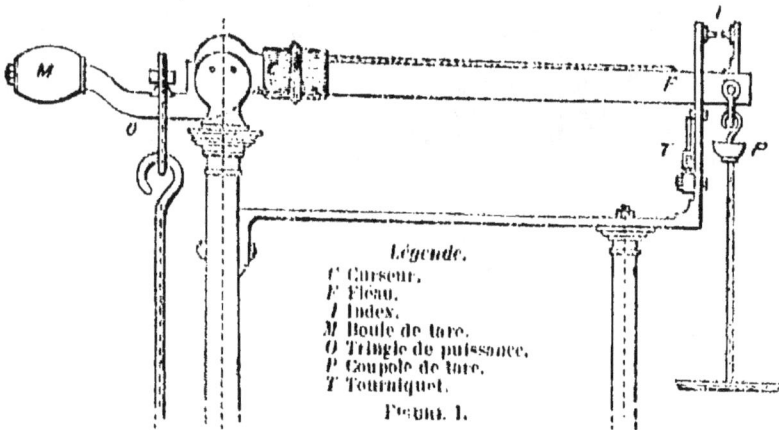

Légende.
C Curseur.
F Fléau.
I Index.
M Boule de tare.
O Tringle de puissance.
P Coupole de tare.
T Tourniquet.

Figure I.

Appareil démonstratif à simple romaine avec poids au 100ᵉ, sensible à moins de 1 k.

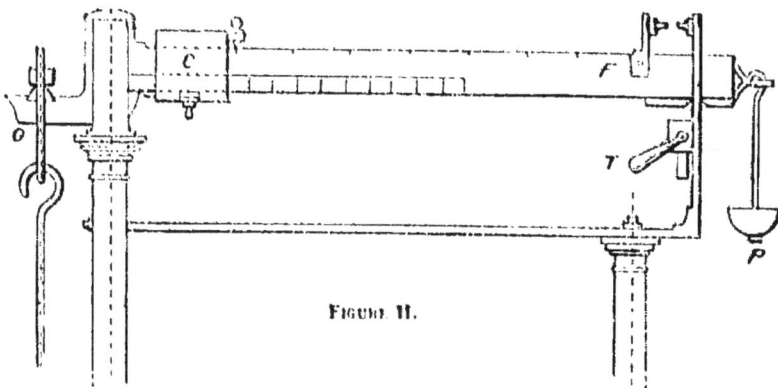

Figure II.

Appareil démonstratif avec système imprimant le poids sur ticket (au 1000ᵉ).

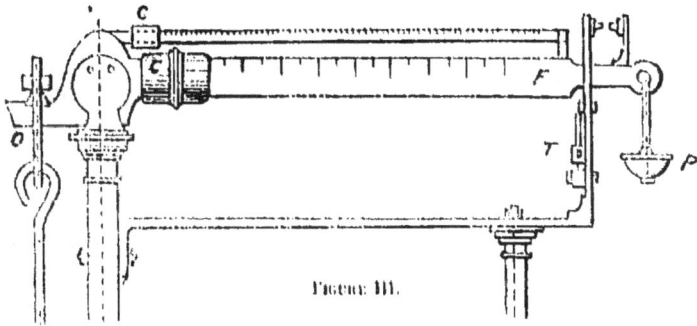

FIGURE III.

**Appareil démonstratif à double romaine superposée et sans poids additionnels, sensible à moins de 1 k. (au 1000').**

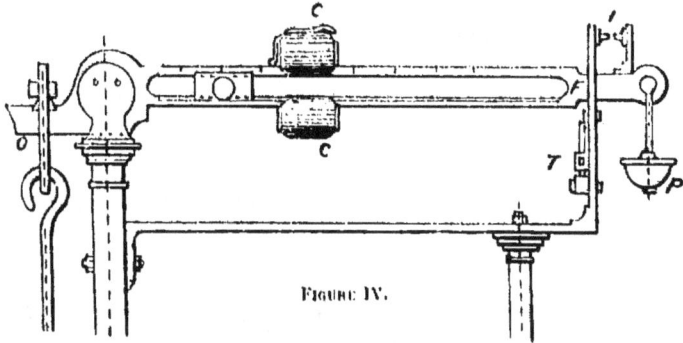

FIGURE IV.

**Appareil démonstratif à double romaine-jumelle et sans poids additionnels, évitant toute erreur, sensible à moins de 1 k. (au 1000').**

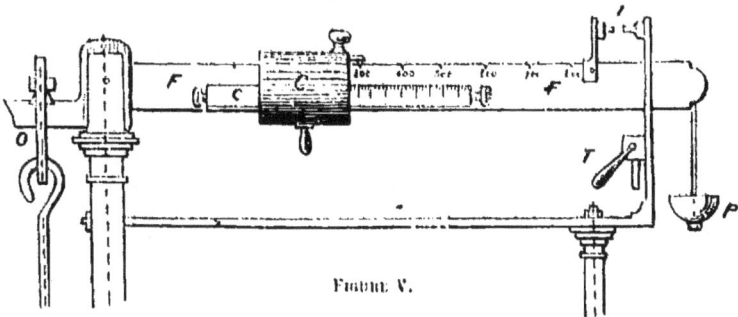

FIGURE V.

**Appareil démonstratif d'un pont à bascule.**
(Système CHAMEROY.)

## ANNEXE N° 7.

### Dispositions relatives aux objets mobiliers du service des subsistances militaires.

---

§ 1. — *Dispositions concernant les demandes d'objets mobiliers ainsi que les dépenses d'achat et de confection de matériel.*

---

#### I. — ÉTABLISSEMENT ET EXAMEN DES DEMANDES D'OBJETS MOBILIERS.

Les demandes d'objets mobiliers sont établies conformément au modèle n° 1 ci-annexé.

Les motifs de la demande (formation de magasin, accroissement de mobilier, remplacement après réforme) y sont indiqués d'une façon précise.

Les dépenses à engager y sont décomptées et totalisées.

A moins de circonstances exceptionnelles et de besoins urgents, il n'est établi qu'un seul état de demande par exercice, par place et par service.

La désignation des objets doit toujours être aussi complète que possible, et l'indication des prix des marchés de Paris et autres places de l'intérieur ou de l'Algérie, selon le cas, doit être portée avec soin. Il importe d'éviter toute erreur à cet égard, puisque les prix en question doivent servir à déterminer le moyen le plus avantageux à employer pour pourvoir les établissements du matériel nécessaire.

Les fonctionnaires de l'intendance vérifient les demandes de matériel qui leur sont adressées par les gestionnaires; ils s'assurent qu'elles sont renfermées dans de justes limites et que les objets qui y sont portés comme nécessaires sont indispensables à la bonne exécution du service. Ils rejettent de ces demandes tous les objets qui ne seraient pas d'une utilité absolue ou qui excéderaient les besoins réels.

On ne doit pas perdre de vue que les demandes ne s'appliquent qu'aux besoins de l'année, et qu'il convient, dans l'intérêt du Trésor, de prolonger l'emploi des objets, en réparant ceux qui en sont susceptibles et de ne les réformer que lorsqu'ils ont été reconnus complètement inutilisables.

En un mot, il importe de réaliser toutes les économies compatibles avec la bonne exécution du service.

## II. — Utilisation es objets disponibles ou en excédent dans certaines régions.

Afin de permettre d'assurer l'utilisation du matériel disponibel ou en excédent des besoins de leur circonscription administrative, les directeurs de l'intendance font parvenir au Ministre (5e Direction; 3e Bureau), pour le 15 novembre de chaque année, un état, distinct par service, conforme au modèle n° 2 ci-annexé.

Ils comprennent sur cet état tout le matériel pouvant être utilisé, même après de légères réparations, et dont la valeur semble assez importante pour justifier l'expédition sur une autre région. On n'y fait figurer, toutefois, comme matériel en excédent à la réserve que les objets isolés susceptibles d'être utilisés au service courant.

Ne sont considérées comme étant réellement en excédent que les quantités supérieures aux besoins de quinze mois pour l'ensemble de la région.

A l'aide des renseignements qui lui sont ainsi adressés, le Ministre fait établir la liste générale du matériel en excédent, et la notifie en temps utile.

## III. — Etablissement d'un programme annuel des dépenses.

A la fin de chaque exercice, les directeurs de l'intendance établissent pour l'exercice suivant, d'après les états de demande par service et par place qui leur sont adressés, à cet effet, à l'époque qu'ils jugent convenable, un projet de budget où sont classées, par ordre d'urgence, leurs propositions de dépenses.

Ce projet de budget ou programme (modèle n° 3) se divise en deux parties, savoir :

1° Dépenses normales relatives à l'exécution régulière du service, ayant pour but le remplacement des objets en service, usés ou réformés ;

2° Dépenses éventuelles ayant pour but la réorganisation ou l'amélioration du service.

### Ire PARTIE.

#### Dépenses normales.

Ces dépenses comprennent :

a) Les achats et confections d'objets mobiliers destinés à permettre le remplacement de ceux usés dans le service ou réformés comme n'étant plus susceptibles d'être utilisés, et nécessaires à l'exploitation du service, y compris les objets dont la demande est soumise à l'approbation ministérielle ainsi qu'il est dit au § IV ci-après, lorsque ce matériel est demandé en vue du remplacement d'objets similaires réformés. Sous cette rubrique sont également compris les achats d'objets de minime valeur destinés à l'amélioration du service.

Sur le projet de programme, les dépenses visées au § *a* qui précède sont indiquées, distinctement, selon qu'il s'agit de dépenses à autoriser par les directeurs de l'intendance ou par le Ministre, ou de dépenses autorisées en principe par des décisions antérieures; pour ces dernières, on rappelle la date de la décision;

*b*) Les achats de matières et objets de consommation courante destinés à l'entretien du matériel et au remplacement d'objets usés et réformés et de matières employées à l'exploitation du service.

Les prévisions sont calculées d'après les dépenses effectuées pendant les cinq dernières années, mais en tenant compte de toutes les économies susceptibles d'être réalisées;

*c*) Les frais de réparation du matériel (objets mobiliers, machines, appareils, etc.);

*d*) Les frais de réparations locatives.

Le montant de ces dépenses est évalué d'après les prévisions des services, en se basant également sur la moyenne des dépenses effectuées pendant les cinq années précédentes.

Les dépenses d'achat et de confection des caisses à pain de guerre sont également comprises dans les dépenses normales. Elles sont portées pour mémoire sur le programme et calculées d'après les quantités de pain de guerre à fabriquer.

## IIᵉ PARTIE.

### Dépenses éventuelles.

Sous ce titre sont comprises toutes les dépenses ayant pour objet la réorganisation ou l'amélioration du service.

Telles sont les installations proposées de machines à vapeur ou autres moteurs, mécanismes et appareils divers, moulins, pétrins ou pétrisseurs mécaniques, mélangeurs-cribleurs de farine, torréfacteurs de café; appareils réchauffeurs-détartreurs, installation de l'éclairage électrique, etc.

Ces dépenses sont inscrites suivant leur ordre d'urgence, par les directeurs de l'intendance, pour l'ensemble des établissements de leur circonscription administrative, et constituent le programme proprement dit des dépenses éventuelles devant faire l'objet d'une décision spéciale du Ministre.

IV. — Envoi au Ministre du programme des dépenses et des extraits de demandes soumis a son approbation. Décision.

Le projet de budget ou programme ainsi établi est adressé au Ministre (5e Direction; 3e Bureau), en double expédition, le 15 janvier de chaque année. Il est accompagné de deux extraits distincts des états de demande (1), comprenant pour l'ensemble de la région et groupés par place : l'un, les objets susceptibles d'être prélevés sur les excédents d'autres régions; l'autre, les objets dont la demande doit être soumise à l'approbation ministérielle. Sont compris dans cette dernière catégorie, les objets mobiliers d'une certaine importance, tels que : pétrins et pétrisseuses, pompes à incendie, presses à fourrages et leurs accessoires, y compris les liens, s'il y a lieu, machines à vapeur fixes ou locomobiles, appareils réchauffeurs-détartreurs, moteurs à gaz ou autres, agencements électriques, mélangeurs-cribleurs de farine, torréfacteurs de café, tentes diverses, ponts-bascules, sacs réglementaires, prélarts, etc.

Sont également soumises à l'approbation ministérielle, les demandes devant entraîner des achats, à un même fournisseur de matériel ou d'objets mobiliers pour une somme supérieure à 5.000 francs.

Il est procédé à l'Administration centrale à l'examen des programmes adressés par les diverses régions de corps d'armée. Le Ministre statue sur les dépenses à engager, dans la limite des ressources dont il dispose, et fait connaître, aux corps d'armée intéressés, les dépenses qui pourront être faites dans le courant de l'exercice, en renvoyant l'une des expéditions du programme, revêtue de sa décision. En outre, il renvoie l'une des expéditions des extraits des états de demande. Les Directeurs de l'Intendance font exécuter la décision portée sur ces états et se concertent avec leurs collègues intéressés pour l'expédition des objets à prélever sur les excédents signalés dans certaines régions, ainsi que pour le matériel à acheter, comme il est dit ci-après. Ils prescrivent les mouvements à effectuer dans l'intérieur de la région pour l'utilisation, dans les places qui en ont fait la demande, des objets en excédent dans d'autres places.

V. — Achat et confection des objets mobiliers.

Dés qu'ils ont reçu notification de la décision du Ministre, les directeurs de l'intendance donnent des ordres pour la constitution du matériel dans la limite des crédits alloués pour l'ensemble de la région, déduction faite d'une somme, à déterminer par eux, à tenir en réserve pour parer aux besoins imprévus et urgents qui peuvent se révéler au cours de l'exercice.

_____

(1) Chaque extrait des états de demande est adressé en double expédition. Une colonne y est réservée pour la décision du Ministre.

Il n'est pas nécessaire d'exiger que les objets d'un usage courant, qu'il est possible de se procurer sur place ou dans la région, et qui ne sont généralement employés que dans l'établissement pour lequel l'acquisition est proposée, soient toujours du type réglementaire, lorsque cette dérogation permet de supprimer des expéditions qu'il y a toujours intérêt à éviter.

Les directeurs de l'intendance demandent directement à leurs collègues des régions dans lesquelles il est passé des marchés triennaux de fourniture d'objets mobiliers les objets qui ne se trouvent pas dans leurs régions, de même que ceux dont l'envoi permet de réaliser, frais d'emballage et de transport compris, une économie d'au moins 10 p. 100.

Pour permettre aux directeurs de l'intendance des régions autres que celles dans lesquelles il est passé des marchés triennaux de déterminer le moyen le plus avantageux à employer pour pourvoir le service des objets nécessaires, les directeurs de l'intendance de ces dernières régions leur adressent, dès la passation des marchés, le nombre d'exemplaires du cahier des charges et de la nomenclature y annexée régissant ces fournitures, indiqué au tableau ci-après :

| PLACES OU SONT PASSÉS les marchés triennaux | RÉGIONS QUI RECEVRONT DES EXEMPLAIRES des marchés. | NOMBRE D'EXEMPLAIRES A RECEVOIR | |
|---|---|---|---|
| | | Cahier des charges | Nomenclature complétée par l'indication des prix nets après rabais. |
| Paris ......... | Toutes les régions, y compris l'Algérie et la Tunisie.... | | 1 pour chaque place en gestion directe, plus deux pour la direction de l'intendance. |
| Lyon ......... | 7e, 8e, 9e, 12e, 13e, 15e, 16e, 17e, 18e, Algérie et Tunisie.... | | |
| Marseille ..... | 12e, 13e, 14e, 16e, 17e, 18e, Algérie et Tunisie......... | 1 | |
| Alger......... Constantine.... Oran......... | Les deux autres divisions de l'Algérie et la Tunisie.... | | |

En tenant compte du prix des objets d'après les indications des nomenclatures annexées aux cahiers des charges, les directeurs de l'intendance font parvenir à leurs collègues des régions d'expédition, par un simple bordereau, un état décompté des objets demandés aux places indiquées au tableau ci-dessus. Cet état indique, avec les numéros de la nomenclature sous lesquels ils figurent, la désignation de ces objets, les quantités demandées, la place expéditrice, le service et la place destinataires, et tous autres renseignements destinés à faciliter l'exécution des envois.

A la réception de cet état, les directeurs de l'intendance des régions d'expédition prescrivent les mesures nécessaires pour faire expédier sur le point voulu le matériel demandé.

En vue de réduire les frais de transport, les objets destinés aux services des vivres et des fourrages dans une même place doivent être groupés pour ne faire qu'un envoi unique; leur répartition entre ces deux services est assurée par le gestionnaire réceptionnaire. Les directeurs de l'intendance examinent si, dans le même but, il n'y a pas avantage à effectuer l'expédition des menus objets par colis postal.

Dans tous les cas, les directeurs de l'intendance aviseront de l'envoi leurs collègues sans rendre compte au Ministre.

Le paiement du matériel ainsi expédié a lieu, en principe, par mandat, du sous-intendant militaire chargé du service des subsistances dans les places où sont passés les marchés triennaux et auxquelles incombent la réception et l'envoi du matériel.

Le montant de l'allocation spécialement concédée à chacune de ces places est augmenté d'office de la valeur du matériel acheté pour d'autres places.

Les directeurs de l'intendance des régions qui ont établi les demandes doivent, en conséquence, du jour où leurs demandes sont adressées à leurs collègues, considérer comme employés les crédits accordés par le Ministre pour l'achat du matériel ainsi demandé aux places où sont passés les marchés triennaux.

### VI. — Conditions dans lesquelles s'effectuent les achats de mobilier.

Les achats ont lieu en se conformant, pour la passation de marchés, aux dispositions du décret du 18 novembre 1882, relatif aux adjudications et marchés passés au nom de l'État. Les directeurs de l'intendance approuvent, au nom du Ministre, les marchés dont il s'agit, à moins de décision contraire, et sauf dans les cas visés par l'instruction du 31 juillet 1889 (art. 12, 2e alinéa) et par la circulaire du 14 juin 1899 (*B. O.*, p. n.); ces dispositions ne s'appliquent pas aux objets compris dans les marchés triennaux qui font l'objet d'adjudications générales dans les places ci-dessus indiquées et pour la fourniture desquels il est établi, préalablement aux adjudications, des cahiers des charges avec nomenclature qui sont soumis à l'approbation du Ministre.

### VII. — Dispositions générales.

Dès qu'ils ont fait connaître aux différents services de leur circonscription administrative la limite des dépenses qu'ils sont autorisés à effectuer, pour l'achat et la confection de matériel ainsi que pour les réparations, les directeurs de l'intendance veillent à ce que lesdits services se tiennent rigoureusement dans cette limite.

Si exceptionnellement des besoins urgents et imprévus viennent à se révéler dans le courant de l'exercice, il leur appartient de statuer. Toutefois, si la dépense à engager doit avoir pour résultat de créer un dépassement de l'ensemble des crédits accordés par le Ministre, il convient de soumettre préalablement la demande à son approbation, sauf les cas d'extrême urgence, mais alors il en est immédiatement rendu compte au Ministre.

D'autre part, si les allocations faites par le Ministre sont des maxima qui ne doivent pas être dépassés il convient de ne pas chercher toujours à les employer sous prétexte d'en justifier l'utilité et d'en obtenir le maintien pour les années suivantes.

Les directeurs de l'intendance signalent au Ministre, le 15 février de chaque année, les économies qu'il leur aurait été permis de réaliser par suite d'une bonne administration des crédits et lui adressent, à cet effet, un état conforme au modèle n° 4 ci-annexé.

## VIII. — Dispositions spéciales au service de réserve.

Les dispositions qui précèdent concernent exclusivement le service courant.

Pour la constitution, l'entretien et le renouvellement du matériel de réserve, on se conforme aux instructions spéciales concernant le dit matériel. Toutes les propositions formulées à ce sujet sont adressées sous le timbre de la 5e Direction (Cabinet, Section de Mobilisation.)

Afin d'assurer dans de bonnes conditions l'entretien du matériel de réserve, comme cela est prévu au règlement sur la comptabilité-matières du 9 septembre 1888, et à l'instruction du 23 décembre suivant, article 7, il est établi un roulement régulier et constant entre les objets similaires de la réserve et du service courant, au fur et à mesure des achats pour l'exploitation normale du service.

MODÈLE Nº I.

# GOUVERNEMENT

MILITAIRE D

OU

ᵉ RÉGION DE CORPS D'ARMÉE.

FORMAT :

Hauteur......... 0ᵐ,33
Largeur......... 0ᵐ,22

## SUBSISTANCES MILITAIRES.

### MATÉRIEL

SERVICE DES (1)

*Place de*

# ÉTAT

*de demande d'objets mobiliers, de matières et d'objets de consomma-
tion nécessaires à l'exploitation du service d (1)
(service courant) dans la place précitée et ses annexes.*

NOTA. — Les états de demande sont établis distinctement par branche de service (vivres, fourrages et chauffage; ils sont produits en double expédition. L'une de ces expéditions est renvoyée au gestionnaire, après que le directeur de l'Intendance y a mentionné sa décision; la seconde est conservée par le directeur de l'Intendance.

Les quantités signalées comme existantes comprennent les objets neufs, bons et à réparer; ceux hors de service proposés pour la réforme ou réformés, ne pouvant plus être utilisés, il est inutile d'en tenir compte. On porte sur les états de demande toutes les indications que leur exécution peut exiger, notamment les dimensions des objets, la contenance des fûts, etc.

Les rectifications et les modifications opérées par le sous-intendant militaire sont portées à l'encre rouge; le directeur de l'Intendance indique sa décision dans des colonnes *ad hoc*.

Quand, dans une même place, il y a des prix d'achat et de confection, ces derniers sont signalés au moyen d'un renvoi par lettre.

Les marchés en vigueur pour les fournitures à faire à Paris, comprenant aussi la place de Vincennes, il convient de ne mentionner, sous le titre de cette dernière place, que le prix de confection dans les ateliers de construction du service de l'Intendance.

Pour les objets dont les besoins doivent être calculés d'après des bases déterminées, ces bases sont toujours rappelées, afin de permettre de vérifier l'exactitude des chiffres. Pour les pancions, spécialement, qui sont dans ce cas, on indique le nombre et la contenance des fours.

Pour le décompte du prix de revient des objets ou matières à recevoir d'une autre place, on indique dans la colonne d'observations, et pour l'ensemble des objets à tirer d'une même place, le montant des frais d'emballage et de transport à ajouter au prix d'achat.

En principe, il ne convient de recourir à ces envois qu'autant qu'il doit en résulter une économie d'au moins 10 pour 100.

Sur les extraits à adresser au Ministre une colonne est réservée pour la décision à intervenir.

| NUMÉROS de la nomenclature | | DÉSIGNATION DES OBJETS OU MATIÈRES. | UNITÉ RÉGLEMENTAIRE. | QUANTITÉS | | | PRIX PAR UNITÉ, D'ACHAT, DE REVIENT OU DE CONFECTION | | | | | |
|---|---|---|---|---|---|---|---|---|---|---|---|---|
| sommaire. | détaillée. | | | nécessaires. | existantes. | demandées. | dans la localité. | au chef-lieu de la région. | à Paris. | aux ateliers de Vincennes. | " | " |
| | | | | | | | | | | | | |

(1) Sur l'extrait de demande adressé au Ministre, en ce qui concerne les objets dont l'achat pain de guerre, les quantités de cette denrée dont la fabrication est prévue pour l'année que la statué sur ce point, il conviendra de le mentionner et d'indiquer pour mémoire les quanti- d'être prélevés sur les excédents d'autres régions, il est établi dans la forme suivante :

| NUMÉROS de la nomenclature | | DÉSIGNATION DES OBJETS OU MATIÈRES. | UNITÉ RÉGLEMENTAIRE. | PRIX DE NOMENCLATURE. | QUANTITÉS DEMANDÉES : | | | | | Total pour la région. |
|---|---|---|---|---|---|---|---|---|---|---|
| sommaire. | détaillée. | | | | Place de..... | Place de..... | Place de..... | Place de..... | Place de..... | |
| | | | | | | | | | | |

| DÉCISION DU DIRECTEUR DE L'INTENDANCE. | | | | | | DÉCOMPTE de la VALEUR. (Dépense effective.) | MOTIFS DE LA DEMANDE. (1) | OBSERVA-TIONS. |
| à acheter dans la localité. | du chef-lieu de la région. | de Paris. | des ateliers de Vincennes. | de | Soumis à l'approbation du Ministre. | | | |
| --- | --- | --- | --- | --- | --- | --- | --- | --- |
| A expédier. | | | | | | | | |

Total de la dépense........

est soumis à son approbation, on indique dans cette colonne, relativement aux caisses à demande concerne. Si, au moment de l'établissement de la demande, le Ministre n'avait pas tés de l'année précédente. Quant à l'extrait de demande concernant les objets susceptibles

| OBSERVATIONS. MOTIFS DES DEMANDES. | DÉCISION DU MINISTRE. |
| --- | --- |
| | |

CERTIFIÉ par l'officier d'administration gestionnaire soussigné,

A , le 190 .

VU ET VÉRIFIÉ :

A , le 190 .

*Le Sous-Intendant militaire,*

A , le 190 .

*Le Directeur de l'Intendance,*

MINISTÈRE
DE LA GUERRE.

DIRECTION
de
L'INTENDANCE MILITAIRE.

3ᵉ BUREAU.

(1) Vivres, fourrages
ou chauffage.

GOUVERNEMENT MILITAIRE
DE

OU

RÉGION DE CORPS D'ARMÉE.

MODÈLE Nº 2.

FORMAT :
Hauteur........ 0ᵐ,32
Largeur........ 0ᵐ,23

Cet état doit être
adressé à l'administra-
tion centrale sous le timbre ci-dessus le 15 no-
vembre de chaque année.

## SUBSISTANCES MILITAIRES.

### SERVICE D (1)

*ÉTAT du matériel disponible ou en excédent des besoins de la région, susceptible d'être utilisé dans d'autres régions par le service courant.*

NOTA. — On ne doit faire figurer parmi le matériel en excédent à la réserve que les objets isolés reconnus susceptibles d'être utilisés par le service courant.

| NUMÉROS de la NOMENCLATURE. | | UNITÉ RÉ- GLEMEN- TAIRE. | DÉSIGNATION du MATÉRIEL | PRIX MINIS- TÉRIEL. |
|---|---|---|---|---|
| Som- maire. | Détaillé | | | |
| 1 | 2 | 3 | 4 | 5 |
| | | | | |

(1) Vivres, fourrages ou chauffage.

| QUANTITÉS EN EXCÉDENT OU DISPONIBLES. | | | | | OBSERVATIONS. |
|---|---|---|---|---|---|
| INDICATION des places. | SERVICE d (1) | | TOTAUX | | (On indique dans cette colonne les objets du service de réserve qu'il y aurait lieu de passer au service courant pour les besoins de l'année.) |
| | Service courant | Réserve | par place. | par région. | |
| 6 | 7 | 8 | 9 | 10 | 11 |

A , le 190

*Le Directeur de l'intendance,*

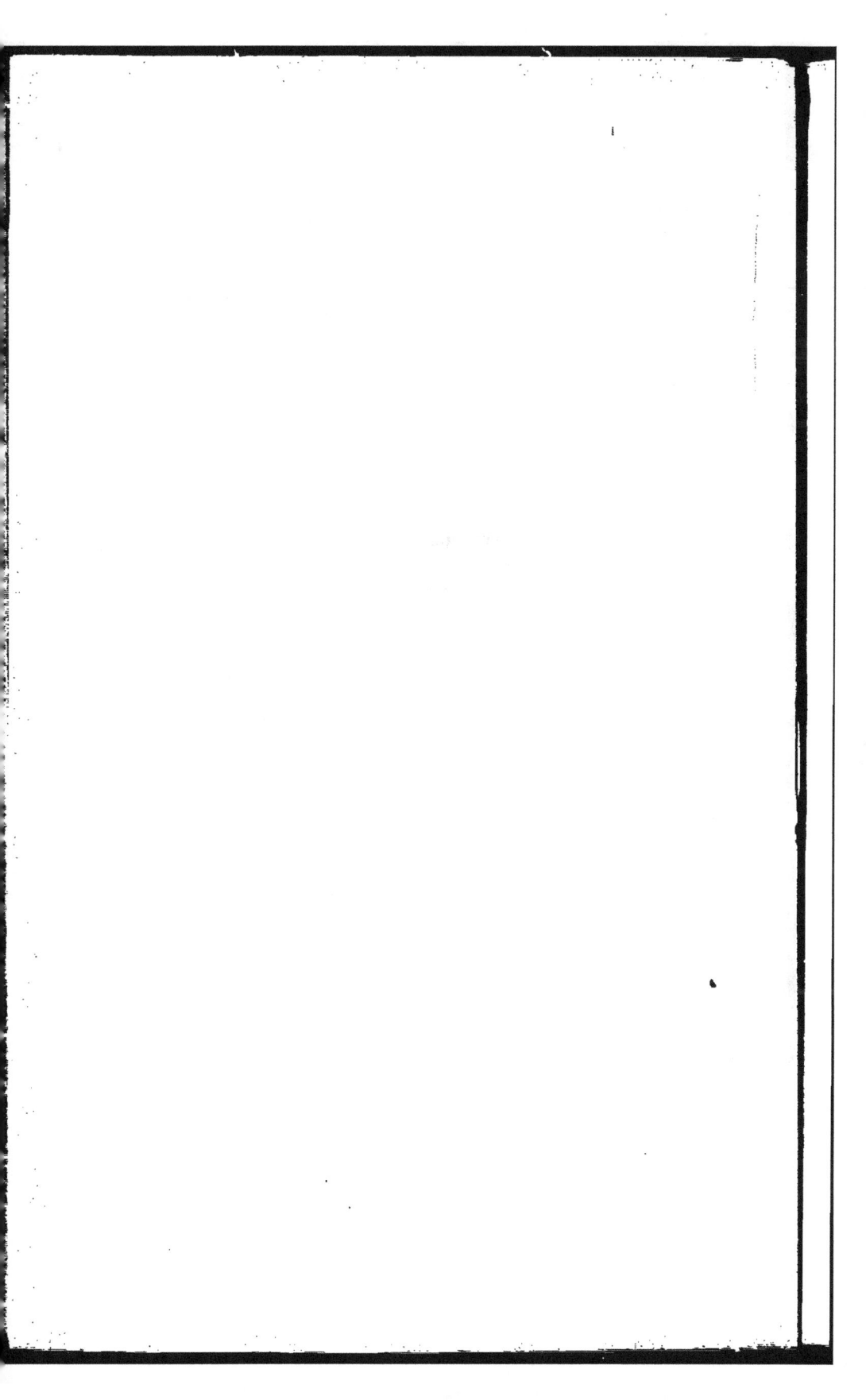

MINISTÈRE
DE LA GUERRE.

----

DIRECTION
de
L'INTENDANCE MILITAIRE.

----

3ᵉ Bureau.

(1) { Vivres ou fourra-
ges, selon le cas,
ou chauffage s'il
y a lieu.

EXERCICE 190 .

Gouvernement militaire
de

ou

Région de corps d'armée.

MODÈLE Nᵒ 3.

FORMAT :
Hauteur......... 0.32.
Largeur......... 0.23.

## SERVICE DES (1)

### (SERVICE COURANT.)

*Programme des dépenses à prévoir pour achat et entretien du maté-
riel pendant l'année 190 , pour l'ensemble de la région ci-dessus
indiquée.*

| NUMÉROS d'urgence. | NATURE DES DÉPENSES. | MONTANT des prévisions. |
|---|---|---|
| | | fr. |
| | **1ᵉ PARTIE.** DÉPENSES NORMALES. | |
| | **1° Dépenses à autoriser par le directeur de l'intendance.** | |
| . | a) Achats et confections d'objets mobiliers nécessaires à l'exploitation du service............... | |
| . | b) Achats de matières et objets de consommation courante. | |
| . | c) Frais de réparation du matériel.................. | |
| . | d) Frais de réparations locatives.................. | |
| | TOTAL.................. | |
| | **2° Dépenses réservées à l'approbation du Ministre.** | |
| . | Achats des objets mobiliers portés sur l'extrait ci-joint des états de demande de la région.................. | |
| | **3° Dépenses ayant fait l'objet d'une décision antérieure du Ministre et qui ne doivent être effectuées qu'au cours de l'exercice 190 .** | |
| | Exemple : | |
| . | Réorganisation du moulin militaire de X... (dépense prévue pour 1000).................. | 20.000 |
| . | Achat d'un moteur pour la place de Y... (solde de la fourniture).................. | 800 |
| | Total.................. | |
| . | **4° Pour mémoire :** Dépenses d'achat ou de confection de caisses à pain de guerre.................. | 2.303 |
| | TOTAL de la 1ᵉ partie......... | |
| | **2ᵉ PARTIE.** DÉPENSES ÉVENTUELLES. | |
| | Exemple : | |
| 1 | Réorganisation du moulin militaire de ...... | 15.000 |
| 2 | Remplacement d'une machine à vapeur à ...... | |
| 3 | Installation de l'éclairage électrique à la manutention de .................. | 10.000 |
| 4 | Un pétrin système Pauquet pour la manutention de . | |
| 5 | Deux mélangeurs-cribleurs de farine pour la place de . | |
| 6 | Un torréfacteur à la manutention de ...... | |
| 7 | Un mélangeur cribleur de farine pour la place de . | |
| | TOTAL de la 2ᵉ partie......... | |
| | TOTAL GÉNÉRAL......... | |

A           , le           190 .

*Le Directeur de l'Intendance,*

| MOTIFS ET OBSERVATIONS.<br><br>Rappeler dans cette colonne les études préalables et les décisions antérieures. | DÉCISION<br><br>DU MINISTRE. | SOMME<br><br>ALLOUÉE | OBSERVATIONS. |
|---|---|---|---|
| Décision du Ministre en date du 15 juillet 1899, statuant sur les conclusions du procès-verbal rapporté le 12 avril précédent.<br>Marché du 15 mai 1899, dont la passation a été prescrite par dépêche du 20 avril précédent.<br>Quantités de pain de guerre à fabriquer en 1900 : 500 quintaux métriques.<br>Nombre de caisses nécessaires :<br>$\dfrac{500 \text{ quint. mét.}}{0,38 \text{ kil.}} = 1.315$ à 1 fr. 75 l'une. | | | |
| Procès-verbal de conférence en date du ....., approuvé par le Ministre le..... | | | |
| Ajournée en 1900..... par la dépêche du..... nº..... | | | |

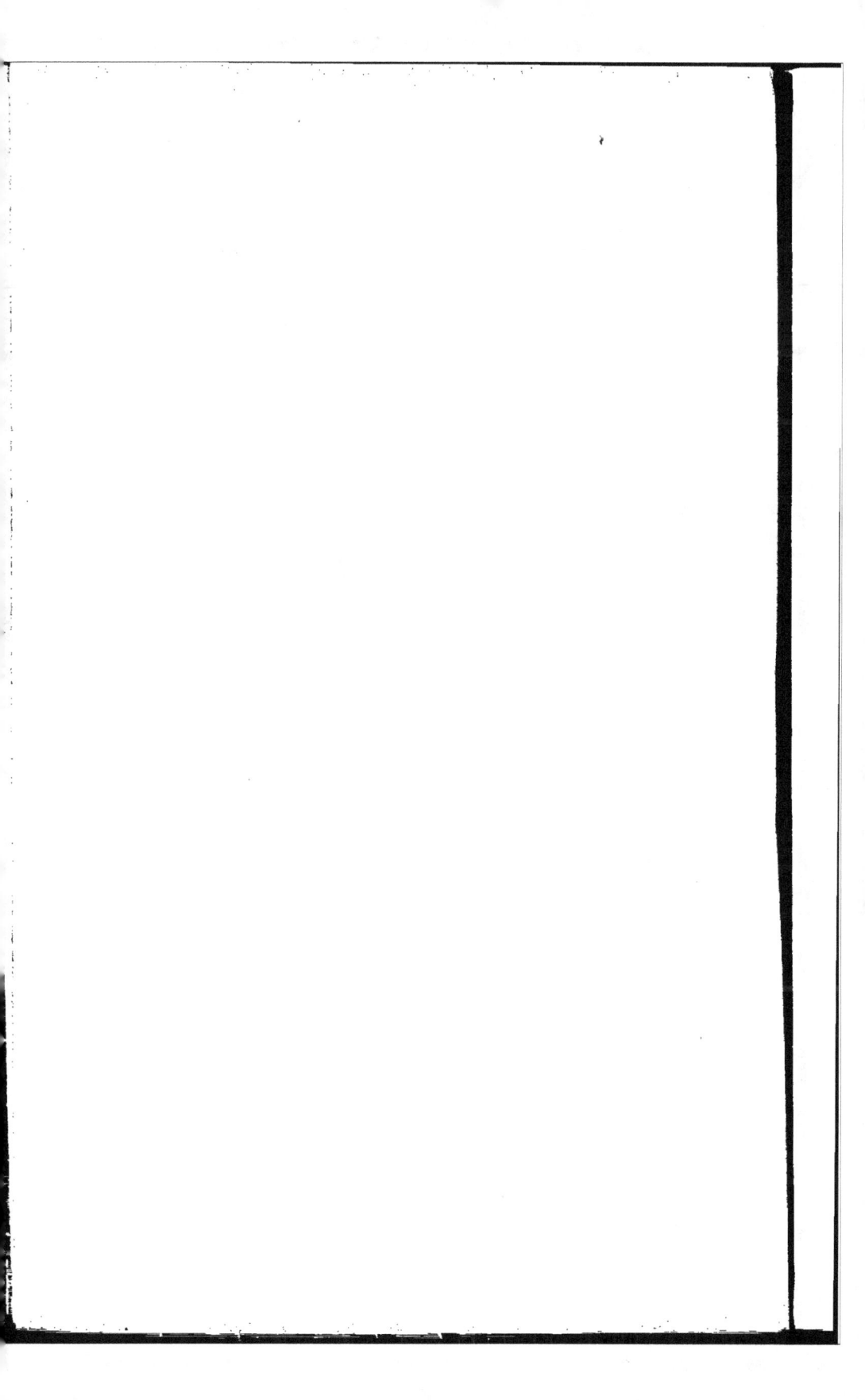

| MINISTÈRE | | MODÈLE Nº 4. |
|---|---|---|
| DE LA GUERRE. | EXERCICE 19 . | |

**DIRECTION**
de
**L'Intendance militaire.**

FORMAT :

Hauteur...... 0.32
Largeur....... 0.23

3ᵉ BUREAU.

**GOUVERNEMENT MILITAIRE**

du

ou

' RÉGION DE CORPS D'ARMÉE.

(1) Vivres, fourrages
ou chauffage selon le cas.

# Service d (1)

*ÉTAT d'emploi des crédits accordés au titre du service courant pour achats et confection de matériel, ainsi que pour achats d'objets et matières de consommation courante, pendant l'année 19 .*

NOTA : Cet état est adressé au Ministre (5ᵉ Direction, 3ᵉ Bureau), le 15 février de chaque année, pour l'exercice précédent.

## 1° CRÉDITS.

*Crédits accordés par le Ministre,* suivant le programme approuvé le. . . . . . . . . . . . . . . . .

*Crédits complémentaires accordés* par dépêche
du. . . . . . .            N°. . . . . . . . . . . .

*A ajouter :*

*Crédits à affecter aux achats de matériel ordonnés
ou demandés pour d'autres régions :*

1° *Achats ordonnés par le Ministre :*

Pour la place de . . . ( ° corps d'armée)
  par dépêche du. . . . . . . . . . . .
  de . . . (indiquer le matériel). . . .
. . . . . . . . . . . . . . . . .

2° *Achats demandés par les directeurs de
  l'intendance :*

Pour le ° corps d'armée, demande
  du. . . . . . . . . . . . . . . .
Pour le ° corps d'armée, demande
  du. . . . . . . . . . . . . . . .

                           TOTAL. . . . . . . .

*A diminuer :*

*Crédits affectés aux achats de matériel à effectuer
  pour d'autres régions :*

1° *D'après les ordres du Ministre :*

En date du. . . . . . , achat de. . . . .
  pour la place de . . . . . . . . . . .
. . . . . . . . . . . . . . . .

2° *D'après les demandes des directeurs de
  l'intendance :*

Demande du. . . . . . . . . . 190 .
  adressée à la place de (Paris). . . . .
Demande du. . . . . . . . . 190 .
  adressée à la place de (Vincennes). . .
Demande du. . . . . . . . . . 190 .
  adressée à la place de. . . . . . . .
Etc. . . . . . . . . . . . . . . .

  Total des crédits affectés aux achats effectués dans
la région (1). . . . . . . . . . . . . . . . . . .

## 2° DÉPENSES.

### 1° *Dépenses effectuées pour la région.*

Pour achats et confection d'objets mobiliers . . . . .
Pour achats d'objets et matières de consommation
courante . . . . . . . . . . . . . . . . . . . . . . . . .
Frais de réparation de matériel . . . . . . . . . . . . .
Frais de réparations locatives . . . . . . . . . . . . . .
Etc. . . . . (Le détail comme au programme) . . . . .

### 2° *Dépenses effectuées pour d'autres régions.*

. . . . . . . . . . . . . . . . . . .  . . . . .
. . . . . . . . . . . . . . . . . . .  . . . . .
. . . . . . . . . . . . . . . . . . .  . . . . .
. . . . . . . . . . . . . . . . . . .  . . . . .

### 3° *Dépenses remboursées par voie de virement administratif.*

Cession de . . . . . . . par le service
de. . . . . . . . à . . . . . . . .  . . . . .
. . . . . . . . . . . . . . . . . .  . . . . .

TOTAL des dépenses . . .  . . . . .
REPORT des crédits (1) . . .  . . . . .

BALANCE : Excédent de . . .  . . . . .

A , le 190 .

*Le Directeur de l'Intendance,*

## § 2. *Dispositions diverses.*

Utilisation des balles provenant des livraisons de café et autres denrées.

En vue de tirer le meilleur parti possible, dans l'intérêt du service et du Trésor, des balles provenant des livraisons de café et autres denrées, qui représentent chacune un morceau de toile de 1<sup>m</sup>,40 de longueur sur 0<sup>m</sup>,96 de largeur, il convient de les employer pour les divers usages suivants :

1° Ensachement des avoines criblées préparées pour les distributions journalières ;

2° Ensachement des issues (sons, criblures, balayures, etc.) ;

3° Logement du sel du service courant ;

4° Logement du fleurage nécessaire à la fabrication du pain ;

5° Logement de certaines denrées telles que riz, haricots, sucre, café, expédiées sur les magasins annexes ou entrant dans la composition des petits lots de mobilisation (vivres du sac et convois régimentaires), étant entendu que les balles à affecter au logement des petits lots de mobilisation seront choisies parmi les meilleures et qu'elles rempliront les conditions voulues pour assurer un bon service ;

6° Confection de rideaux pour les différents magasins administratifs ;

7° Confection de bâches et prélarts pour recouvrir les fours roulants, les chariots-fournils, les machines et appareils mécaniques, pétrins, pompes d'incendie, etc..., ainsi que le matériel de la réserve de guerre (corbeilles à levain, panetons, prélarts, ustensiles et objets divers en bois) ;

8° Confection d'écouvillons de fours, de couches pour le service courant, de pantalons-cottes, d'enveloppes de bondes pour fûts et barils à lard, de tabliers pour préserver les ouvriers employés à divers travaux salissants, tels que peinturage de matériel, passage au coaltar des caisses-étanches, montage des fours, etc... ;

9° Confection de prélarts ou bâches pour recouvrir les effets de couchage auxiliaire entretenus dans les forts ;

10° Rentoilage des panetons et corbeilles à levain ;

11° Emballage des effets apportés par les militaires venus d'autres armes, à renvoyer à leur corps d'origine ;

12° Confection de couvre-pain pour les planches à pain ;

13° Nettoyage des appareils mécaniques et des locaux (magasins, parquets des casernements) ;

14° Usages intérieurs des corps de troupe de toutes armes (cuisines, rideaux, toile d'emballage, etc.).

Dans le cas où il serait reconnu nécessaire de faire entretenir un stock de balles destinées à être utilisées pour les besoins éventuels de la mobilisation (ensachement et transport de denrées dans le cas de non-renvoi des sacs ayant contenu les denrées expédiées aux armées), il appartiendrait au directeur de l'intendance de prescrire toutes les mesures utiles à cet effet.

Il demeure entendu que les balles qui deviennent disponibles sont affectées d'abord aux besoins du service des subsistances d'après les indications ci-dessus. Celles que le service des subsistances ne peut utiliser sont tenues à la disposition du service de l'habillement et du campement et des corps de troupe qui en auront l'emploi, moyennant remboursement de la valeur des objets cédés. Le prix de cession de ces objets est déterminé par le directeur de l'intendance.

Enfin, les balles qui, ne pouvant être employées à aucun des usages sus-visés, resteraient disponibles et encombreraient les magasins, seront remises aux Domaines pour être vendues au profit du Trésor.

### Destination à donner aux caisses à pain de guerre ayant servi.

La réforme des caisses ayant servi pour le logement du pain de guerre est prononcée dans la forme ordinaire et par délégation du directeur de l'intendance, par le sous-intendant militaire, soit mensuellement, soit chaque quinzaine, suivant l'importance des distributions de la denrée.

Le soin de rechercher l'emploi le plus avantageux pour le Trésor, qui peut être fait de ces récipients dans chaque localité où ils deviennent disponibles, est laissé à l'initiative des services locaux qui soumettent leurs propositions au directeur de l'intendance.

Etant donnée l'utilité de préserver les magasins et les approvisionnements de denrées de toute contamination provenant des caisses ayant servi, celles-ci ne pourront être employées que dans les conditions indiquées ci-après; elles ne devront d'ailleurs, sous aucun prétexte, être conservées dans les magasins :

a) Les caisses vides pourront être utilisées par le service comme bois d'allume pour le chauffage des fours et des machines, ainsi que pour la torréfaction du café.

Les parties empreintes d'encre ou de couleur grasse serviront de préférence à la torréfaction du café et pour les machines.

Les caisses seront démolies immédiatement et les planches et traverses, dégarnies de pointes, seront déposées sous le hangar au bois pour être brûlées sans retard.

b) Les caisses vides pourront être cédées, soit aux corps de troupes ou services, pour être employées à l'allumage des fourneaux de cuisine, des poêles, etc., ou comme matériaux d'emballage; soit aux entrepreneurs du service des vivres-pain à la ration, pour être utilisées, comme il est dit ci-dessus, au chauffage des fours, soit encore aux officiers et aux autres parties prenantes qui en feront la demande. Chaque demande sera soumise au visa préalable du sous-intendant militaire chargé de la direction de l'établissement qui doit céder les caisses.

Les cessions auront lieu au prix de 0 fr. 30 par caisse.

c) Lorsque la vente par les Domaines paraîtra plus avantageuse pour le Trésor, les caisses vides seront remises successivement à cette administration et il conviendra d'en débarrasser au plus tôt les établissements.

Il est entendu que ventes et cessions auront lieu au profit du Trésor.

Pour éviter toute dépense inutile, il ne devra, dans aucun cas, être fait d'expédition d'une place sur une autre de caisses vides ayant servi, à moins que cette expédition ne puisse s'effectuer sans frais, par les moyens militaires.

Tout autre emploi qui semblerait pouvoir être fait de ces caisses à pain de guerre vides devra être l'objet d'une proposition préalable qui sera soumise à l'approbation du Ministre.

# ANNEXE N° 8.

**Nomenclature des dépenses du service des subsistances militaires décrivant, pour chaque nature de dépense, les pièces justificatives à produire par les créanciers, et indiquant celles qui doivent être jointes aux ordonnances ou mandats de paiement et celles qu'il y a lieu de mettre à l'appui des états de liquidation.**

---

## OBSERVATIONS GÉNÉRALES ET PRÉLIMINAIRES.

I. Les justifications prescrites dans la nomenclature d'une branche de service sont applicables à toutes les dépenses de même nature qui pourraient être imputées sur d'autres branches de service sans y avoir été prévues.

II. Les dépenses qui s'appliquent aux fournitures de même espèce ou à la même nature de travaux doivent toujours être acquittées suivant le même mode, c'est-à-dire qu'elles ne sauraient être payées partie sur les fonds mis à la disposition des agents des services régis par économie et partie au moyen d'un mandatement direct.

III. Les extraits de marchés, baux ou conventions mis à l'appui des mandats de paiement, doivent contenir toutes celles des dispositions de ces marchés, baux ou conventions qui concourent au règlement de la créance. Ils doivent, en outre, faire connaître, lorsqu'il y a lieu, la nature des garanties exigées pour assurer la parfaite exécution des engagements; enfin, reproduire la mention de l'enregistrement.

IV. Les mandats de premier paiement à délivrer au nom de tout entrepreneur ou fournisseur assujetti à un cautionnement matériel doivent être accompagnés d'une déclaration de l'ordonnateur, indiquant la date de la réalisation de la garantie exigée et la nature des valeurs qui y ont été affectées. Dans le cas où la garantie n'aurait pas été réalisée dans le délai fixé, le paiement ne pourrait avoir lieu que sur la production d'un certificat de l'ordonnateur, constatant que le retard ne provient pas du fait du créancier ou que le Ministre lui a accordé une prorogation de délai.

V. Toute pièce produite à l'appui d'un mandat de paiement, et dont la dénomination est suivie de la lettre (T) dans la nomenclature, doit être timbrée lorsque la dépense qu'elle concerne excède *dix francs*. Sont exemptes de timbre, aux armées actives opérant en territoire ennemi ou étranger, toutes les pièces établies dans des localités où il n'existe pas d'autorité française pour remplir cette formalité.

VI. Les mandats délivrés, après décès d'un créancier de l'État, au profit de ses héritiers, ne désignent pas chacun d'eux, mais portent seulement cette indication générale : *les héritiers de...* C'est au payeur, avant de procéder au paiement, d'exiger la justification des droits à l'hérédité ou à la succession.

| MODE D'EXÉCUTION DU SERVICE. Classification des dépenses. | PIÈCES JUSTIFICATIVES A ÉTABLIR. | pay de |
|---|---|---|
| **A.** **GESTION DIRECTE.** | **1º SERVICE DES VIVRES.** | |
| | § 1ᵉʳ. *Paiement unique ou intégral.* | |
| | Procès-verbal d'adjudication (T) ou marché de gré à gré (T) dûment approuvé et enregistré. | Co v e r |
| | Cahier des charges (T) (3)..................... | Co d |
| | Certificat constatant la réalisation du cautionnement ou la dispense qui en a été donnée (lorsque le cautionnement est exigé). | Le c |
| Fournitures, travaux et transports. | 1º Marchés par adjudication publique ou de gré à gré. | Facture (T) (A) ou mémoire (T) en double expédition, établi et certifié par le créancier, vérifié et arrêté par le fonctionnaire de l'intendance contenant le détail des fournitures en quantités, les prix d'unité, la date de livraison, la somme à payer, la mention de l'exécution du service dans les délais et suivant les conditions stipulées, ou la prise en charge par qui de droit des fournitures, ou le numéro d'inscription au carnet des matières et objets de consommation courante, au registre matricule des machines, ou sur l'état descriptif des lieux. | La d ( |
| | En cas d'exonération avant paiement de la fourniture ou de réduction des retenues encourues pour retard dans les livraisons, extrait, en double expédition, de la décision qui a prononcé cette exonération ou cette réduction (B). | |
| | Quittance (1) de l'ayant droit sur le mandat...... | Q |
| | En cas de traité de gré à gré (fournitures au-dessus de 20,000 francs ou de 5,000 francs par an, si elles embrassent plusieurs années), certificat de l'ordonnateur, en double expédition, relatant l'une des exceptions spécifiées à l'article 18 du décret du 18 novembre 1882. | U |
| | Pour les machines à vapeur, appareils, etc., procès-verbal de réception définitive, en double expédition, constatant l'exécution du service dans les délais et suivant les conditions stipulées (4). | U |
| | § 2. *Paiements fractionnés.* PREMIER ACOMPTE DE L'EXERCICE. | |
| | Extrait certifié du procès-verbal d'adjudication ou du marché mentionnant l'approbation et l'enregistrement. | D |

| PIÈCES A PRODUIRE AUX payeurs du Trésor à l'appui des ordonnances et mandats de paiement. | PIÈCES A METTRE A L'APPUI des états de liquidation destinés au directeur de l'intendance. | OBSERVATIONS. |
|---|---|---|
| | | (T) Timbre de dimension. (t) Timbre de quittance. |
| | | Pour la justification de toutes les dépenses au-dessus de dix francs il est produit une facture en double expédition. La première expédition fournie à l'appui du mandat de paiement est soumise à la formalité du timbre et acquittée par la partie prenante; la seconde expédition reste jointe à la liquidation et n'est pas timbrée. |
| Copie du procès-verbal d'adjudication ou du marché (2). Copie du cahier des charges (2). Le certificat ci-contre. | (1) | Pour les dépenses qui ne dépassent pas la somme de dix francs, la facture non timbrée est également exigible et doit être rattachée à la liquidation; mais il n'est pas produit de seconde facture à l'appui du mandat. Cette pièce est remplacée par le détail des fournitures et des travaux, qui est inséré dans la colonne du mandat qui porte pour titre « Objet du paiement ». |
| La facture (T)(A) ou le mémoire (T) ci-contre. | La seconde expédition de la facture (A) ou du mémoire. | (1) L'envoi périodique qui est fait au Ministre des marchés manuscrits et des relevés de marchés souscrits sur des formules imprimées dispense de la production de toute copie ou extrait à l'appui des liquidations. |
| | | (2) Les copies de procès-verbal d'adjudication, de marché, de cahier des charges, soumission, etc., qui sont produites au soutien des ordonnances et mandats de paiement, ne sont pas assujetties à la formalité du timbre. |
| Une expédition de l'extrait de la décision. | La seconde expédition de l'extrait de décision | (3) Si le cahier des charges est un document administratif d'une application générale et ne constitue pas une annexe spéciale du marché, l'original est exempté du timbre. |
| | | (A) Les pièces justificatives des entrées réelles doivent être réparties comme l'indique le tableau ci-après : |
| Quittance (t) de l'ayant-droit sur le mandat. Une expédition du certificat de l'ordonnateur. | La seconde expédition. | |
| Une expédition du procès-verbal. | Un extrait du procès-verbal. | |

| | PIÈCES A JOINDRE A L'APPUI | | |
|---|---|---|---|
| | DU MANDAT de paiement. | DU COMPTE annuel de gestion. | DU RAPPORT de liquidation |
| Fournitures faisant l'objet d'une seule livraison . . . . . . | Facture à talon (n° 362). | Talon de facture (n° 362). | Duplicata de facture (n° 362 bis). |
| Fournitures comportant plusieurs livraisons . . . . . . . . | Facture à talon (n° 362). Récépissés comptables (n° 361). | Talon de facture (n° 362). Talon des récépissés comptables (n° 361). | Duplicata de facture (n° 362 bis). |

| Une expédition du procès-verbal. | | |
| L'extrait ci-contre | | |

(Pour les notes (B) et (4). v. p. suivantes.)

| MODE D'EXÉCUTION DU SERVICE. Classification des dépenses. | PIÈCES JUSTIFICATIVES A ÉTABLIR. |
|---|---|
| **A.** <br> **GESTION DIRECTE.** <br> *(Suite.)* | **I° SERVICE DES VIVRES.** *(Suite.)* <br><br> Extrait du cahier des charges faisant connaître le montant du cautionnement et les conditions du paiement. <br> Certificat constatant la réalisation du cautionnement ou la dispense qui en a été donnée (lorsque le cautionnement est exigé). <br> Décompte des fournitures effectuées indiquant la somme à ordonnancer, et, s'il y a lieu, la somme retenue. <br> Quittance (t) de l'ayant droit sur le mandat....... <br><br> En cas de traité de gré à gré pour les fournitures au-dessus de 20.000 francs ou de 5.000 francs par an, si elles embrassent plusieurs années, certificat de l'ordonnateur, relatant l'une des exceptions spécifiées à l'article 18 du décret du 18 novembre 1882. <br><br> ACOMPTES SUBSÉQUENTS. <br><br> Décompte des fournitures effectuées, indiquant, s'il y a lieu, la somme retenue, le détail des acomptes payés, les dates et numéros des ordonnances ou mandats en vertu desquels ces paiements ont été faits, le montant et le numéro d'ordre de l'acompte à ordonnancer. <br> Quittance (t) de l'ayant droit sur le mandat...... |
| Fournitures, travaux et transports. *(Suite.)* { 1° Marchés par adjudication publique ou de gré à gré *(Suite)* | Lorsque, en raison de circonstances particulières, des paiements pour acompte ou pour solde sur un service ou sur une créance sont assignés sur une caisse autre que celle où les précédents acomptes auraient été acquittés, l'ordonnateur adresse aux comptables qui ont payé ces acomptes un bulletin faisant connaître le lieu où doit s'effectuer le paiement du solde, ainsi que le numéro et la date de l'ordonnance ou du mandat délivré, et à l'appui duquel se trouvent annexées les pièces justificatives déjà produites. Ce bulletin est destiné à être joint à la dernière ordonnance ou au dernier mandat d'acompte payé à chaque caisse. <br> De son côté, le comptable chargé des paiements subséquents reçoit pour le même emploi, avec la première ordonnance ou le premier mandat indiqué sur sa caisse, un bulletin semblable contenant les indications relatives aux paiements antérieurs, et, en outre, un certificat de non-opposition sur le titulaire de la créance, délivré par chacun des comptables ayant participé à ces paiements. |

| PIÈCES A PRODUIRE aux payeurs du Trésor à l'appui des ordonnances et mandats de paiement. | PIÈCES A METTRE A L'APPUI des états de liquidation destinés au directeur de l'intendance. | OBSERVATIONS. |
|---|---|---|
| L'extrait ci-contre | | (B) Lorsque l'exonération est prononcée après le paiement de la fourniture, la restitution du montant de l'exonération est opérée par les soins de l'administration contrôle au moyen du récépissé constatant le versement au Trésor des retenues. |
| Le certificat ci-contre. | | (4) Dans le cas où il ne serait pas dressé de procès-verbal de réception définitive, il est produit un certificat administratif contenant les mêmes énonciations. |
| Le décompte ci-contre. | | |
| Quittance (t) sur le mandat. Le certificat de l'ordonnateur. | | |
| Le décompte ci-contre. | | |
| Quittance (t) sur le mandat. Le bulletin ci-contre. | | |
| Le bulletin ci-contre. | | |

| MODE D'EXÉCUTION DU SERVICE. — Classification des dépenses. | PIÈCES JUSTIFICATIVES A ÉTABLIR. |
|---|---|
| **A.** GESTION DIRECTE. (*Suite.*) — | **1° SERVICE DES VIVRES.** (*Suite.*) |

**1° SERVICE DES VIVRES.** (*Suite.*)

PAIEMENT POUR SOLDE DU SERVICE FAIT.

**1° Marchés par adjudication publique ou de gré à gré.** (*Suite.*)

Copie du procès-verbal d'adjudication (T) ou marché de gré à gré (T) dûment approuvé et enregistré.

Cahier des charges (T) (3)........................

Facture (T) ou mémoire (T), en double expédition, établi et certifié par le créancier, vérifié et arrêté par le fonctionnaire de l'intendance, contenant le détail en quantités, les prix d'unité et le montant total des fournitures, ainsi que les dates des livraisons, la somme à payer, la mention de l'exécution du service dans les délais et suivant les conditions stipulées, ou la prise en charge par qui de droit des fournitures, ou le numéro d'inscription au carnet des matières et objets de consommation courante, ou registre matricule des machines ou sur l'état descriptif des lieux; indiquant, par dates et numéros de mandat, les acomptes payés, et faisant ressortir le solde à ordonnancer (5).

Récépissé à talon, contenant déclaration, faite par le comptable du service, de la prise en charge des denrées ou objets livrés.

En cas d'exonération prononcée avant paiement du solde ou de réduction des retenues encourues pour retard dans les livraisons, extrait, en double expédition, de la décision qui a prononcé cette exonération ou cette réduction.

Si l'exonération est prononcée après le paiement du solde, le montant de l'exonération est restitué par les soins de l'administration centrale.

Quittance (t) de l'ayant droit...............

Pour les machines à vapeur, appareils, etc., procès-verbal de réception définitive, en double expédition, constatant l'exécution du service dans les délais et suivant les conditions stipulées (7).

**Fournitures, travaux et transports.** (*Suite.*)

**2° Fournitures, travaux, dépenses diverses sans marché préalable** (la dépense ne dépassant pas 1,500 fr.) (6)

Facture (T) (A), en double expédition, rappelant le numéro et la date de l'autorisation et revêtue du certificat d'exécution ou de la prise en charge du comptable, ou mémoire (T), en double expédition, établi par le créancier, vérifié et arrêté par le fonctionnaire de l'intendance (8).

Quittance (t) de l'ayant droit...............

| PIÈCES À PRODUIRE AUX payeurs du Trésor à l'appui des ordonnances et mandats de paiement. | PIÈCES À METTRE A L'APPUI des états de liquidation destinés au directeur de l'Intendance. | OBSERVATIONS. |
|---|---|---|
| La copie du procès-verbal d'adjudication ou du marché (2) ci-contre. Copie du cahier des charges (2). La facture (T) (A) ou le mémoire (T). | La seconde expédition de la facture (A) ou du mémoire. | (5) S'il s'agit de dépenses qui ne retombent qu'accidentellement à la charge du service des subsistances, parce que les travaux ou réparations s'appliqueraient à des bâtiments ou terrains, les factures ou mémoires de l'entrepreneur sont reconnus et vérifiés au préalable par le service local du génie, et la déclaration d'exécution des travaux n'est donnée qu'après cette constatation. |
| Le récépissé comptable ou la lettre de voiture, suivant le cas (6). Un extrait de la décision. | La seconde expédition de l'extrait. | (6) S'il s'agit de transports d'une place sur une autre, par terre ou par eau, le récépissé comptable est remplacé par la lettre de voiture ou le connaissement contenant le certificat de vu arriver ou la déclaration de prise en charge par le consignataire des denrées ou objets expédiés. |
| Quittance (1). Une expédition du procès-verbal (7). | Un extrait du procès-verbal (7). | (7) Dans le cas où il ne serait pas dressé de procès-verbal de réception définitive, il est produit un certificat administratif contenant les mêmes énonciations. |
| La facture (T) (A) ou le mémoire (T). | La seconde expédition de la facture ou du mémoire. | (8) Lorsqu'il est payé un ou plusieurs acomptes sur le montant d'un mémoire, les pièces justificatives doivent être fournies à l'appui du paiement du premier acompte. On s'y réfère pour les paiements suivants. |
| Quittance (1). | | (9) Quand les dépenses ne sont pas acquittées par les comptables. |

| MODE D'EXÉCUTION DU SERVICE. — Classification des dépenses. | PIÈCES JUSTIFICATIVES A ÉTABLIR. |
|---|---|
| **A.** GESTION DIRECTE. (*Suite.*) — | 1º SERVICE DES VIVRES. (*Suite*). |
| 3º Locations (11.) | PREMIER PAIEMENT. Bail (T) approuvé et enregistré et de plus, transcrit, lorsque sa durée est de plus de dix-huit ans (10). Lorsque la production d'une facture ou d'un mémoire est prescrite par le bail : facture (T) ou mémoire (T) du propriétaire, en double expédition, vérifié et arrêté par le fonctionnaire de l'intendance (ce document est également produit pour les paiements subséquents). Reçu délivré par la compagnie d'assurance justifiant du paiement de la prime (12). Quittance (t) du propriétaire, sur le mandat...... PAIEMENTS SUBSÉQUENTS. Quittance (t) du propriétaire sur le mandat....... Indication du compte et du mandat auxquels le bail a été joint antérieurement, et (dans le cas où l'immeuble aurait été vendu postérieurement au bail) : Extrait (T) de l'acte de vente ................. |
| 4º Achats par commission. | PREMIER PAIEMENT DE L'EXERCICE A TITRE D'AVANCE (13). Copie, en double expédition, de l'ordre du Ministre ou du fonctionnaire de l'intendance autorisant l'avance et indiquant approximativement le montant de la dépense à faire. Quittance (t) sur le mandat..................... AVANCES SUBSÉQUENTES. Demande d'avance établie par le commissionnaire et arrêtée par le fonctionnaire de l'intendance..... Décompte en quantités et en deniers du service fait, contenant, en outre, l'évaluation de la portion du service restant à faire et pour laquelle une nouvelle avance est demandée. Ce décompte est établi par le commissionnaire, certifié par le gestionnaire et arrêté par le fonctionnaire de l'intendance». Quittance (t) sur le mandat ..................... |

| PIÈCES A PRODUIRE aux payeurs du Trésor à l'appui des ordonnances et mandats de paiement. | PIÈCES A METTRE A L'APPUI des états de liquidation destinés au directeur de l'intendance. | OBSERVATIONS. |
|---|---|---|
| Une copie du bail (10). | | (10) Les baux passés au nom de l'administration sont susceptibles d'être enregistrés gratis. |
| La facture (T) ou le mémoire (T). | La seconde expédition de la facture ou du mémoire. | (11) Suivant les circonstances et l'importance de la dépense, le paiement des locations peut être fait par le gestionnaire au moyen des avances qui lui sont accordées sur les frais d'exploitation, mais une même location ne peut être payée partie sur les fonds mis à la disposition du gestionnaire, partie au moyen du mandatement direct. |
| Le reçu ci-contre. | Une copie du reçu. | |
| Quittance (t) sur le mandat. | | (12) Au premier paiement de chaque période annuelle. |
| Quittance (t). | Un état décompté portant la mention du mandatement. | |
| L'extrait (T) ci-contre. | | |
| Une expédition de la copie de l'ordre d'achat. | La seconde expédition de la copie de l'ordre d'achat. | (13) Les paiements d'avance doivent être convertis en paiements d'acompte dans le délai d'un mois à partir de leur date. |
| Quittance (t). | | |
| La demande d'avance. Le décompte ci-contre. | | |
| Quittance (t) sur le mandat. | | |

| MODE D'EXÉCUTION DU SERVICE. — Classification des dépenses. | PIÈCES JUSTIFICATIVES A ÉTABLIR. |
|---|---|
| **A.** **GESTION DIRECTE.** (*Suite.*) | **1º SERVICE DES VIVRES.** (*Suite.*) |
| | PAIEMENT POUR SOLDE DU SERVICE FAIT. |
| Achats par commission. (*Suite.*) | Facture (T), en double expédition (A) établie par le commissionnaire, vérifiée et arrêtée par le fonctionnaire de l'intendance, rappelant par dates et numéros de mandats les sommes ordonnancées à titre d'avance ou d'acompte, et faisant ressortir le solde à payer. État de comparaison dressé par le sous-intendant militaire entre les cours de la place ou les limites assignées au commissionnaire et les prix réclamés. Le fonctionnaire de l'intendance établit en même temps, pour les frais accessoires, une appréciation raisonnée entre les usages de la place et les sommes portées à ce titre dans la facture. Récépissé à talon, contenant déclaration par l'officier d'administration gestionnaire du service, de la prise en charge des denrées ou objets livrés. Quittance (1) de l'ayant droit.............. |
| 5º Réquisitions pour le service des troupes et 1/2 journées de nourriture chez l'habitant pendant les manœuvres | État nominatif des habitants (modèle A ou A *bis*, nᵒˢ 394, 395 de la nomenclature, selon le cas), deux expéditions. État des sommes dues (modèle B, nᵒ 396 de la nomenclature), trois expéditions, ou, en cas de contestation, extrait du jugement en double expédition. |
| 6º Achats effectués par les officiers d'approvisionnement. | Facture (T) ou quittance extraite du carnet à souche (nᵒ 416 *bis* de la nomenclature). Relevé récapitulatif en deux expéditions (nᵒ 380 de la nomenclature). Quittance sur le mandat par le conseil d'administration. |
| 7º Dépenses acquittées par les officiers d'administration gestionnaires. } Obtention des avances (16) | PREMIÈRE AVANCE. Demande d'avance établie par l'officier d'administration gestionnaire. Elle énumère l'espèce et l'importance présumables des dépenses à acquitter. Cette demande est vérifiée et arrêtée par le fonctionnaire de l'intendance. Quittance sur le mandat.............. |

| PIÈCES A PRODUIRE aux payeurs du Trésor à l'appui des ordonnances et mandats de paiement. | PIÈCES A METTRE A L'APPUI des états de liquidation destinés au directeur de l'intendance. | OBSERVATIONS. |
|---|---|---|
| La facture (T)(A). | La deuxième expédition de la facture (A). | |
| | État de comparaison. | |
| Le récépissé comptable (A). | | |
| Quittance (t). Une expédition des états (modèle A ou A bis). | | |
| Une expédition de l'état (modèle B) émargé par les intéressés (14) ou l'extrait du jugement. | Une expédition de l'état des sommes dues (modèle B) ou la deuxième expédition de l'extrait du jugement. | (14) Les procès-verbaux, certificats, significations, jugements, contrats, quittances et autres actes faits, en vertu de la loi du 3 juillet 1877, sur les réquisitions militaires, et exclusivement relatifs au règlement de l'indemnité, sont dispensés du timbre et enregistrés gratis lorsqu'il y a lieu à la formalité de l'enregistrement. (Loi du 18 décembre 1878). |
| Facture (T) ou quittance. | | |
| Une expédition du relevé récapitulatif (n° 380). | La deuxième expédition du relevé récapitulatif (15). | (15) Les achats sont justifiés dans le compte de gestion de l'officier d'administration gestionnaire des manœuvres au moyen d'un certificat administratif. |
| Quittance. | | |
| La demande d'avance. | | (16) Ces dispositions sont applicables à toutes les avances perçues par les officiers d'administration gestionnaire. |
| Quittance comme ci-contre. | | |

| MODE D'EXÉCUTION DU SERVICE. — Classification des dépenses. | PIÈCES JUSTIFICATIVES A ÉTABLIR. | |
|---|---|---|
| **A.** **GESTION DIRECTE.** (*Suite.*) | **1° SERVICE DES VIVRES.** (*Suite.*) | |

<br>

AVANCES SUBSÉQUENTES.

| | | |
|---|---|---|
| Obtention des avances (16) | Demande d'avance établie dans la forme indiquée ci-dessus. Cette demande contient d'une part le relevé exact en deniers du service fait; d'autre part, l'évaluation de la portion du service restant à faire, et pour laquelle une nouvelle avance est demandée. Quittance sur le mandat. | |
| Justification des avances (16). | Bordereau des pièces et quittances (n° 172) en double expédition (17) appuyé des pièces justificatives énumérées dans les §§ 1, 2, 3, ci-après. | |

| | | | |
|---|---|---|---|
| 7° Dépenses acquittées par les officiers d'administration gestionnaires. (*Suite*). | § 1er. — Dépenses du personnel. | Primes de travail et gratifications allouées aux ouvriers militaires | Extrait du registre-contrôle présentant les nom, prénoms, numéros matricules des ouvriers, le nombre des journées et le décompte des sommes dues, le montant des gratifications accordées. L'extrait du registre-contrôle est émargé par les ouvriers; il n'est pas exigé de timbre de quittance, quel que soit le montant de la somme payée. Bordereau trimestriel. |
| | | Appointements et salaires des employés et ouvriers civils. | État d'émargement indiquant les nom et prénoms de chaque intéressé, le nombre de journées de travail, le décompte des sommes dues, et, s'il y a lieu, la majoration accordée par l'état, la somme à verser à la caisse des retraites, le net à payer. Quittance par chaque intéressé (1), si la somme payée excède 10 francs. Déclarations de versements effectués à la Caisse nationale des retraites pour la vieillesse. |
| | § 2. Dépenses pour achats de matériel à prendre en charge dans les comptes de gestion. | | Facture à talon (T) (mod. n° 19), ou états détaillés des dépenses (T) (mod. n° 20) en double expédition récapitulés dans un bordereau à talon des achats sur place (mod. 21). |
| | | | Bordereau trimestriel. |

Selon l'importance des fournitures.

| PIÈCES A PRODUIRE AUX payeurs du Trésor à l'appui des ordonnances et mandats de paiement. | PIÈCES A METTRE A L'APPUI des états de liquidation destinés au directeur de l'intendance. | OBSERVATIONS. |
|---|---|---|
| La demande d'avance. | | |
| Quittance sur le mandat. | | |
| Une expédition du bordereau des pièces et quittances appuyée des pièces justificatives originales. | | (17) L'une des expéditions revêtue de l'accusé de réception du Trésorier payeur est renvoyée à l'officier d'administration gestionnaire. |
| Extrait du registre-contrôle. | Copie de l'extrait du registre-contrôle. | |
| » | Bordereau trimestriel. | |
| État ci-contre. | Une copie de l'état d'émargement. | |
| Déclarations de versements ci-contre. | Copie des déclarations. | |
| Facture (T) ou le bordereau accompagné des états détaillés des dépenses. | Copie de la facture ou du bordereau appuyé de la deuxième expédition des états détaillés des dépenses. | Le talon de la facture ou du bordereau justifie l'entrée dans les comptes-matières. |
| » | Bordereau trimestriel. | |

| MODE D'EXÉCUTION DU SERVICE. Classification des dépenses. | PIÈCES JUSTIFICATIVES A ÉTABLIR. | |
|---|---|---|
| **A.** GESTION DIRECTE. (*Suite.*) | 1° SERVICE DES VIVRES. (*Suite.*) | |
| | Fournitures. Travaux. Transports. | Facture (T) contenant la prise en charge ou la déclaration de bonne exécution ou quittance. |
| | Location de terrains et de bâtiments. | Voir ci-dessus 3°. |
| | Frais d'adjudication, d'insertion. | Facture (T) ou quittance revêtue du certificat d'exécution. |
| | Avances des frais de timbre et d'enregistrement. | Etat des sommes payées certifié par le gestionnaire et arrêté par le sous-intendant militaire (18). |
| 7° Dépenses acquittées par les officiers d'administration gestionnaires. (*Suite.*) — § 3. Dépenses justifiées en deniers seulement. | Droits de douane, de régie ou d'octroi. | Quittances délivrées par les receveurs de ces droits (19). Etat décompté par place des droits d'octroi. |
| | Dépenses pour passe de sacs et autres de peu d'importance. | Relevé des dépenses. |
| | Frais d'éclairage. Fourniture d'eau. | Facture (T) ou quittance. |
| | Honoraires, vacations, frais d'expertise. | Facture (T) ou quittance. |

| PIÈCES A PRODUIRE AUX payeurs du Trésor à l'appui des ordonnances et mandats de paiement. | PIÈCES A METTRE A L'APPUI des états de liquidation destinés au directeur de l'intendance. | OBSERVATIONS. |
|---|---|---|
| Facture (T) ou quittance. (C). | Copie de la facture ou de la quittance. | (C) Copie ou extrait du marché si une convention a été passée (à l'appui du premier paiement de l'exercice). |
| Voir ci-dessus. | Voir ci-dessus. | |
| Facture (T) ou quittance. | Copie de la facture ou quittance | |
| État ci-contre. Déclaration du versement au Trésor (duplicata) effectué par l'adjudicataire et, s'il y a plusieurs adjudicataires, un état de répartition. | Copie de l'état ci-contre (18). | (18) Le double de la pièce de dépense portera, signée par l'ordonnateur secondaire, la preuve du reversement au Trésor de la somme avancée par le gestionnaire. Dans les conventions éventuelles, un certificat administratif remplacera la déclaration de versement, les droits de timbre et d'enregistrement, dont l'administration fait l'avance, ne devant être remboursés par les titulaires qu'autant que les contrats seront réalisés. |
| Quittances ci-contre et état décompté par place des droits d'octroi. | Copie des quittances et des états décomptés par place des droits d'octroi. | (19) Lorsque les droits dont il s'agit sont imputables sur les crédits d'un chapitre spécial du budget, il est établi une comptabilité en deniers spéciale pour ces dépenses. |
| Relevé des dépenses appuyé autant que possible des factures (T) ou des quittances. | Copie du relevé des dépenses. | |
| Convention (T) enregistrée à l'appui du premier paiement de l'exercice. | | |
| Facture (T) ou quittance. | Copie de la facture ou quittance. | |
| Facture (T) ou quittance. | Copie de la facture ou quittance. | |

| MODE D'EXÉCUTION DU SERVICE. — Classification des dépenses. | PIÈCES JUSTIFICATIVES A ÉTABLIR. |
|---|---|
| **A.** GESTION DIRECTE. (*Suite.*) 7° Dépenses acquittées par les officiers d'administration gestionnaires. (*Suite.*) — Dépenses justifiées en deniers seulement. (*Suite.*) — Frais de transport par mer et dépenses accessoires de débarquement du matériel et des denrées du service des subsistances militaires. | 1° SERVICE DES VIVRES (*Suite*). 1° Connaissement (T) portant acquit du transporteur; 2° Traduction du connaissement s'il y a lieu; 3° Certificat du cours du change dans le port, au jour du paiement; 4° Procès-verbal de reconnaissance du matériel au port de débarquement; 5° Factures (T) ou quittances pour les dépenses accessoires de débarquement. Bordereau trimestriel (20). |
| **B.** SERVICE PAR ENTREPRISE. — Marchés passés par adjudication publique ou de gré à gré. — Fournitures à la ration (21) | **PREMIER ACOMPTE DE L'EXERCICE.** Extrait du procès-verbal d'adjudication, ou du marché ou de la convention qui a réglé le prix des fournitures. Décompte en quantité et en deniers du service fait, vérifié et arrêté par le fonctionnaire de l'intendance militaire. Quittance (t) sur le mandat...................... **ACOMPTES SUBSÉQUENTS.** Décompte comme ci-dessus, indiquant les sommes déjà payées à titre d'acompte. Quittance (t) sur le mandat...................... **PAIEMENT POUR SOLDE DU SERVICE FAIT.** Facture trimestrielle en double expédition, dont une timbrée, certifiée par le créancier, vérifiée et arrêtée par le sous-intendant militaire, rappelant par dates et numéros de mandats les sommes ordonnancées à titre d'acompte, et faisant ressortir le solde à payer. Bordereau trimestriel de distributions, établi en double expédition par l'entrepreneur, vérifié et arrêté par le sous-intendant militaire (22). |
| Prélèvement sur les approvisionnements..... | Facture (T) (A) en double expédition, établie et certifiée par le créancier, vérifiée et arrêtée par le fonctionnaire de l'intendance, contenant le détail des fournitures en quantités, les prix d'unité, la date de livraison, la somme à payer, la mention de la prise en charge. Ordre de prélèvement, en double expédition, délivré par le fonctionnaire de l'intendance...................... |

| PIÈCES A PRODUIRE aux payeurs du Trésor à l'appui des ordonnances et mandats de paiement. | PIÈCES A METTRE A L'APPUI des états de liquidation destinés au directeur de l'Intendance. | OBSERVATIONS. |
|---|---|---|
| | | (20) Récapitulant toutes les dépenses justifiées en deniers seulement. |
| Pièces ci-contre. | Copie du connaissement du procès-verbal et des factures ou quittances. | (21) Aux termes des cahiers des charges qui régissent les marchés de fournitures à la ration, les entrepreneurs sont tenus de faire assurer contre l'incendie les bâtiments dont la jouissance gratuite leur est accordée, que ces bâtiments appartiennent à l'État ou qu'ils soient loués pour le compte de l'administration de la guerre. |
| | | Il est essentiel que la première facture produite par les entrepreneurs soit appuyée de la preuve (pour le payeur et pour l'administration centrale), non seulement de l'existence de la police d'assurance, mais encore du paiement de la prime. |
| | Bordereau trimestriel (20). | Lorsque le marché de l'entrepreneur embrasse une période de plusieurs années, les justifications exigées sont produites au soutien de la première facture de chaque exercice. |
| L'extrait ci-contre. | (1) | (22) A ces justifications, il y a lieu d'ajouter en fin de service : |
| Le décompte ci-contre. | | 1° Extrait ou copie du procès-verbal de remise des locaux occupés par l'entrepreneur, faisant connaître les dégradations constatées à sa charge avec l'évaluation du montant des réparations exécutées ; |
| Quittance (t). | | 2° Inventaire estimatif ou copie, en ce qui concerne les objets mobiliers reçus de l'État, ou déclaration du sous-intendant, portant que l'entrepreneur n'a pas occupé de locaux ou reçu de mobilier appartenant à l'État ; |
| Le décompte ci-contre. Quittance (t). | | 3° Une copie du procès-verbal d'adjudication, du marché ou de la convention. |
| L'expédition timbrée de la facture (21). | L'autre expédition de la facture | (23) Le double du bordereau est mis à l'appui du bordereau général de distribution. |
| Une expédition du bordereau trimestriel (22). | (23) | |
| La facture (T) ci-contre. | La seconde expédition de la facture. | |
| Une expédition de l'ordre ci-contre | La seconde expédition de l'ordre | |

| MODE D'EXÉCUTION DU SERVICE.<br><br>Classification des dépenses. | PIÈCES JUSTIFICATIVES A ÉTABLIR. |
|---|---|
| **B.**<br>SERVICE PAR ENTREPRISE.<br>(Suite.)<br>—<br><br><br>Approvisionnements laissés en magasin à l'expiration des marchés. | **I. SERVICE DES VIVRES** (Suite).<br><br>Facture, en double expédition, établie par le créancier, vérifiée et arrêtée par le fonctionnaire de l'intendance, portant règlement de la somme due, d'après les quantités reprises et les conditions du marché, et mentionnant la prise en charge des approvisionnements par l'entrepreneur entrant (21)......<br>Procès verbal de remise des locaux, et inventaire estimatif du mobilier faisant ressortir les dégradations constatées à la charge de l'entrepreneur, la plus ou la moins-value des objets mobiliers, ou déclaration du sous-intendant militaire portant que l'entrepreneur n'a eu à sa disposition ni locaux ni mobilier appartenant à l'État............................. |
| **A.**<br>GESTION DIRECTE.<br>—<br><br>Fournitures, travaux, transports, locations, frais divers d'exploitation.<br>**B.**<br>SERVICE PAR ENTREPRISE.<br>—<br>1° Dépenses acquittées par mandats directs des fonctionnaires de l'intendance.<br><br>Dépenses acquittées au moyen d'avances par l'officier d'administration gestionnaire désigné à cet effet (26). | **II. SERVICE DES FOURRAGES.**<br>——<br><br>Même mode de justification que pour les dépenses analogues du service des vivres (I).<br><br><br><br><br>Même mode de justification que pour les dépenses analogues du service des vivres.<br><br>Facture (T) ou quittance modèle 20 en double expédition (27) (28).<br>Bordereau trimestriel des distributions établi en double expédition (29).<br><br>Bordereau trimestriel des factures ou quittances en double expédition (modèle n° 31).<br>Ordres du fonctionnaire de l'intendance prescrivant des retenues sur les sommes acquises aux fournisseurs dans divers cas prévus par le cahier des charges. |
| Fournitures à certaines troupes en marche. | MÊMES JUSTIFICATIONS.<br>Les factures produites par les fournisseurs portent une déclaration du maire certifiant la sincérité des fournitures et la concordance des prix demandés avec ceux du commerce local. |

| PIÈCES A PRODUIRE aux payeurs du Trésor à l'appui des ordonnances et mandats de paiement. | PIÈCES A METTRE A L'APPUI des états de liquidation destinés au directeur de l'Intendance. | OBSERVATIONS. |
|---|---|---|
| L'expédition timbrée de la facture. | L'autre expédition de la facture. | (24) Dans le cas de reprise de service par un comptable, les pièces à produire sont les mêmes que pour les achats par marchés. |
| Une expédition du procès-verbal ci-contre et de l'inventaire estimatif (25). | | (25) On ne produit pas ces documents lorsqu'ils sont mis à l'appui de la facture de fournitures à la ration produite en fin de service. |
| | | (26) Ces dispositions concernent spécialement les fournitures de fourrages à la ration dans les places ayant un effectif égal ou inférieur à 70 chevaux. |
| | | (27) A l'appui de la première facture, on produit au payeur un extrait du procès-verbal d'adjudication du marché ou de la convention. En fin de service, on produit une copie du procès-verbal d'adjudication, du marché ou de la convention. |
| | | (28) Une expédition des factures ou quittances et une expédition du bordereau trimestriel sont conservées dans les archives du comptable. |
| | | (29) La deuxième expédition du bordereau est mise à l'appui de la comptabilité des distributions. |
| Facture (T) ou quittance. Une expédition du bordereau trimestriel des distributions. | (28) | (b) Les droits d'octroi sur les denrées fourragères sont payés mensuellement par les officiers d'administration comptables intéressés; chaque versement comprend le montant des droits correspondant aux quantités de denrées fourragères distribuées pendant le mois, défalcation faite de celles distribuées extra-muros. Aussitôt après le paiement, la quittance délivrée par l'octroi à l'officier d'administration comptable est présentée au visa du sous-intendant militaire chargé du service qui contrôle de cette façon l'emploi des fonds mis entre les mains du comptable pour cet objet. |
| Ordres prescrivant les retenues | Bordereau trimestriel mod. n° 31. Copie des ordres prescrivant des retenues. | |

| MODE D'EXÉCUTION DU SERVICE. Classification des dépenses. | PIÈCES JUSTIFICATIVES A ÉTABLIR. |
|---|---|
| | ### IIIᵉ SERVICE DU CHAUFFAGE ET DE L'ÉCLAIRAGE. |
| Fournitures, travaux et transports............. | Même mode de justification que pour les dépenses analogues du service des vivres. |
| Avances faites par les corps de troupe pour le service de l'éclairage | Relevé des avances faites par les corps en double expédition. Factures ou quittances, en double expédition, établies par les créanciers réels. |
| | Etat spécial justificatif des fournitures d'éclairage, en double expédition. |

| PIÈCES A PRODUIRE aux payeurs du Trésor à l'appui desordonnances et mandats de paiement. | PIÈCES A METTRE A L'APPUI des états de liquidation destinés au directeur de l'intendance. | OBSERVATIONS. |
|---|---|---|
| Une expédition du relevé. Factures (T) ou quittances. Une expédition de l'état. | La seconde expédition du relevé. La seconde expédition des factures ou quittances. La seconde expédition de l'état. | |

# ANNEXE N° 9.

**Nomenclature et mode d'établissement der pièces à produire à l'appui des comptes de gestion pour la justification des opérations à charge et à décharge.**

### DISPOSITIONS GÉNÉRALES.

I. — Les pièces justificatives sont produites en original. Elles sont établies par les officiers d'administration gestionnaires.

En cas de perte d'une pièce justificative, il en est produit un duplicata qui est signé par tous les signataires de l'original.

II. — Toutes les pièces justificatives sont vérifiées par l'autorité qui a la surveillance de la gestion et visées par elle.

III. — Les pièces justificatives des entrées et des sorties, qui ne résultent pas de l'exécution d'un règlement, mentionnent l'ordre en vertu duquel a lieu l'entrée ou la sortie, la date de cet ordre.

IV. — Les certificats administratifs destinés à justifier les entrées ou les sorties indiquent :

1° Les quantités de matériel que l'officier d'administration gestionnaire certifie devoir être portées en entrée ou en sortie ;

2° L'ordre d'entrée ou de sortie donné par l'autorité compétente ;

3° La prise en charge ou la sortie certifiée par l'officier d'administration gestionnaire.

V. — Les pièces justificatives des entrées résultant d'achat ou de cession doivent porter le décompte de la valeur d'achat ou de cession, et être de tous points identiques à celles qui sont mises à l'appui du compte financier.

VI. — En cas de changement de classification ou de dénomination du matériel, la pièce de sortie indique le numéro de la pièce d'entrée correspondante ; elle fait mention, en outre, des numéros de la nomenclature sous lesquels le matériel est porté en entrée.

La pièce d'entrée est la contre-partie de la pièce de sortie. Les deux pièces sont établies sous la même date.

VII. — Les pièces justificatives des fabrications, confections, transformations et démolitions effectuées dans les gestions individuelles sont établies conformément aux prescriptions du paragraphe précédent.

VIII. — Toute pièce d'entrée comporte la prise en charge de l'officier d'administration gestionnaire.

IX. — Toute pièce de sortie justifiant d'une expédition ou d'une délivrance de matériel n'est admise à la décharge de l'officier d'administration gestionnaire qu'après avoir été revêtue de la prise en charge du destinataire ou de la partie prenante.

X. — Quand les opérations d'entrée ou de sortie donnent lieu à une imputation ou à un remboursement, les pièces justificatives doivent mentionner l'accomplissement du paiement.

XI. — Sur toutes les pièces marquées ci-après P, on établit le décompte de la valeur du matériel entré et cette valeur est inscrite au registre-journal et au compte de gestion.

XII. — Sur toutes les pièces marquées ci-après R, on établit le décompte de la valeur du matériel.

| TITRES GÉNÉRAUX OU CATÉGORIES d'entrées et de sorties | NATURE DES ENTRÉES ET DES SORTIES A CLASSER DANS CHACUNE DES CATÉGORIES PORTÉS CI-CONTRE. |
|---|---|
| | **ENTRÉES.** |
| | Reprise des existants au 31 décembre de l'année précédente |
| | Achats par suite de marchés par voie d'adjudications ou passés de gré à gré : achats à commission; cessions d'entrepreneurs à la ration; reprise de service précédemment fait par entreprise..... {Donnant lieu à une seule livraison. / Donnant lieu à plusieurs livraisons.} |
| | Achats par suite de marchés par voie d'adjudications ou passés de gré à gré et embrassant plusieurs places...... |
| | Achats sur convention verbale............... |
| | Réintégration du matériel précédemment imputé à divers.. |
| | Versements ou cessions par d'autres services de la guerre, par d'autres ministères ou par des gouvernements étrangers, donnant lieu à remboursement................. |
| | Appels ou réquisitions à charge de paiement............ |
| | Excédents, bonis ou revenant-bons de toute nature........ |
| Entrées réelles... | Réintégration, par les corps, de denrées non consommées.. |
| | Versements par les officiers d'administration gestionnaires aux armées............... |
| | Versements par d'autres services de la guerre, par d'autres ministères ou par des gouvernements étrangers, ne donnant pas lieu à remboursement................. |
| | Issues et résidus de toute autre origine que les transformations, matériaux d'emballage............... |
| | Naissances dans les parcs à bestiaux............... |
| | *Produits et résidus des fabrications, confections, transformations ou réparations.* — *Transformations effectuées par entreprise.* Mouture de blé ou d'orge............... Fabrication de pain............... *Transformations effectuées dans les établissements de l'administration.* Moutures............... Fabrication de pain............... Torréfaction de café............... Abats de bestiaux............... Criblage des grains............... Déchets de manutention des fourrages.... Pressage de foin............... Rehaussement du titre alcoolique de l'eau-de-vie............... |

| DÉSIGNATION<br>DES PIÈCES JUSTIFICATIVES A PRODUIRE<br>et dont les résultats<br>sont inscrits distinctement pour chacune d'elles<br>sur les comptes de gestion. | NOMBRE<br>D'EXPÉDI-<br>TIONS<br>à produire. | OBSERVATIONS. |
|---|---|---|
| Compte de gestion de l'année précédente. | » | |
| Talons de la facture d'achat (P)......... | 1 | |
| Talons des récépissés comptables (P) et de la facture d'achat (P)............... | 1 | |
| Talons des récépissés comptables (P) et extrait de la facture générale (P)....... | 1 | |
| Talons des factures ou bordereaux d'achats sur place (P)........................ | 1 | |
| Certificat administratif (P) revêtu de la mention du remboursement............ | 1 | |
| Factures de cession (P) revêtues du récépissé du destinataire et donnant la preuve du remboursement................... | 1 | |
| Facture de livraison (P) ou d'expédition (P) indiquant le mode de paiement..... | 1 | |
| Certificats administratifs............... | 1 | |
| Talons de récépissés comptables appuyés, s'il y a lieu, des talons des états des sommes imputées (R). ............... | 1 | |
| Factures d'expédition revêtues du récépissé de l'officier gestionnaire.......... | 1 | |
| Factures de livraison ou certificats administratifs revêtus du récépissé de l'officier gestionnaire...................... | 1 | |
| Certificats administratifs............... | 1 | |
| Idem............................. | 1 | |
| Certificats administratifs trimestriels..... | 1 | |
| Idem............................. | 1 | |
| Idem............................. | 1 | |
| Idem............................. | 1 | |
| Idem............................. | 1 | |
| Idem............................. | 1 | |
| Idem............................. | 1 | |
| Idem............................. | 1 | |
| Idem............................. | 1 | |
| Idem............................. | 1 | |

| TITRES GÉNÉRAUX ou catégories d'entrées et de sorties | NATURE DES ENTRÉES ET DES SORTIES<br>A CLASSER DANS CHACUNE DES CATÉGORIES PORTÉES CI-CONTRE. | |
|---|---|---|
| Entrées réelles (*suite*). | Produits de démolition de matériel.................... | |
| | Déclassements et changements d'état. | Conversions de liens de paille en foin.... |
| | | Paille alimentaire passée à la paille de couverture....................... |
| | | Veaux, agneaux, passés dans la catégorie des bœufs, vaches, moutons.......... |
| | | Formations d'unités collectives........... |
| | | Matériel changé de classement........... |
| Entrées d'ordre. | Versements d'un magasin sur un autre magasin du même service................................. | |
| | Reprise de magasin par suite de mutations de gestionnaires à toute autre date qu'au 31 décembre............... | |

**SORTIES.**

| TITRES GÉNÉRAUX | NATURE DES ENTRÉES ET DES SORTIES | |
|---|---|---|
| Sorties réelles. | Versements ou cessions donnant lieu à remboursement | Distributions remboursables par les corps et autres parties prenantes............. |
| | | Cessions remboursables par les services de la guerre, les départements ministériels ou les gouvernements étrangers auxquels les parties prenantes ressortissent..................... |
| | | Cessions à des entrepreneurs........... |
| | | Remises à des adjudicataires en vertu de marchés....................... |
| | Manquants et déficits imputés............................... | |
| | Distributions aux troupes à titre réglementaire. | Troupes en station................... |
| | | Troupes à cheval transportées par chemin de fer...................... |
| | | Consommations en mer.............. |
| | | Distributions dans les lazarets.......... |
| | Versements à d'autres services de la guerre, à d'autres ministères ou à des gouvernements étrangers, ne donnant pas lieu à remboursement...................... | |
| | Livraisons aux officiers d'administration gestionnaires des armées actives........................... | |
| | Destructions ou pertes par force majeure.................. | |
| | Avaries ou déficits à la charge de l'État................. | |
| | Déchets de conservation...................... | |

| DÉSIGNATION DES PIÈCES JUSTIFICATIVES A PRODUIRE et dont les résultats sont inscrits distinctement pour chacune d'elles sur les comptes de gestion. | NOMBRE D'EXPÉDITIONS à produire. | OBSERVATIONS. |
|---|---|---|
| Certificats administratifs trimestriels.... | 1 | (1) La comptabilité des distributions doit être produite trimestriellement en dehors des comptes de gestion. L'administration centrale se réserve de reclasser ultérieurement, à l'appui desdits comptes, les bordereaux particuliers. Les factures de livraison ou de cessions sont seules jointes par les officiers d'administration gestionnaires au compte de gestion. |
| Idem ............ | 1 | |
| Idem ............ | 1 | |
| Idem ............ | 1 | |
| Idem ............ | 1 | |
| Idem ............ | 1 | |
| Factures d'expédition revêtues du récépissé de l'officier d'administration gestionnaire............ | 1 | |
| Procès-verbaux d'inventaire............ | 1 | |
| Factures collectives trimestrielles de cession (R), appuyées de bordereaux trimestriels (1)............ | 1 | |
| Factures de cession (R) portant la mention du remboursement............ | 1 | |
| Factures de cession (R) revêtues du récépissé et donnant la preuve du remboursement............ | 1 | |
| Idem ............ | 1 | |
| Extraits de procès-verbaux (P) portant la mention du remboursement............ | 1 | |
| Factures collectives trimestrielles de livraison appuyées des bordereaux (1).... | 1 | |
| Idem ............ | 1 | |
| Idem ............ | 1 | |
| Idem ............ | 1 | |
| Factures de livraison ou d'expédition revêtues du récépissé du comptable...... | 1 | |
| Idem ............ | 1 | |
| Extraits des procès-verbaux............ | 1 | |
| Idem ............ | 1 | |
| Idem ............ | 1 | |

| TITRES GÉNÉRAUX OU CATÉGORIES d'entrées et de sorties | NATURE DES ENTRÉES ET DES SORTIES A CLASSER DANS CHACUNE DES CATÉGORIES PORTÉES CI-CONTRE. | |
|---|---|---|
| | Consommation intérieures. | Échantillons................................... <br> Rations allouées aux ouvriers boulangers <br> Nourriture des chiens et des chats...... <br> Dégustation................................... <br> Matériaux d'emballage..................... |
| | Remise aux domaines................................... | |
| Sorties réelles (suite). | Conversions de toute nature. | *Transformations effectuées par entreprise.* <br> Moutures de blé ou d'orge................ <br> Fabrication de pain........................ <br> *Transformations effectuées dans les établissements de l'administration.* <br> Moutures........................................ <br> Fabrication de pain........................ <br> Torréfaction de café....................... <br> Abats de bestiaux (1)...................... <br> Criblage des grains......................... <br> Déchets de manutention des fourrages... <br> Pressage de foin............................ <br> Rehaussement du titre alcoolique de l'eau-de-vie.......................... |
| | Confections, constructions et réparations................ | |
| | Démolitions................................... | |
| | Déclassements et changements d'état. | Conversions de liens de paille en foin... <br> Paille alimentaire passée à la paille de couverture................................ <br> Veaux, agneaux, passés dans la catégorie des bœufs, vaches, moutons........... <br> Décomposition d'unités collectives....... <br> Matériel changé de classement.......... |
| Sorties d'ordre. | Versements d'un magasin sur un autre magasin du même service................................... <br> Remises de magasin par suite de mutations de gestionnaires à toute autre date qu'au 31 décembre........... <br> Existants au 31 décembre, à reporter à l'année suivante... | |

| DÉSIGNATION DES PIÈCES JUSTIFICATIVES A PRODUIRE et dont les résultats sont inscrits distinctement pour chacune d'elles sur les comptes de gestion. | NOMBRE D'EXPÉDITIONS à produire. | OBSERVATIONS. |
|---|---|---|
| Certificats administratifs portant ordre de sortie.................. Par trimestre. | 1 | (1) Le poids réel des bestiaux est reconnu lors de l'abat ou au moment des sorties faites à titre soit de cession, soit de distribution sur pied, soit de remise aux entrepreneurs chargés de les garder. Dans toute autre circonstance, les bestiaux conservent le poids de livraison qui leur est assigné par le registre d'entrée, c'est-à-dire le poids pour lequel ils ont été livrés par les fournisseurs ou les commissionnaires acheteurs. |
| Idem............................ Idem. | 1 | |
| Idem............................ Idem. | 1 | |
| Idem............................ Idem. | 1 | |
| Idem............................ Idem. | 1 | |
| Extraits de procès-verbaux dressés par les agents des Domaines............... | 1 | |
| Certificats administratifs  Par trimestre. | 1 | |
| Idem............................ Idem. | 1 | |
| Idem............................ Idem. | 1 | |
| Idem............................ Idem. | 1 | |
| Idem............................ Idem. | 1 | |
| Idem............................ Idem. | 1 | |
| Idem............................ Idem. | 1 | |
| Idem............................ Idem. | 1 | |
| Idem............................ Idem. | 1 | |
| Idem............................ Idem. | 1 | |
| Idem............................ Idem. | 1 | |
| Idem............................ Idem | 1 | |
| Idem............................ Idem. | 1 | |
| Idem............................ Idem. | 1 | |
| Idem...... .............. Idem. | 1 | |
| Idem ...... ............... Idem. | 1 | |
| Idem ......................... Idem. | 1 | |
| Factures d'expédition revêtues du récépissé de l'officier d'administration gestionnaire.......................... | 1 | |
| Procès-verbaux d'inventaire............ | 1 | |
| Compte de gestion portant inventaire.... | 1 | |

# ANNEXE

## Tableau indicatif des pièces et documents périodiques

| INDICATION DES DOCUMENTS. | ÉPOQUE DE |
| --- | --- |
| | AUX SOUS-INTENDANTS militaires. |
| **1° DOCUMENTS MENSUELS.** | |
| Etat de situation des magasins pour les vivres (gestion directe)............................ | Du 1er au 5 de chaque mois. |
| Etat de situation du service des vivres dans les places en entreprise............................ | Id. |
| Etat de situation des magasins pour les fourrages (gestion directe et entreprise)..................... | Id. |
| Rapport mensuel sur les opérations d'achat de denrées. | Id. |
| Etat par corps de troupe de la valeur des denrées perçues à charge de remboursement à retenir sur les états de solde............................ | Le 26 de chaque mois. |
| Bordereau énumératif d'envoi des récépissés de versement au Trésor (n° 326 de la nomenclature)......... | » |
| **2° DOCUMENTS TRIMESTRIELS.** | |
| I. — COMPTABILITÉ-DENIERS. | |
| Bordereaux trimestriels en deniers.................. | Dans le courant du mois qui suit chaque trimestre. |
| Etats de liquidation... { Achats....................... Dépenses diverses ............ | » » |
| Etats de liquidation ....Fournitures à la ration........ | » |
| Rapports de liquidation { Achats....................... Dépenses diverses............ | » » |
| Rapports de liquidation.Fournitures à la ration........ | » |
| II. — DISTRIBUTIONS. | |
| Bons totaux, bordereaux particuliers des distributions et cessions............................ | Id. |
| Bordereaux généraux des distributions et cessions ..... | » |
| Facture des entrepreneurs de fournitures à la ration... | Dans le courant du 2e mois qui suit chaque trimestre. |

N° 10.

concernant l'exécution du service des subsistances militaires.

| LA PRODUCTION DES DOCUMENTS | | OBSERVATIONS. |
|---|---|---|
| AUX DIRECTEURS de l'Intendance. | au MINISTRE. | |
| Le 5 de chaque mois. | Un état général de situation des magasins distinct par service et adressé au Ministre le 15 de chaque mois. | |
| Id. | | |
| Id. | | |
| Le 10 de chaque mois. | Le 15 de chaque mois. | |
| » | » | |
| » | Le 10 de chaque mois. | Ce délai est augmenté de 20 jours en ce qui concerne l'Algérie et la Tunisie. |
| Avec les états de liquidation. | » | |
| Dans le courant du mois qui suit chaque trimestre. | » | |
| Dans le courant du 2e mois qui suit chaque trimestre. | » | |
| » | Avant la fin du 2e mois qui suit le trimestre | |
| » | Avant la fin du 3e mois qui suit le trimestre | |
| Dans le courant du 2e mois qui suit chaque trimestre. | Avant la fin du 2e mois qui suit le trimestre | |
| » | Avant la fin du 2e mois qui suit chaque trimestre. | Ce délai est augmenté d'un mois en ce qui concerne l'Algérie et la Tunisie. |
| Dans le courant du 2e mois qui suit chaque trimestre. | » | |

| INDICATION DES DOCUMENTS. | ÉPOQUE DE |
|---|---|
| | AUX SOUS-INTENDANTS militaires. |
| **III. — COMPTABILITÉ-MATIÈRES.** | |
| Procès-verbaux de continuité concernant les déchets de criblage, avaries de conserves, etc.............. | » |
| État par place des déchets, pertes, avaries, excédents, etc.................................. | Du 1er au 5 du 1er mois qui suit chaque trimestre. |
| Rapport trimestriel sur les excédents, déficits, avaries, etc................................ | » |
| État des récipients jugés hors de service, proposés pour la réforme.......................... | Id. |
| État des marchés passés.................... | » |
| **3e DOCUMENTS ANNUELS.** | |
| **I. — COMPTABILITÉ-DENIERS.** | |
| Relevé décompté des matières et objets de consommation courante.............................. | Avec le bordereau trimestriel du 4e trimestre. |
| Compte comparatif des ordonnancements et des dépenses | » |
| Compte général comparatif des ordonnancements et des dépenses.............................. | » |
| **II. — COMPTABILITÉ-MATIÈRES.** | |
| Compte de gestion et pièces à l'appui.............. | Dans les 3 mois qui suivent la clôture de la gestion. |
| État par place de la valeur du matériel entré à charge de paiement (achat et cessions)................ | 31 mars. |
| État général de la valeur du matériel entré dans les divers magasins de la région.................. | » |
| Compte rendu général de l'exécution du service des vivres (prix de revient des farines, du pain, etc.).... | |
| Prix de revient des denrées fourragères.............. | Avec les comptes de gestion. |
| Prix de revient des objets mobiliers fabriqués par la gestion directe.......................... | |
| État récapitulatif des prix de revient du pain.......... | |
| Procès-verbaux de continuité constatant les déchets d'ouillage (vins et eaux-de-vie)................ | Du 1er au 5 janvier pour l'année précédente. |
| État du matériel à introduire dans la nomenclature... | Du 1er au 5 janvier. |
| Relevé du matériel prêté et non réintégré au 31 décembre | Avec les comptes de gestion. |

| LA PRODUCTION DES DOCUMENTS | | |
| --- | --- | --- |
| AUX DIRECTEURS de l'Intendance. | AU MINISTRE. | OBSERVATIONS. |
| | | Les procès-verbaux constatant des pertes, déchets, avaries, déficits, excédents, sont, en principe, adressés au directeur de l'intendance au fur et à mesure de leur établissement. |
| 10 janvier. 10 avril. 10 juillet. 10 octobre. | » » | |
| » | 20 janvier. 20 avril. 20 juillet. 20 octobre. | |
| Id. | » | |
| Du 1er au 5 du 1er mois de chaque trimestre. | 10 janvier. 10 avril. 10 juillet. 10 octobre. | |
| Avec les états de liquidation du 4e trimestre. 1er mai. | Avec les rapports de liquidation du 4e trimestre. » | |
| » | 2e quinzaine de mai. | |
| Dans les 4 mois qui suivent la clôture de la gestion. | Dans les 5 mois qui suivent la clôture de la gestion. | |
| 15 avril. | » | |
| » | 30 avril. | |
| Avec les comptes de gestion. | Avec les comptes de gestion. | |
| 10 janvier. | » | |
| Id. | 20 janvier. | |
| Avec les comptes de gestion. | Avec les comptes de gestion | |

| INDICATION DES DOCUMENTS. | ÉPOQUE DE AUX SOUS-INTENDANTS militaires. |
|---|---|
| **III. — EXÉCUTION GÉNÉRALE DU SERVICE.** | |
| État trimestriel comparatif des cours commerciaux et des prix d'adjudication .......................... | » |
| État du matériel en excédent.......................... | » |
| Programme des dépenses à prévoir pour achat de matériel.......................... | » |
| État des denrées à mettre en consommation .......... | 25 octobre. |
| État général des baux de location .......................... | » |
| Compte-rendu sommaire des opérations de fonctionnement et de roulement des fours de boulangeries de campagne.......................... | Dans la quinzaine qui suit l'opération. |
| Compte-rendu des exercices d'embarquement des fours roulants.......................... | Id. |
| Extrait du procès-verbal de réchauffage des fours...... | Id. |
| Procès-verbaux et états I et II relatifs aux visites semestrielles des stations haltes-repas.......................... | Après les visites semestrielles. |
| État des matières et objets jugés hors de service, proposés pour la réforme et dont le maintien en service ou la réforme a été prononcé .......................... | A l'époque de l'inspection. |
| État d'emploi du matériel réformé .......................... | Après la réforme du matériel. |
| Procès-verbaux de vérification, des poids et mesures... | » |
| **IV. — A PRODUIRE ÉVENTUELLEMENT.** | |
| État descriptif des bâtiments et locaux.......................... | Aussitôt après leur établissement. |
| Procès-verbal d'inventaire par suite de mutation de gestionnaire.......................... | |

| LA PRODUCTION DES DOCUMENTS | | OBSERVATIONS. |
|---|---|---|
| AUX DIRECTEURS de l'intendance. | au MINISTRE. | |
| Dans la dernière quinzaine de chaque trimestre. | Le 10 de chaque mois qui suit le trimestre précédent. | |
| » | 15 novembre. | |
| » | 15 janvier. | |
| 1er novembre. | 10 novembre. | |
| » | 15 janvier. | |
| Immédiatement. | Immédiatement. | |
| | | 5e direction, section de mobilisation. |
| Id. | Id. | |
| Id. | Id. | 5e direction, 3e bureau. |
| 1er mars. | Mars. | 5e direction, 2e bureau. |
| 1er septembre. | Septembre. | |
| » | » | |
| » | » | |
| Aussitôt après la vérification. | » | |
| Immédiatement. | Immédiatement. | |

## ANNEXE N° 11.

### Dispositions intéressant l'alimentation en eau.

*1° Dispositions relatives aux responsabilités encourues en cas d'excédent de consommation d'eau et aux mesures à prendre pour prévenir les pertes d'eau occasionnées par les fuites dans la canalisation des établissements militaires du casernement.*

Les excédents de consommation d'eau, attribués à des pertes dues à l'inobservation des dispositions ci-après ou à des négligences, engagent la responsabilité disciplinaire des officiers ayant le commandement de la troupe ou la direction ou la surveillance du service.

D'autre part, les excédents provenant de consommations d'eau, ordonnées, autorisées ou tolérées contrairement aux dispositions réglementaires, engagent la responsabilité pécuniaire, soit des membres composant le conseil d'administration au prorata de la solde du grade de chacun d'eux, soit des commandants de corps n'ayant pas de conseil, par application des prescriptions du décret du 14 janvier 1889, sur l'administration et la comptabilité des corps de troupe (art. 41, § 1er, et 87).

En cas de doute sur la cause de la perte d'eau, le Ministre détermine la nature de la responsabilité encourue.

D'ailleurs, afin de sauvegarder tous les intérêts, il convient de prendre, dans les établissements où la distribution de l'eau est faite au compteur, les dispositions suivantes, dont l'application est subordonnée aux ressources budgétaires, pour l'organisation des robinets d'arrêt, et à la latitude laissée à l'administration militaire par les actes et conventions qui régissent actuellement la fourniture de l'eau dans ces établissements, savoir :

1° Il est établi, par les soins et aux frais du service du génie, sur la conduite maîtresse, et immédiatement en aval de l'appareil, un robinet à clef gradué, permettant aux chefs de corps de faire, à certaines heures du jour ou de la nuit, arrêter complètement le débit ou de le réduire dans une proportion voulue, s'ils estiment qu'il y a exagération dans la dépense d'eau, et que la mesure peut être prise sans inconvénient.

Des robinets d'arrêt doivent être également installés, par

le service du génie, aux points principaux de la canalisation pour faciliter, le cas échéant, la recherche des fuites ;

2° Les chefs de corps font relever, chaque jour, à une heure déterminée, par l'officier de casernement, la cote de consommation indiquée par le compteur. Ce relevé est consigné sur un registre spécial, paraphé par le sous-intendant militaire qui a dans ses attributions le service du casernement ;

3° Ils doivent, en outre, au moins une fois par mois, faire vérifier qu'aucune déperdition d'eau n'a lieu dans les conduites, en tenant fermés, à cet effet, pendant un temps donné, tous les robinets de distribution, et en constatant que, durant ce même temps le compteur n'a enregistré aucun débit. Cette vérification est mentionnée sur le registre précité.

4° Un état donnant le relevé quotidien de la cote, pour les dix jours précédents, sera adressé par le corps les 1er, 11 et 21 du mois au sous-intendant militaire qui est chargé d'assurer le contrôle. Ce fonctionnaire donne également au casernier, lorsqu'il le juge à propos, des ordres pour se faire rendre compte par cet agent de la consommation d'eau.

5° Dès qu'une anomalie sérieuse, observée dans le chiffre de débit journalier, ou toute autre circonstance, vient à révéler l'existence probable d'une fuite, le corps en avise d'urgence le service local du génie et le sous-intendant militaire (ou son suppléant). Ce dernier, après avoir apprécié les faits, procède aussitôt, s'il y a lieu, à une expérience vérificative, de concert avec le chef du génie et avec le major représentant le conseil d'administration. Il est établi un procès-verbal détaillé de l'opération dans lequel on relate les circonstances qui l'ont motivée, les résultats qu'elle a fournis, les causes et l'importance des pertes, si l'on en constate : dans ce cas, le procès-verbal doit déterminer les responsabilités encourues et présenter la répartition des excédents à imputer. Ce document, signé des officiers et fonctionnaires susdits, est respectivement adressé, avec un rapport transmissif et en suivant la voie hiérarchique, par le chef du génie et le sous-intendant militaire, sous le timbre des 4e et 5e Directions, au Ministre, lequel statue sur les responsabilités engagées.

6° Dès que l'expérience est terminée, le chef du génie entreprend d'urgence les travaux de réfection reconnus nécessaires à la canalisation, au moyen des fonds dont il dispose sur l'article des réparations et entretien de la place, et adresse ensuite, s'il y a lieu, pour couvrir cette dépense, une demande de crédit spécial à prélever sur la réserve du corps d'armée ou à allouer par le Ministre.

7° Dans les casernes occupées en permanence par plusieurs corps différents, il est attribué à chacun d'eux un compteur particulier. Au cas où il y a impossibilité absolue à remplir cette condition, le commandement désigne celui d'entre eux auquel incombe le devoir d'assurer l'exécution des dispositions qui précèdent ; mais ils doivent tous être toujours appelés à prendre part aux expériences de vérification et à formuler leurs observations sur les procès-verbaux.

2° *Convention-type pour la fourniture de l'eau dans les établissements militaires du service du casernement.*

Les dispositions contenues dans la convention type ci-après doivent servir de guide pour la passation des marchés de fourniture d'eau aux établissements militaires.

Dans le cas où des fournisseurs ne consentiraient pas à accepter quelques-unes des clauses qui y sont contenues, il conviendrait d'en indiquer les motifs en transmettant les marchés à l'approbation ministérielle.

Lorsqu'il est fixé un minimum de fourniture, il doit toujours être spécifié que ce minimum s'applique aux livraisons faites pendant le cours de l'année entière, de manière que les trop perçus constatés au cours d'un trimestre puissent être compensés pendant les autres trimestres.

*CONVENTION pour la fourniture de l'eau nécessaire aux établissements militaires de la place de..... (passée de gré à gré, en vertu du § 4 de l'article 18 du décret du 18 novembre 1882).*

Entre les soussignés :

N......, sous-intendant militaire, en résidence à...... ;

X......, chef du génie de la place de...... ;

Agissant en vertu d'autorisations données par dépêches ministérielles des......, d'une part ;

Et M. le maire de la ville de......

Autorisé, à cet effet, par délibération du conseil municipal, en date du...... ;

Ou la compagnie concessionnaire des eaux de la ville de...... ;

Ou M...... demeurant à......, où il fait élection de domicile, d'autre part ;

Il a été convenu et arrêté ce qui suit :

Art. 1er. Le maire de la ville de...... (ou la compagnie concessionnaire des eaux de la ville de......) (ou M......) s'engage à fournir aux établissements militaires de la place de...... la quantité de...... mètres cubes d'eau par jour, reconnue nécessaire aux besoins de la garnison.

Art. 2. La fourniture sera faite au moyen, soit de compteurs, soit de robinets de jauge.

En cas de fourniture au compteur, les indications en seront

relevées aussi souvent que l'autorité militaire le jugera nécessaire, contradictoirement entre un agent du service des eaux et un ou plusieurs représentants du département de la guerre.

La boîte renfermant le compteur aura deux serrures distinctes : l'une des clefs restera entre les mains des agents de la ville (ou de la compagnie, ou du concessionnaire); l'autre sera confiée au représentant des corps ou services intéressés.

Art. 3. Les travaux nécessaires pour amener l'eau jusqu'aux murs des établissements militaires seront exécutés et entretenus par les soins de la ville (de la compagnie ou de l'entrepreneur) et à ses frais. Les travaux de canalisation intérieure seront à la charge du service du génie.

Art. 4. La présente convention est faite pour une durée de...... années, qui commencera à courir à partir du......

L'administration militaire se réserve le droit de la résilier à toute époque, en prévenant seulement trois mois à l'avance.

Art. 5. Le prix du mètre cube est fixé à......

Les paiements seront effectués, par trimestre ou par année, à terme échu, en mandats délivrés par le sous-intendant militaire.

Les titres de créance devront être produits sous peine de déchéance, dans les 45 jours qui suivront le trimestre ou l'année pendant lequel la fourniture aura été effectuée. Les réclamations devront, sous la même peine, être présentées dans le même délai. (Art. 27 du décret du 18 novembre 1882.)

Les factures seront accompagnées d'un certificat de l'autorité militaire, constatant que le service a été dûment accompli pendant la période à laquelle elles se réfèrent.

Art. 6. L'administration militaire s'engage à ne réclamer aucune indemnité ni aucuns dommages-intérêts pour les interruptions de service ou les diminutions de débit, résultant de la force majeure.

Les cas d'interruption du service, provenant ou non de la force majeure, seront constatés par un procès-verbal dressé par l'autorité militaire, de concert avec l'autorité civile (ou le représentant de la compagnie ou de l'entrepreneur) au moment même où les faits se seront produits.

S'ils ne sont pas motivés par la force majeure, ils donneront lieu, par le fait seul de l'échéance du terme, et sans mise en demeure préalable, à des pénalités s'élevant à 1 franc par mille francs et par jour, pendant les trente premiers jours de retard, et à deux francs par mille francs et par jour à dater du trente-unième jour, sans que la pénalité totale puisse dépasser le dixième du montant du service en souffrance.

Art. 7. En cas d'interruptions répétées ou de diminution

notable dans la fourniture, ou de l'inexécution de l'une quelconque des obligations résultant de la présente convention, l'administration militaire se réserve le droit, ou de résilier la convention, ou d'assurer, si bon lui semble, l'alimentation aux frais, risques et périls de la municipalité (ou de la compagnie ou de l'entrepreneur), mais seulement après une mise en demeure dans la forme administrative restée sans effet.

Art. 8. En cas d'incendie dans les établissements militaires, l'eau employée pour l'extinction du feu sera fournie gratuitement.

L'évaluation de la quantité consommée à cet effet sera faite contradictoirement entre le délégué de la ville (de la compagnie ou de l'entrepreneur) et le représentant de l'autorité militaire, et, en cas de désaccord, à dire d'experts.

Le sous-intendant militaire sera appelé à la constater par procès-verbal, afin qu'il en soit tenu compte lors du relevé des compteurs.

Art. 9. En cas de cession de ses droits à un tiers, la ville (la compagnie ou l'entrepreneur) s'engage, dès à présent, à faire assurer sous sa responsabilité le service par son cessionnaire, aux clauses et conditions stipulées dans la présente convention, à moins que l'administration militaire ne préfère résilier le marché.

Art. 10. En cas de décès de l'entrepreneur, les héritiers sont d'abord tenus d'assurer, pour leur propre compte, l'exécution du marché pendant le délai de deux mois à partir du jour de la notification du décès.

Sur leur demande, ils peuvent être autorisés à continuer pour leur compte l'exécution complète du marché.

S'ils préfèrent se dégager de toute obligation, ils notifient sans retard à l'administration militaire l'acte de décès, et le marché se trouve résilié de plein droit deux mois après cette notification.

Le Ministre se réserve, d'ailleurs, le droit de résilier le marché dès que le fait du décès lui est officiellement connu, indépendamment de toute demande ou notification de la part des héritiers.

La faillite de l'entrepreneur (ou la dissolution, ou la transformation de la société) entraîne le droit de résiliation de la convention, sauf le cas où les ayants cause offrent d'en continuer l'exécution et sont agréés par le Ministre.

En outre, si l'entrepreneur cesse ses paiements et est admis au bénéfice de la liquidation judiciaire, telle qu'elle est réglée par la loi du 4 mars 1889, il continue l'exécution de la convention, s'il est autorisé par le tribunal à continuer l'exploitation de son commerce ou de son industrie. Dans le cas contraire, il est procédé comme pour la faillite.

Art. 11. En cas de saisie-arrêt ou d'opposition sur les sommes dues à la ville (à la compagnie ou à l'entrepreneur), le dépôt à la Caisse des consignations libérera définitivement l'État.

Art. 12. Les frais de timbre et d'enregistrement de la présente convention ; ceux de timbre, quittances et autres pièces comptables exigées par les règlements resteront à la charge de la ville (de la compagnie ou de l'entrepreneur). (Art. 21 du décret du 18 novembre 1882.)

Art. 13. Pour sûreté et garantie de l'exécution de leurs obligations les concessionnaires, lorsque la fourniture annuelle s'élève à l'intérieur à 20.000 francs au moins, et en Algérie à 5.000 francs, sont tenus de réaliser, dans les 10 jours qui suivront l'approbation définitive de la présente convention, et en numéraire ou en valeurs sur l'État français, au titre de la Caisse des dépôts et consignations, un cautionnement montant au dixième environ de l'importance du service.

Ils peuvent, sur leur demande, être autorisés à remplacer ce cautionnement par une affectation hypothécaire présentant des garanties suffisantes.

Art. 14. La présente convention ne deviendra définitive qu'après avoir reçu l'approbation du Ministre de la guerre.

Fait triple à......, le......

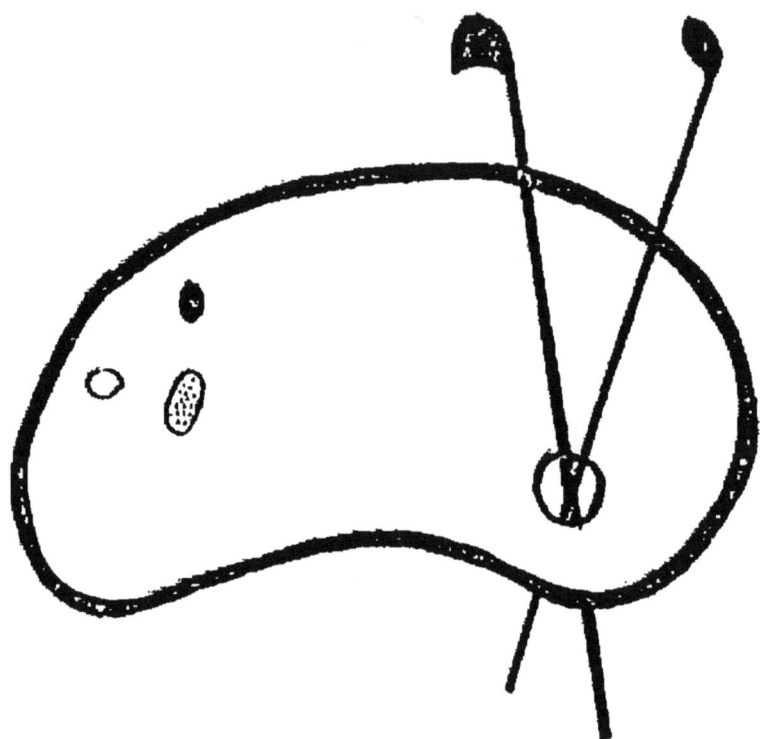

ORIGINAL EN COULEUR
NF Z 43-120-8

# RED. :

18

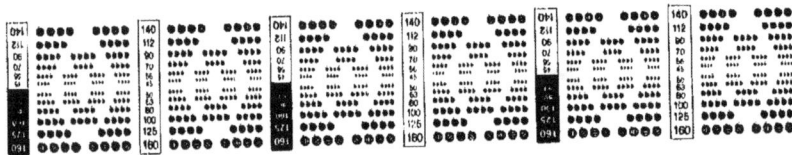

0 1 2 3 4 5 6 7 8 9 10

MIRE ISO N° 1
NF Z 43-007
AFNOR
Cedex 7 - 92080 PARIS-LA-DÉFENSE

37 98 89 70
graphicom